Los diarios del opio

David Jiménez

Los diarios del opio

Tras las huellas de Orwell, Conrad, Kipling y otros grandes escritores que encontraron la perdición en Oriente

Ariel

Primera edición: junio de 2023
Tercera impresión: noviembre de 2023

Edición gestionada a través de Oh!Books Agencia Literaria

Derechos exclusivos de edición en español:

Avda. Diagonal, 662-664, 08034 Barcelona
Editorial Ariel es un sello editorial de Planeta, S. A.
www.ariel.es
www.planetadelibros.com

ISBN: 978-84-344-3642-8
Depósito legal: B. 9.947-2023

Impreso en España

El papel de este libro procede de bosques gestionados de forma sostenible y de fuentes controladas.

PEFC Certificado
Este libro procede de bosques gestionados de forma sostenible
PEFC
PEFC/14-38-00305
www.pefc.es

Para Carmen, Alejandro, Rodrigo y Diego

Índice

1

William Somerset Maugham / Indochina

Quizá viajamos para no aburrirnos de nosotros mismos. Convivimos demasiadas horas con nuestro yo. Lo escuchamos todo el día decir cosas parecidas, cometer los mismos errores, verse con los mismos amigos y familiares, ir y venir de casa, del trabajo, del gimnasio o de la casa de los suegros. Maugham aseguraba cansarse con frecuencia de sí mismo, cosa difícil de imaginar en alguien que compaginó los oficios de médico, explorador, escritor y espía, que mantuvo romances con mujeres y hombres indistintamente y que tenía aficiones variadas que iban del arte a la arquitectura o el tenis. Y a pesar de todo ello, solo viajando a lugares que le eran extraños, mezclándose con gentes diferentes, sintiéndose libre de los lazos y responsabilidades de la cotidianidad, conseguía transformarse.

«Nunca vuelvo con la misma personalidad con la que partí», escribió.

Cuando William Somerset Maugham (1874-1965) habla de viajar no se refiere a ese *turisteo* difícilmente transformativo que en estos tiempos se desplaza en manadas, se encierra en *resorts* de lujo, compra recuerdos en centros comerciales idénticos a los que tiene en su barrio y se hace fotos disfrazado de indígena, sin haber contactado con ninguno; cuando no se despeña por un barranco en busca de una fotografía que colgar en las redes sociales. En Portofino, hace un par de veranos, vi a una familia acercarse al borde de un acantilado de la costa genovesa. Querían una fotografía de la puesta de sol, pero ninguna parecía agradarles lo suficiente. Mientras el padre se agachaba buscando un ángulo mejor, la madre estiró los brazos y asomó a su bebé por el precipicio. «¿Qué tal ahora?» Durante unos segundos, aguanté la respiración. La probabilidad de que el niño se resbalara de las manos de su madre, aunque remota, existía. Y si eso podía ocurrir, ¿merecía la pena asumir el riesgo por una foto? Somerset les habría recordado que «solo los estúpidos dejan que su diversión dependa del mundo exterior».

El viaje, como lo entendían los aventureros de antes, duraba meses, incluía pasar días en una carretera cortada por las lluvias del monzón y defenderse de la malaria con tragos de ginebra. Fracasabas si en el camino no conocías a gente fascinante o no vivías experiencias únicas, no si fallaba el aire acondicionado del hotel. Y todo había que hacerlo sin perder nunca la distinción, sobre todo si, como en el caso de Somerset Maugham, eras un hijo del imperio. El autor británico viaja a Asia con una partida de cocineros, sirvientes y porteadores tras una década de éxitos que lo convirtieron en el escritor mejor pagado del mundo. Tiene cuarenta y nueve años cuando en 1923 emprende la aventura que narraría en *El caballero del salón*, su libro de viajes por Birmania, Siam e Indochina.

Tras una visita a Shwedagon y una parada en las pagodas de Bagan, un barco de vapor lo lleva por el Irawadi hasta Mandalay: es una de las partes más plácidas de un trayecto que pronto se vuelve salvaje y hostil. Los miembros de la partida avanzan a lomos de mulas por caminos intransitables del estado birmano del Shan —«El barro les llegaba hasta las rodillas y era imposible seguir a un paso más rápido que el del caracol»—; se adentran en junglas envueltas en la niebla, con la sensación de haberse perdido; cruzan ríos que no aparecen en los mapas, remando sobre improvisadas balsas de bambú; se detienen en remotas aldeas cuyos habitantes jamás han visto un hombre blanco, gentes temerosas de los espíritus y poderes malignos; y pasan días antes de alcanzar la siguiente ciudad, donde tampoco encuentran nada que les parezca civilizado. En algunas paradas cambian las mulas por el *rickshaw*; en otras, el caballo por el buey de agua; y a veces son sus piernas las que hacen el camino. Solo el trayecto entre Taunggyi, capital del sur de los estados de Shan, y Keng Tung les lleva veintiséis días de camino. El objetivo es el reino de Siam y, al acercarse, adentrándose por lo que hoy es el norte de Tailandia, las condiciones mejoran: el paisaje se vuelve agradable, «salpicado por aldeítas pintorescas», y al fin dan con un camino que parece una carretera, a pesar de los baches y el barro. Maugham ve ante sí la posibilidad de bajarse de los cuadrúpedos, que en sus buenos días lo han hecho avanzar a una media de veinte kilómetros por día, y subirse a algo con cuatro ruedas. «A la sombra de unas palmeras y moteado por el sol, me estaba esperando, rojo, sólido y fiable pero sin pretensiones, un Ford.» El autor describe su éxtasis al enfilar una vía a la velocidad de doce kilómetros por hora mientras los campesinos observan atónitos el primer coche que pasa por sus aldeas, anunciándoles cambios que ni imaginan. Nuestro aventurero sigue escogiendo los caminos menos transitados y lo hace vistiendo igual —es un inglés de buena planta, fumador en pipa, con el bigote recortado, traje con chaleco y pañuelo en el bolsillo— para visitar a una tribu o tomar el cóctel de las seis en el Oriental de Bangkok, el hotel en la ribera del Chao Phraya que ya entonces era el verdadero oasis del sureste asiático.

En el Oriental, una *suite* con su nombre todavía recuerda a Maugham. Quizá le concedieron el honor porque tuvo la delicadeza de no morirse en el hotel, aunque estuvo cerca. Tras registrarse, el escritor siente un golpe de sopor tropical. La brisa del Río de los Reyes no logra aliviarle; le duele la cabeza y duda si le ha sentado mal la comida. Se toma la temperatura: tiene más de cuarenta. Unos días antes, mientras viajaba en dirección a Siam, el comandante de un puesto local insistió en que durmiera en la mejor habitación de su casa, que al contrario que su tienda no tenía mosquitera. Esa noche contrajo malaria. Entre alucinaciones, Maugham oye a la entonces dueña del Oriental, madame Maire, pedirle al médico que lo traslade al hospital: «No puedo dejar que se muera aquí, ¿sabe?». Su moribundo huésped no se lo echa en cara y entiende la preocupación de la mujer: de quedar vinculado para siempre a tan exquisito cadáver, el negocio podría resentirse.

Una vez recuperado, el escritor se lanza a descubrir Bangkok y le ocurre lo mismo que al turista que llega a la ciudad estos días: no se enamora a primera vista. Siente desazón ante el estrépito incesante de su tráfico —¿ya entonces?—, el barullo de sus calles, el polvo y la ausencia de una arquitectura que inspire a su alma artística. Incluso la comida le parece insípida, algo difícil de creer para quienes hayan probado el picante tailandés. El autor británico tenía debilidad por el sureste asiático, aunque no necesariamente por sus ciudades. Dice de ellas que carecen de historia, tradiciones o melancolía. Le abruma su caos, no soporta el calor sofocante y se desorienta entre calles que le parecen idénticas. Busca la contemplación y descubre que «en Oriente no existe el silencio».

Y de todas las ciudades al este de Suez, ha ido a parar a la más ruidosa.

Solo con la mente despejada, libre de fiebres, empieza Somerset Maugham a encontrar encantos a Bangkok: los barrios suspendidos sobre el agua, los canales donde se bañan los niños, los templos a la vera del Chao Phraya —¿cómo puede «existir algo tan fantástico en esta tierra sombría?»—, y esos *sois* o bocacalles que uno encuentra donde menos espera y hacen que sea posible caminar unos metros, alejarse del ruido y adentrarse en lo desconocido. Y es entonces cuando uno se pierde en el desorden impredecible y encantador de Bangkok, cuando la ciudad deja de mostrarse áspera y antipática para envolverte en su «halo de misterio, la menos corriente de las emociones que podemos experimentar» mientras la visitas.

¿Fue ese halo de misterio del que habla Maugham lo que me atrapó también a mí cuando visité la ciudad por primera vez? ¿La razón de que mi viaje a Oriente, que debía durar seis meses, se prolongara durante casi dos décadas? Nunca he sabido explicar mi fascinación por el Este. O por qué escogí Bangkok como residencia, entre los miles de opciones que ofrecía Asia. Para los que, como Somerset Maugham, nos cansamos con facilidad de nosotros mismos, la capital tailandesa ofrece la terapia perfecta. Es divertida, abierta y tolerante, pendenciera dicen algunos. No juzga ni condiciona. Se adapta a lo que cada uno quiere de ella. La abandonas con el presentimiento de haberte perdido algo, «como si tuviera algún secreto que nos ha ocultado». Y vuelves para buscarlo, una y otra vez.

Maugham y Bangkok estaban hechos el uno para el otro: la bisexualidad del escritor y la ambigüedad de la capital tailandesa; el afán de vivir sin ser juzgado y un lugar que no juzga; la búsqueda del perfeccionismo y la belleza de la imperfección; la tolerancia, en fin, de un destino que tiene la habilidad de transformarse en lo que el visitante quiera o necesite de él. Por entonces, nuestro escritor era el que con más libertad escribía de sexo entre sus contemporáneos, para escándalo incluso de sus editores. En Siam encuentra la desinhibición que la Inglaterra de los corsés morales y las normas victorianas no podía ofrecerle. Sin saberlo, ha llegado al país del mundo que menos en serio se toma las pasiones carnales, un lugar que el embajador británico Anthony Rumbold, destinado en Bangkok entre 1965 y 1967, describió así en un cable enviado a Londres: «No tienen literatura ni pintura y solo una clase muy extraña de música. Su escultura, la cerámica y el baile son prestados de los demás, y su arquitectura es monótona y la decoración interior horrible [...]. Nadie puede negar que el juego y el golf son los principales placeres de los ricos, y que el libertinaje es el principal placer de todos ellos».

¿Puede haber lugar más indicado para alguien que entonces mantenía un complicado trío sentimental con su esposa, la decoradora Syrie Wellcome, y con Gerald Haxton, un trabajador estadounidense de la Cruz Roja que fue el gran amor de su vida? Selina Hastings cuenta en su biografía del escritor que Wellcome entendía la doble vida de su marido hasta el punto de proporcionarle mancebos para su divertimento; Haxton, por su parte, se convierte en su inseparable compañero de viaje a lo prohibido. Su novio hace las veces de guardaespaldas, amante y organizador de los pasatiempos de la pareja. Aunque Maugham ni siquiera lo menciona en sus relatos de *El caballero del salón*, Haxton lo acompaña durante todo el recorrido y es clave en el éxito del viaje al compensar, con sus maneras extrovertidas y su talento para las relaciones sociales, la timidez del escritor. Juntos descubren no solo los templos y las aldeas, sino también ese Oriente erótico que perdura en el imaginario de los viajeros occidentales, alimentado por fantasías y estereotipos que ningún país ha explotado tanto como Tailandia.

El reino de Siam concedió la primera licencia de apertura de un burdel en 1680, en la antigua capital de Ayutthaya. Los primeros barrios rojos, creados para los soldados estadounidenses que venían de permiso a Bangkok durante la guerra de Vietnam, se transformaron en una industria que atrajo a los balas perdidas de Occidente, a los turistas sexuales y a los perdedores sentimentales, que cayeron sobre el país atraídos por su oferta de segundas oportunidades. Las autoridades miraron a otro lado e incluso promocionaron lo que un ministro de Interior de finales de los años sesenta, Prapas Charusathiarana, describió como una gran oportunidad económica. La idea era que las mujeres del país se entregaran a la misión de satisfacer a los extranjeros: el país ya buscaría la manera de reparar su reputación cuando llegara el momento.

Pero no han sido solo el sexo y la promesa de libertinaje lo que ha atraído a los hombres occidentales a Oriente. Cuando me instalé en Bangkok como corresponsal, tras haber vivido siete años en Hong Kong, la sede diplomática de España en Tailandia era conocida por sus funcionarios como «la embajada del amor», por el número de españoles que se presentaban para pedir papeles para una novia a la que habían conocido la noche anterior en algún bar de Patpong. Un cónsul me contó las entrevistas surrealistas que tenía que hacer a los pretendientes, porque ni ellos hablaban tailandés ni por supuesto ellas español. Y ni el uno ni la otra una palabra de inglés. «Los separábamos y les hacíamos preguntas, para ver si había contradicciones en su historia de amor y se trataba de matrimonios de conveniencia para lograr visados.» Y resultaba que sí, aquellos tipos estaban locamente enamorados, o al menos lo creían. La mayoría prefería quedarse en Tailandia a llevarse a sus pretendientes a casa. En Isan, una región rural del noreste del país, camioneros suecos, carpinteros alemanes, exagentes de la CIA, empresarios italianos o jubilados españoles construían vidas nuevas con jóvenes esposas a las que conocían en los bares o por internet. Conseguir un marido *farang* —como se conoce a los extranjeros en Tailandia— se había convertido en la salida más buscada por miles de familias. En las ciudades del norte se vendía un manual a modo de guía: *Novio extranjero, marido extranjero*, con consejos y recetas de autoayuda para aceptar un marido feo, gordo o viejo, en ocasiones las tres cosas a la vez. La idea era mirarlo por el lado bueno: «Tienen más dinero y son más fieles que los tailandeses, que si pueden se acuestan con tu hermana», decía la guía.

En un concesionario de *tuk-tuks* de Udon Thani, la capital de Isan, conocí a Enrique León, un controlador aéreo canario al que le quedaban dos años para jubilarse. Estaba comprándole uno de aquellos cacharros a su nueva esposa tailandesa, veintiocho años más joven que él. Divorciado y con los hijos ya mayores, León lo tenía todo planeado: había adquirido un terreno en la aldea de su esposa, de apenas quinientos habitantes, y llevaba meses construyendo el hogar donde viviría el resto de sus días. Me contó que la noche de bodas durmió a ras de suelo, en una casa sin electricidad ni agua corriente. El pueblo lo recibió como un salvador que traería prosperidad y prestigio a un lugar alejado de las rutas turísticas y donde las esperanzas de las familias estaban puestas en lograr que sus hijas atraparan a un marido *farang*. ¿No era acaso mejor que enviarlas a trabajar a los bares de Bangkok, donde les colgaban un número y las ponían a bailar para que los extranjeros escogieran cuál se llevaban esa noche?

El controlador aéreo no parecía preocupado por que las estadísticas de los juzgados de Udon Thani mostraran que la mitad de aquellos matrimonios mixtos terminaban en divorcio, a menudo con consecuencias ruinosas para hombres que desconocían las tradiciones, las leyes locales y la capacidad de la mujer tailandesa para fingir en el amor. Charles Law, un escocés que sufrió uno de aquellos desengaños y que ahora se dedicaba a asesorar a extranjeros novatos, me contó historias dignas de telenovela: el profesor de escuela británico cuya prometida se fugó con el dinero que le envió para construir la casa conyugal; el que estuvo a punto de ser asesinado por su familia política, o el jubilado belga que aceptó que su esposa se trajera a su hermano a vivir con ellos, porque al parecer se había quedado sin trabajo: un día los pilló juntos en la cama y descubrió que no era su hermano, sino su primer marido.

Enrique León no tenía oídos para finales infelices: «Las tailandesas son mujeres sumisas que te dicen sí a todo sin poner jamás un problema. Por las noches me baña, me da masajes y me corta las uñas de los pies. ¿Qué más puede esperar un hombre?».

Cuando conocí a León, el Gobierno llevaba unos años inmerso en una campaña para recuperar la reputación que aquel ministro había entregado a cambio de divisas. Alguien cayó en la cuenta de que el país, con sus playas paradisiacas y su naturaleza, el encanto de sus gentes y su oferta culinaria, no necesitaba alquilar a sus jóvenes para atraer a los extranjeros. Los carteles a la entrada de Pattaya, la ciudad costera convertida en el mayor centro de prostitución de Asia, mostraban ahora familias disfrutando de la playa y los parques acuáticos. La policía organizaba redadas puntuales contra el vicio que en realidad eran operaciones de relaciones públicas y con el objetivo de subir el precio de las mordidas que los locales pagaban por seguir operando. Los corresponsales recibíamos toques de atención de las autoridades cuando escribíamos historias sobre prostitución, un clásico de los recién llegados. Una mañana me sobresaltó la llamada de un inspector de policía que, con inquietante misterio, me dijo que quería tratar conmigo un asunto delicado. Mientras iba a su encuentro, hice una rápida batida mental en busca de crímenes recientes que hubiera podido cometer. ¿Sobornar a agentes de tráfico para eludir las multas? Demasiado común. ¿Problemas con Hacienda? Solo conocía un extranjero que pagara impuestos y era yo. Días antes había publicado un artículo crítico con la monarquía, intocable en Tailandia, y pensé que la cosa iría por ahí. Tampoco. La ciudad vivía graves inundaciones aquel monzón y la mayoría de los expatriados enviaron a sus familias a Europa o Estados Unidos. La gente se movía por las calles, literalmente, en lanchas zódiac o nadaba con flotadores. Los burdeles, sin embargo, seguían abiertos y yo escribí una nota para el diario contando que sus dueños eran los únicos que estaban haciendo un buen negocio en pleno desastre, con una clientela que incluía expatriados que, tras evacuar a sus familias, se entregaban a la soltería. El inspector, un tipo amable y con buen inglés, me hizo una oferta difícil de rechazar. Me dijo que el Gobierno agradecería mucho que dejara fuera de mis artículos los distritos rojos y que a cambio podía esperar un tratamiento preferencial: «Si alguna vez se mete en líos, solo tendrá que llamarme y lo solucionaremos». Todavía guardo su tarjeta de visita: por si la próxima vez que llame la policía lo hace con motivos.

Somerset Maugham se marcha de Bangkok sin ofrecernos detalles jugosos de sus excesos. Emprende camino a Camboya, después de treinta y seis horas de travesía llega a Kep y desde allí sigue camino a Nom Pen. Se aloja en un hotel sucio pero pretencioso, con una terraza que, según dice, está diseñada para que los huéspedes olviden que se encuentran lejos de Francia. Lamenta que la capital no conserve nada de su pasado, una carencia común a tantas ciudades asiáticas. Salvo por las edificaciones que tienen algún símbolo religioso o los palacios del poder, que suelen respetarse hasta que se les prende fuego para desalojar a algún sátrapa, los asiáticos sienten un aprecio limitado por su legado cultural o arquitectónico. Tiziano Terzani, el gran viajero y reportero italiano, decía que para los asiáticos el futuro es mucho más importante que el pasado, para el que no tienen tiempo. Lo antiguo les parece pobre: un barrio milenario puede ser sustituido por un rascacielos acristalado sin ningún remordimiento. Del barrio colonial francés de Nom Pen, por ejemplo, apenas queda intacta la Oficina Central de Correos. En Pekín, la mayoría de los *hutongs,* o barrios tradicionales, han sido demolidos. Singapur, esa aldea de pescadores transformada en una megaúrbe de la tecnología y el dinero, ha terminado enterrada en cemento. Asia ha vivido en los últimos cincuenta años el mayor y más rápido desarrollo de la historia de la humanidad, un viaje sin tiempo para sentimentalismos ni consideraciones estéticas. Cuando regresas a aldeas y pueblos que visitaste una década antes, encuentras grandes ciudades llenas de rascacielos y atascos. Normas urbanísticas endebles, tiburones inmobiliarios insaciables y políticos corruptos han hecho que muchas de esas urbes resulten insoportables para quien aprecie la serenidad, la salud o la cordura.

Nom Pen, sin embargo, mantuvo hasta no hace tanto un ambiente entre zen y despreocupado que merecía una parada. Cuando me dejo caer por allí, aparte de llamar a mi conductor y buen amigo Vichea, hay cuatro cosas que no dejo de hacer: un *tour* por la antigua cárcel-museo S-21, donde los jemeres rojos ejecutaron a miles de personas durante el genocidio, para recordar la inquietante oscuridad que siempre acecha a los hombres; una copa en el Elephant Bar del hotel Raffles, donde puedo imaginarme que, en cualquier momento, Jacqueline Onassis entrará por la puerta; una mañana de regateo en el Mercado Ruso, convencido de que encontraré algo interesante que comprar antes de marcharme con las manos vacías; y un paseo junto al río Tonlé Sap, que cobra vida en los atardeceres, con sus terrazas y la antaño obligada visita al Club de Corresponsales. Este local es hoy un símbolo de los tiempos que viven el turismo y el periodismo, mezclados sin remedio en una misma cosa. Hace ya mucho que, en el club, cuya carta ofrece mala comida a precios altos, los turistas reemplazaron a los reporteros. La parada ya solo tiene una motivación nostálgica para mí, en un intento siempre fallido de volver a los tiempos en que podías encontrarte en el bar con Al Rockoff, el fotógrafo a quien interpreta John Malkovich en *Los gritos del silencio.* O quizá voy para poder comportarme como el viajero cínico y cascarrabias que se pasa el día hablando de lo auténticas que eran las cosas en épocas supuestamente mejores.

—Ey, Johnny, ¿recuerdas cuando este lugar merecía la pena?

—*Nope.*

No muy lejos del Club de Corresponsales queda el palacio real. Maugham no quedó impresionado ni por la edificación ni por sus ocupantes, «una monarquía de fachada». Encuentra el palacio recargado y lleno de adornos, rematado con un trono suntuoso y chillón que le parece una prueba más de lo efímero de los imperios. Hay una historia sobre su actual ocupante que pocos conocen y prometí no contar, aunque por otra parte pienso que ha pasado suficiente tiempo como para que mi fuente no se meta en líos. Suena a vieja excusa de periodista traicionero, lo sé. Mi fuente, en todo caso, es buena. La cosa es que el actual rey, Norodom Sihamoni, fue literalmente engañado para que ocupara un trono que nunca quiso. Su padre, Norodom Sihanouk, se encontraba cansado y enfermo, y su hijo vivía en París con su pareja, llevando una vida discreta como profesor de danza clásica y disfrutando de teatros y viajes por Europa. Como hacía caso omiso de las peticiones de su padre, este le pidió que al menos viniera a visitarlo para poder despedirse antes de morir. En cuanto el príncipe apareció por palacio, su padre ordenó que le quitaran el pasaporte, abdicó y lo forzó a aceptar el trono. Sihamoni, sin el carisma de su padre, es hoy una figura distante y ceremonial. Desde que me contaron la historia de cómo llegó a rey, cada vez que lo veo, siento que puedo leer su pensamiento: «Cualquier día me fugo a París. Ah, aquello sí que era vida».

Somerset Maugham pasa poco tiempo en Nom Pen porque su verdadero objetivo en Camboya es llegar a los templos de Angkor, que entonces no era un destino fácil. El autor se embarca en un viaje durante el cual tiene que cambiar de barco en tres ocasiones, pasar varios días de trayecto y recorrer la última parte en coche, bordeando uno de los afluentes del Mekong. Hoy basta tomar un vuelo en Bangkok por la mañana y antes del almuerzo estás visitando los templos. Verlos es otra cosa, porque las hordas de turistas te lo impiden y tus guías tienen que abrirse paso a empujones para hacerte sitio.

El Imperio jemer, que duró desde el año 802 hasta 1431, se extendió por lo que hoy son Camboya, Tailandia, Laos, Vietnam y Birmania, y su capital llegó a ser la más poblada del mundo, con cerca de un millón de habitantes repartidos en una extensión similar a la de Nueva York.

Tenía el orden urbanístico, la eficiencia y la sostenibilidad que ya querrían muchas grandes urbes de nuestros días, sobre todo las asiáticas. Y, sin embargo, un buen día todo se desmoronó. No los templos, que siguen en su sitio a pesar de los monzones y las embestidas de la jungla, sino la civilización que los construyó. Raro es que pase un año sin que un grupo de investigadores no anuncie una nueva teoría sobre el ocaso del Imperio jemer, desde la guerra hasta las enfermedades, pasando por las sequías o las plagas. Ninguno de sus habitantes dejó testimonio escrito que desvelara qué males los afligieron. Maugham deja caer que quizá la explicación esté en la más humana de las debilidades y fue simplemente la complacencia que suele acompañar al éxito lo que tumbó el Imperio jemer. Desde lo más alto, Angkor solo podía descender.

Maugham, deslumbrado ante los restos de aquella grandeza, escribe sobre lo mucho que le habría gustado visitar los templos acompañado de un filósofo que le explicara por qué, habiendo conocido lo sublime, el hombre termina por contentarse con lo cómodo y lo mediocre. Se pregunta si nuestra condición natural es el estado inferior de la civilización y por ello resulta inevitable que la naturaleza humana, tras pasar algún tiempo en las alturas, lejos de lo ordinario, vuelva con «alivio a un nivel que es solo un poco mejor que el de las fieras». El esplendor de Angkor produce ese efecto, parecido al de las pirámides egipcias: no puedes evitar comparar aquellas construcciones, levantadas sin la tecnología actual, con los desastres urbanísticos de las ciudades modernas. Es una contradicción que confunde a Maugham: «¿Es que las circunstancias, o tal vez su genio, lo educan [al hombre] durante cierto tiempo a remontarse a las alturas en las que no puede respirar fácilmente, por lo que prefiere volver a bajar a la llanura conocida?». «¿Es el hombre como el agua, que una presión artificial puede hacer brotar en las alturas pero que vuelve a caer a su nivel en cuanto desaparece dicha presión?»

Los habitantes de Angkor abandonaron la ciudad, o perecieron en ella, el silencio se apoderó del lugar y la jungla lo engulló. Quedaron, inmortales, sus formidables templos y sus piedras convertidas en esculturas, historias de príncipes, bailarinas, amores y batallas grabadas para la eternidad. El lugar empezó a ser visitado ocasionalmente por exploradores y algunos misioneros a partir del siglo XVI. Sus templos no empezaron a ser conocidos en Occidente hasta que los descubrió a mediados del siglo XIX el naturalista Henri Mouhot, que describiría «la profunda quietud del bosque» que los rodeaba en su libro póstumo *Voyage dans les royaumes de Siam* (*Viaje a los reinos de Siam*).

Mi templo favorito es Ta Prohm, devorado por las inmensas raíces de los árboles, que parecen querer estrangularlo. En una ocasión lo tuve para mí solo, antes de la llegada del turismo masivo. De fondo, escuchaba el bello sonido del monzón. Y sentía que sus piedras me hablaban, contándome historias de batallas heroicas, del pulso entre civilización y naturaleza, de supervivencia y falsas esperanzas. Después caminé hacia Angkor Wat, que desde la distancia se veía rodeado de agua y verde. Sus paredes estaban húmedas. Apenas había gente. Me senté a sus pies e imaginé cómo sería la vida en el imperio desaparecido. Quizá no tan diferente de la nuestra. Tendrían sus disputas, rivalidades y ambiciones. Sufrirían sus pandemias. La mentira se propagaría entre sus callejuelas. Nacerían y morirían amistades y amores. Se cometerían lealtades y traiciones. Guerrearían con otras naciones. Harían las paces. Los ciudadanos seguramente se quejarían de sus líderes y de la corrupción. Conversarían sobre el tiempo cuando no tenían nada que decirse. La pérdida, el amor y la traición dolerían igual. Vivirían a veces en las alturas; otras en la planicie. No hemos cambiado tanto.

Ni siquiera hombres de buen gusto y asumida contención, como el escritor André Malraux, pudieron resistirse a llevarse un pedacito de Angkor a casa. El diario parisino *L'Éclair* titulaba el 3 de agosto de 1924: «El poeta Malraux saqueó los templos de Angkor». La crónica relataba cómo Malraux había arrancado varios relieves del templo de Banteay Srei, precisamente en los días en que Somerset Maugham lo estaba visitando. El escritor francés fue condenado en un juicio posterior en Vietnam, donde quizá alegó que todo había sido un desliz de *La condición humana.* Malraux venía de arruinarse con un negocio cuando decidió organizar su expedición a Camboya, en compañía de su mujer y de un amigo de la infancia. Cuando fue arrestado, mientras trataba de sacar del país cuatro relieves con motivos hindúes, llegó a atribuir su acción a un intento de preservar el lugar. Todo le sería perdonado con el tiempo y en Siem Reap, la ciudad donde se hospedan los turistas que visitan el lugar, uno de los restaurantes de moda lleva su nombre. Los camboyanos no conocen el resentimiento, aunque hay pocos países donde esta emoción esté más justificada.

También en su Francia natal se perdonó a Malraux, que fue ministro de Cultura en el Gobierno de Charles de Gaulle. Después de todo, ¿qué mejor ministro de Cultura que alguien que la apreciaba tanto como para llevarse un pedazo de Angkor bajo el brazo? ¿Qué no daríamos por tener hoy políticos que robaran con tanto refinamiento? Angkor era para Malraux la cumbre de la cultura: aquello que «en la muerte, continúa siendo la vida». No veía decadencia en su ruina, sino esplendor; no creía estar ante un conjunto de piedras, sino ante una muestra del arte más sublime; no pensaba que el lugar representara la fragilidad de los hombres, sino su fortaleza. Insignificante ante su grandeza, el escritor empequeñeció hasta convertirse en un simple ladrón.

El templo que tentó al ministro queda cerca de la colina de Nom Dei y fue levantado por mujeres en el siglo x. Los relieves de sus muros de arenisca roja, delicadamente esculpidos, fueron dedicados al dios Shiva y representan cuentos mitológicos hindúes. Orientado al este, tiene ese halo de misterio que envuelve al resto de Angkor. Me picaba la curiosidad y quise visitarlo. ¡Pero, ah, decepción! No sentí el impulso de llevarme nada, ni siquiera un motivo decorativo. Llenar el salón de casa con los recuerdos de los viajes es una afición que se va perdiendo con el tiempo, afortunadamente. De las paredes de mi primer apartamento en Asia, en Hong Kong, colgaban un bumerán de Australia, una careta con nariz en forma de falo de Bután y una marioneta balinesa, entre otras pruebas irrefutables de que había estado en aquellos lugares. En cierto modo, padecía el síndrome del viajero que desea que, al recibir visitas, le pregunten por los lugares donde ha estado. Un día me desprendí de todas aquellas cosas, conservé un Buda, porque tenía buen peso para sujetar los libros de mis estanterías, y me sentí liberado. Rehabilitado incluso. Podía decirme a mí mismo que era una versión mejorada de esos turistas que estos días graban su nombre en los monumentos. Ignoran las zonas restringidas. Se suben a los frágiles templos de Angkor para hacerse un *selfie*, a pesar de los avisos. No quiero volver: prefiero el recuerdo de Angkor cuando podías visitar los templos a solas e incluso sentirte dueño de uno por un rato. Si fueron construidos como exaltación de la contemplación, el silencio y la espiritualidad, ¿qué sentido tiene verlos entre empujones, colas y griterío?

Somerset Maugham no vivió para ver hasta qué punto su teoría de la tendencia natural del hombre al declive, cada vez que parece a punto de tocar los cielos, se cumpliría en el antiguo Imperio jemer. El país que visitó cuando era un protectorado francés fue ocupado por Japón en la II Guerra Mundial, antes de volver a ser controlado por Francia y lograr finalmente la independencia, bajo el reinado de Norodom Sihanouk, en 1953. Sí, el mismo que *secuestraría* a su hijo para obligarlo a reinar. La intervención de Estados Unidos, apoyando el golpe de Estado contra el monarca y bombardeando posiciones guerrilleras durante la guerra de Vietnam, impulsó la emergencia del Jemer Rojo y su líder genocida, Pol Pot. Su llegada al poder en 1975 fue seguida del traslado de las poblaciones de las ciudades al campo, la ejecución de miles de opositores, la ruina económica y un holocausto que costó la vida a una quinta parte de la población. Cada vez que voy a la S-21, la prisión de la que solo siete de sus catorce mil presos salieron con vida, busco el puesto ambulante de Bou Meng, uno de los afortunados. Se gana la vida vendiendo ejemplares fotocopiados de su autobiografía a los turistas y con las propinas que recibe por hacerse una foto en la celda donde estuvo preso. La última vez que lo vi me dijo que temía que él y otras víctimas se estuvieran haciendo viejos y que muy pronto no hubiera nadie para contar su historia.

—Pero están los libros —le dije.

—Cada día vendo menos —me respondió—. Pronto nadie querrá leerlos.

Me aparté para dejar sitio a los turistas que querían llevarse recuerdos, con la duda de si convertir la S-21 en otra atracción turística me parecía una buena idea. Era probable que sirviera para concienciar sobre los horrores del genocidio, pero sin duda también lo banalizaba. Me decanté por pensar que era buena idea mantener ese recuerdo. Si las construcciones más esplendorosas levantadas por los hombres, los rincones más vírgenes, los escenarios más bellos, si lo mejor había sido entregado a las masas de turistas para su disfrute y contemplación, ¿por qué no también nuestras creaciones más oscuras? Al caminar por los pasillos de la prisión, con las paredes cubiertas por los retratos fotográficos con la mirada asustadiza de los que iban a morir, es fácil imaginar que Somerset Maugham vería el genocidio camboyano como uno de esos momentos en los que los seres humanos tocamos fondo. Pero quiero pensar que lo haría con el optimismo de que, desde lo más bajo, remontaríamos el vuelo. Una vez más.

Maugham siguió hacia Vietnam, una etapa del viaje en la que apenas se detiene. En Hanói no encuentra nada interesante y ni siquiera la deslumbrante bahía de Ha Long, con sus aguas esmeralda y sus islas que emergen del mar como gigantes de piedra, consigue sacarlo del tedio. Agotado, en Hai Phong lo espera una sorpresa. Un camarero lo informa de que un caballero desea verlo: se trata de Grosely, un compañero de sus tiempos de estudiante de Medicina en el hospital Saint Thomas. Lleva cinco años en la ciudad portuaria y lo invita a cenar en su casa, donde le presenta a su mujer vietnamita y le ofrece fumar opio. Maugham tiene aún reciente el recuerdo de una mala experiencia en Singapur. La droga le había hecho sentir un gran placer físico y una curiosa actividad mental, «como si todas las ideas nos parecieran de repente sumamente claras». A la mañana siguiente había despertado con la peor de las resacas y vomitó. Así que declina la invitación, sin impedir que su anfitrión se dé el gusto. Apareció entonces una anciana con una bandeja con un infiernillo, una pipa, una aguja larga y una pequeña cajita redonda con opio. Se arrodilló junto a Grosely, le preparó la adormidera y su excompañero dio una gran calada, dejándose envolver en una espesa nube de placer.

Grosely le cuenta su vida de éxitos y fracasos, sus veinte años en China como aduanero portuario, la pequeña fortuna que ha logrado amasar —Maugham sospecha que viene del contrabando de opio—, su más legítimo negocio de venta de antigüedades, y la confesión de ese sueño que comparten muchos viajeros llegados al Este, que es regresar un día a casa triunfante y respetado. Su invitado lo escucha, convencido de que los hombres son más interesantes que los libros, con el inconveniente de que no te puedes saltar ningún párrafo: es necesario leerlos enteros para dar con la página buena. ¿Pensaba Maugham en sí mismo al hacer esta reflexión? La suya no fue una vida fácil, aunque sí acomodada. William Somerset Maugham nació en la embajada británica en Francia y quedó huérfano de ambos progenitores antes de los doce. De su madre decía que fue su único amor verdadero. Dormía siempre junto a su fotografía, estuviera en su casa londinense o en una suite del Oriental. El pequeño Maugham empezó a escribir pronto y afiló su prosa con los compañeros de escuela que se mofaban de su tartamudez, un buen entrenamiento para el sarcasmo que después contagiaría toda su obra. Tras estudiar Medicina, sirvió en la Cruz Roja durante la I Guerra Mundial, fue reclutado por los servicios de inteligencia británicos para trabajar en Rusia, publicó uno de sus primeros grandes éxitos, *De la servidumbre humana*, estrenó veinticuatro obras de teatro, escribió discursos patrióticos para animar a los aliados durante la II Guerra Mundial y terminó haciendo guiones en Hollywood. A pesar de su productividad, se consideró a sí mismo un escritor limitado y poco creativo. Necesitaba, según decía, vivir experiencias con las que alimentar la falta de imaginación. Y la alimentó, rabiosamente, con una curiosidad inagotable sobre los lugares que visitaba y los personajes que encontraba en el camino. En Asia, que inspiró una parte importante de su obra, se detiene a menudo en los expatriados y en tipos como Grosely, antes que en las gentes del lugar. Esa falta de profundidad en el oriental, por esnobismo, respeto o incapacidad para penetrar en su carácter, reforzó las críticas sobre su orientalismo, esa forma que tiene Occidente de explicar la región desde un puñado de estereotipos y conceptos fáciles. Todavía hoy lo culpan, pobre William, de ser el precursor en la propagación del exotismo mágico que altera las percepciones occidentales sobre el Este.

Al contrario que otros autores, como Orwell o Conrad, Maugham no muestra un gran sentimiento anticolonial o una sensibilidad especial por las injusticias sociales que encuentra. En sus libros de viajes no pretende educarnos sobre las comunidades remotas o sus costumbres, recomendarnos lugares que visitar o analizar la geopolítica de los países que recorre. Tampoco parece especialmente interesado en la historia o las pagodas, aunque Angkor le parezca inigualable. Y así se nos revela como una rareza: el escritor de viajes honesto. Podría presentarnos a grandes personajes orientales, aun sin entenderlos, pero está más cómodo diseccionando a expatriados que han caído por aquel mundo, a menudo sin saber cómo o por qué.

Grosely, su anfitrión en Vietnam, le cuenta entre pipas de opio que su anhelo es regresar a Inglaterra, para emborracharse en el Criterion Bar y acudir al *derby* con frac, sombrero marrón y gemelos colgados del cuello. «Había vivido como un eremita con el único objetivo en mente de volver a llevar una vida tan vulgar.» Relata su fallido regreso a Londres, donde nada es como lo recordaba. Los lugares que frecuentaba ya no existen, las chicas son más antipáticas que cuando tenía veinte años y hasta las resacas le parecen más insoportables. No hace amigos y se siente solo. Y de repente, las cosas que había dejado atrás en Oriente se visten del valor que antes había pasado por alto. Las mujeres chinas, sin los aires de las inglesas. La diversión, a cambio de menos dinero. Hacerse socio de un club, sin que escruten tu pedigrí. Las calles siempre animadas y toda esa gente que, por el simple hecho de que eres extranjero, quiere pasar un rato contigo. El año y medio en Inglaterra se le hizo más largo que dos décadas en Oriente. Así que pone rumbo a China de nuevo y, durante una parada en Hai Phong, sube a un *rickshaw* y pide al mozo que lo lleve a algún lugar donde pasar un buen rato con una mujer. El mozo lo conduce a la casa en la que Grosely acaba contándole su vida a Maugham, y el escritor se plantea quedarse una noche. El opio nubla sus sentidos, maquilla las heridas de su alma y lo envuelve en sueños imposibles. Su barco a Hong Kong parte a la mañana siguiente. Lo deja marchar.

—La vieja prepara unas pipas estupendas y ella, mi chica, es una joven bonita, y luego está también el crío. Un pequeño granuja. Si uno es feliz en algún lugar, ¿para qué irse a otro?

—¿Es usted feliz aquí? —pregunta Maugham.

—Nunca he sido más feliz en mi vida.

Mientras leía la historia de Grosely, no podía dejar de pensar en la cantidad de occidentales que había conocido con historias similares a la suya. Tipos, porque la mayoría eran hombres, que caían rendidos ante los encantos de una vida fácil, de mujeres bonitas y privilegios poscoloniales, agradecidos de que se los tratara con deferencia solo por ser blancos. Una vez que habían vivido en Asia, se sentían seres extraños e inadaptados en Europa o allí de donde vinieran. Quienes no tenían más remedio que regresar morían de nostalgia por la vida dejada atrás. Un amigo me lo explicó desde el punto de vista de su vida sexual. En Bangkok ligaba como si fuera una estrella de Hollywood.

—Voy al supermercado y salgo con el teléfono de la cajera, voy a jugar al golf y acabo con la *caddie* que nos protege del sol con el paraguas, si salgo por la noche... Hay días que no salgo de casa para evitar la tentación —se lamentó falsamente.

Sabía que no exageraba, porque era así con la mayoría de los solteros y no pocos de los casados instalados en la ciudad. En cuanto a ellas, las expatriadas solteras, se quejaban amargamente de que los extranjeros no les hacían caso porque estaban demasiado ocupados con las orientales, mientras que los locales les parecían poco atractivos o tampoco mostraban interés. *The Wall Street Journal* escribió por entonces un artículo que describía el síndrome: «Volar sola: Asia es duro para las mujeres occidentales solteras». Ejecutivas destinadas en el continente, con grandes puestos de trabajo, magníficos salarios y ninguna cita, se sinceraban en una catarsis que resonó en la comunidad expatriada. Julie Sleva, directiva canadiense de L'Oréal, que andaba por ahí en aquellos días, se despachaba a gusto en la pieza del *Journal*: «Nunca ves a un hombre tailandés con una expatriada y los hombres expatriados están casados, son gays o tienen una joven tai colgada del brazo». Y especificaba más aún: los hombres eran «gordos y asquerosos».

Un día la empresa de mi amigo, que no era ninguna de esas cosas, lo llamó de vuelta a Europa y tuvo que mudarse a Madrid, donde la carroza se transformó en calabaza y el *playboy*, en otro hombre del montón; sus encantos se evaporaron sin más. Ya no lo recibían con honores en los restaurantes ni podía acceder a una membresía de un club elitista, que en Europa costaba veinte veces más, ni pasarse el día en chanclas y bermudas, sin que nadie atendiera a su etiqueta. Cuando lo vi, unos meses después, esta vez sus lamentos sí me parecieron sinceros. Se sentía como el Grosely de *El caballero del salón*:

—¿Puedes creer que en Europa hay que conversar para ligar?

Maugham creía que el viaje era una búsqueda sobre cuyo éxito resultaba difícil ser optimista. En *El velo pintado*, la novela donde hombres blancos se pierden en los fumaderos de opio chinos, escribe que todos andamos necesitados de encontrar el rumbo: «Algunos de nosotros buscamos el Camino en el opio y otros en Dios, algunos en el whisky y otros en el amor. Es todo lo mismo y no conduce a ninguna parte».

Repasé la lista. Si miraba atrás, estaba seguro de que ninguna de las cosas que citaba Maugham me había llevado a emprender mi viaje al Este, ni me había retenido allí durante dos décadas, o formaba parte de las razones que me hacían volver, una y otra vez. ¿Podía ser la promesa de la que hablaba en *El caballero del salón*, tan cercana y distante a la vez? ¿Existía o era otra fantasía del viajero occidental? Maugham daba pistas vagas y algún consejo. No debía buscarla entre junglas oscuras y templos ancestrales, en montañas remotas o islas paradisiacas, sino en las gentes de todos aquellos lugares: «Me pareció que en estos países del Este el monumento más impresionante, la antigüedad más inspiradora, no es ni el templo, ni la ciudadela, ni la gran muralla, sino el hombre». ¿Acaso la encontraron Conrad en Borneo, Orwell en Birmania o Graham

Greene en Saigón? Sabía por sus libros que Alexandra David-Néel lo había intentado en el Tíbet, el escritor italiano Tiziano Terzani en un largo viaje asiático exento de aviones; y Rudyard Kipling en las casas de opio y los burdeles de Lahore:

Llévame a un lugar al este de Suez donde lo mejor es como lo peor,
donde no hay diez mandamientos
y donde cualquier hombre pueda beber hasta no tener sed.

Quizá si seguía las huellas de todos ellos, viviendo los lugares y revisitando las gentes que aparecen en sus libros, daría con algo que se me pasó por alto y que, con la ayuda de su mirada, se presentaría ante mí con la obviedad de las cosas que siempre han estado delante de nuestras narices, sin que las veamos. Tal vez entonces, al regresar a casa, me sentaría en el sofá y podría dar mi viaje por finalizado. Y decir: «Lo encontré».

El secreto oculto de Oriente.

2

Joseph Conrad / Borneo

El Oriental fue desde su inauguración en 1876 una parada obligada para los aventureros, exploradores, cronistas y viajeros occidentales que llegaban al Este. La Gran Dama junto al Chao Phraya entretuvo a la realeza internacional a finales del siglo XIX, sirvió de club de oficiales de los japoneses en la II Guerra Mundial y fue el primer edificio en instalar ascensores en Tailandia. El talento literario que encontró acomodo en sus habitaciones prueba la fascinación que Oriente despertó siempre entre los escritores de la otra cara del mundo: aparte de un febril Somerset Maugham, pasaron por el hotel Noel Coward, James Michener, John Steinbeck, Rudyard Kipling y Joseph Conrad. Kurt Wachtveitl, el legendario director que estuvo al frente cuarenta y un años, prefería hospedar a intelectuales que a alborotadoras estrellas de *rock* o caprichosas actrices como Elizabeth Taylor, que en una ocasión persiguió a un ebrio Richard Burton por el *lobby* a las tres de la mañana. «Me trató como a un perro», se quejó Taylor al director, que utilizó su tacto para devolver al matrimonio a su *suite*.

En los buenos tiempos del periodismo, cuando los diarios derrochaban dinero y los jefes compensaban mis coberturas bélicas permitiéndome algunos lujos, me hospedé en el Oriental. Wachtveitl seguía por allí y mantenía un archivo con los perfiles de los miles de huéspedes que habían pasado por sus instalaciones, con sus gustos, fobias y exigencias. Elizabeth Taylor, por ejemplo, envió a uno de los empleados a comprarle un gibón al mercado de Chatuchak. En cuanto a mí, un perfecto desconocido, era fácil satisfacerme: alguno de los libros del ala de autores, una cerveza Singha bien fría y una mesa en la veranda desde la que Conrad, más de un siglo antes, había observado el trasiego de los sampanes, barcos mercantes y yates que cruzaban el Río de los Reyes al atardecer.

Józef Teodor Konrad Korzeniowski (1857-1924) llegó al Oriental en 1888, poco después de su inauguración, aunque no se hospedó en sus habitaciones por falta de presupuesto. Merodeó por sus instalaciones y socializó con algunos clientes mientras la tripulación de su barco, el Otago, se recuperaba de una enfermedad tropical en un episodio que recrearía en su novela *Lord Jim.* A Conrad le costó menos que a Maugham encontrar encantos a Bangkok, una ciudad que lo deslumbró con una luz que «penetra tus extremidades a través de cada poro de la piel», la esplendorosa decadencia de sus templos y el orgullo discreto de sus habitantes. Como recordaría en *La línea de sombra,* su libro autobiográfico donde narra las desventuras de un novel capitán que surca los mares de Oriente, los tailandeses pueden decir que son uno de los pocos pueblos nunca conquistados por el hombre blanco.

Conrad, al contrario que Maugham, era un moralista con gran sentido de la justicia. Mientras el autor de *El caballero del salón* viaja por placer, en lo que fueron los orígenes del turismo tal como lo conocemos hoy, a Conrad le duelen las desigualdades de un mundo donde los fuertes utilizan su riqueza para oprimir y saquear a los pueblos más débiles. Los expatriados que aparecen en sus obras forman parte de la estirpe de aventureros motivados por la conquista, el descubrimiento, la búsqueda de la fortuna y, por supuesto, la codicia. En Borneo o en el Congo, no tienen intención de integrarse en las comunidades a las que llegan, desarrollarlas o compartir con ellas el botín. El autor reniega del relativismo colonial, esa idea de que detrás del dominio de tierras extranjeras pudo haber también un empeño altruista en civilizar. La verdadera intención, dice, era otra: «Arrancar tesoros a las entrañas de la tierra era su deseo, pero aquel deseo no tenía otro propósito moral que el de la acción de unos bandidos que fuerzan una caja fuerte».

Los sueños de unos hombres, construidos sobre la ruina de otros.

Cuando el español va a América, el francés a Argelia o el holandés a Borneo, buscan arrebatar la tierra a aquellos que tienen «una piel distinta o la nariz ligeramente más achatada que nosotros», escribe Conrad. Luego los hubo más o menos salvajes en el empeño, hubo quienes dejaron algo de provecho tras de sí —la universidad o una lengua común en el caso de los españoles en América— y naciones que se portaron con más o menos decencia en la retirada. Juzgar a aquellos hombres con los códigos morales de hoy resulta absurdo: la guerra era parte de la vida y no existía un Consejo de Naciones Unidas en cuyas reuniones diplomáticos trajeados se sentaban a resolver las disputas entre países. Tampoco reporteros u ONG que denunciaran los horrores de conflictos que eran vistos como mecanismos legítimos para establecer el (des)orden internacional. Ninguna conciencia de que hubiera algo malo en matarse por territorios, tesoros u honor. La vergüenza estaba en la derrota. En regresar con las manos vacías.

En Trujillo, un bello pueblo de Extremadura, siguen en pie algunas de las propiedades de quienes hicieron las Américas con éxito. Los hubo que triunfaron e incorporaron fortuna y estatus social a sus familias, pasando a formar parte de la nobleza. El conquistador Francisco Pizarro, subido a su caballo, está esculpido para la eternidad en la plaza mayor de su ciudad natal. Hasta setenta y seis trujillanos regresaron de la aventura convertidos en hidalgos, con suficiente oro inca como para asegurar la fortuna de las siguientes generaciones. Otros volvieron, de América, Asia o África, con las manos vacías. No hay en Trujillo honores para los que fueron vencidos por la desventura y tampoco ningún intento de relatar los abusos del colonialismo. El visitante solo encontrará historias de heroicidad y superación.

Conrad escoge fustigar el colonialismo en una época en la que era políticamente incorrecto hacerlo, una posición casi personal: después de todo, un imperio, el de los Románov, engulló su Polonia natal y destruyó a su familia. Y, sin embargo, ni esa experiencia ni sus escritos sobre la dominación extranjera le han evitado ser acusado, por quienes leen literatura clásica como si hubiera sido escrita ayer, de falta de empatía con los pueblos dominados. Sus protagonistas son a menudo expatriados europeos en lugares remotos y rodeados de gentes menos desarrolladas. África o Asia son presentadas como entornos oscuros, difíciles y desafiantes para el hombre blanco, siempre testado por las vicisitudes a las que se enfrenta. Y si esas tierras lejanas son brutas e incivilizadas, ¿no está en cierto modo justificando su conquista por los más avanzados europeos? ¿No hay algo noble y bueno en influir en sus destinos, para acercarlos a nuestro estado de gracia?

Uno de esos aventureros que se adentran en el mundo aún por desarrollar es Kaspar Almayer, el comerciante holandés que protagoniza *La locura de Almayer*, su primera novela. Es la historia de un buscavidas en los confines de Borneo, que Conrad visitó en cuatro ocasiones a finales del siglo XIX. Almayer se instala en busca de fortuna y sus expectativas de grandeza chocan desde el principio con la realidad. Al contrario que Pizarro en Trujillo, no tendrá una estatua en su honor en una plaza de Ámsterdam.

La isla del archipiélago malayo, entonces bajo control holandés, es como el Congo belga de *El corazón de las tinieblas*, un destino hecho para «los hombres sin entrañas». Adentrarse en ella era jugárselo todo a una carta. Si te salía bien, un día regresarías a Europa convertido en un hombre rico y reconocido. Pero existía la posibilidad de que todo se torciera y terminaras como Almayer, condenado a la desesperación, el olvido y la locura. La única motivación del personaje de Conrad para instalarse en Borneo a finales del siglo XIX es material. Sufre cada minuto que pasa en lo que hoy es el Kalimantan indonesio, un lugar remoto y salvaje. Desprecia a los nativos, incluida su mujer, precisamente porque es de los *otros*. Vive atrapado por sus expectativas de grandeza y el deseo de hacer de su hija mestiza una mujer respetable a los ojos de los *suyos*, los blancos. Conrad se refiere irónicamente al lugar donde sitúa a su desgraciado comerciante como un «estado modelo». Allí, en lo que hoy es la localidad portuaria de Tanjung Redeb, en Berau, encuentra la suma de todas las contradicciones del colonialismo y el choque entre dos mundos. Mercenarios europeos y comerciantes árabes. Expatriados y príncipes. La ambición impaciente del extranjero y la paciencia intrigante de sus anfitriones. Oriente y Occidente.

La inmensidad de Borneo —la tercera isla más grande del mundo, hoy repartida entre Indonesia, Malasia y Brunéi—, sus junglas infinitas y sus misterios por descubrir solo contribuyen a alimentar la fantasía de Almayer sobre la existencia de un gran yacimiento de oro. Vive atrapado entre sueños y tinieblas. Le urge encontrar el tesoro no solo por la fortuna que le depararía, sino para dar sentido a su vida. Todas sus renuncias y sacrificios allá lejos, ese matrimonio por conveniencia con una nativa, sus compromisos morales, todo habrá merecido la pena si su empresa tiene éxito. Mientras el sueño permanezca vivo, también él lo estará. El problema es que el oro que ansía Almayer está escondido «donde los malayos y las tribus ribereñas de los dayaks o cazadores de cabezas están eternamente en guerra». ¿Cuánto oro? Nadie lo sabe, pero el hecho de que los dayaks emerjan de su mundo con pequeñas cantidades alimenta las expectativas del expatriado holandés, dispuesto a adentrarse en su territorio para encontrarlo. Las expediciones fracasan y la misión se alarga, mientras todo a su alrededor va entrando en decadencia: el hogar que ha construido, la relación con su mujer, su posición entre los nativos e incluso su gran ilusión, su hija Nina. Abandonado sin remedio, solo tiene un amigo con el que olvidar las penas. Uno que, tras ganarse tu confianza, te destruye sin remedio: el opio.

Como muchas de las novelas de Conrad, *La locura de Almayer* se desarrolla en escenarios alejados de lo que se consideraba la civilización, pero no de las intrigas y miserias humanas. El autor polaco las había vivido desde pequeño, a menudo de forma dolorosa. Nació en 1857 en la localidad de Berdichev, hoy situada en Ucrania, en el seno de una familia noble polaca. Eran tiempos de dominación rusa y su padre, Apollo Korzeniowski, era un tipo culto, nacionalista y subversivo que conspiró contra los zares. Fue encarcelado en Varsovia, donde pasó su cautiverio traduciendo a Dickens, Hugo o Shakespeare. La visita del pequeño Józef a su padre en prisión y los años de exilio de la familia en Siberia marcarían su sentido de la justicia, del bien y del mal. Su madre no soportó el frío, la falta de alimentos y las duras condiciones. Murió de tuberculosis cuando Conrad tenía ocho años; su padre, cuatro años después, por lo que el pequeño quedó a cargo de su tío Thaddeus. Enviado a Leópolis, empezó a evadirse con la lectura y el estudio de mapas que lo invitaban a descubrir mundos lejanos y desconocidos que despertarían su curiosidad. En cuanto pudo, con diecisiete años, dejó Polonia y viajó por Europa pasando por Suiza, Austria, Italia y Francia, donde se enroló en el Mont Blanc en su primera experiencia como marinero. No tenía licencia y fue vetado en varias tripulaciones. Dilapidó sus ahorros en el juego. Intentó suicidarse y, durante algún tiempo, deambuló por la vida sin propósito. Cuando llegó a Londres, con veinte años, su tío Thaddeus se había cansado de costear su vida de crápula. En una carta de respuesta a una nueva petición de fondos, le dice que es hora de convertirse en un hombre de provecho:

> Haz algo, lo que sea, trabaja, estudia, pero no interpretes el papel de caballero acaudalado. Si no has conseguido un trabajo cuando hayas cumplido veinticuatro años, te cancelaré [los pagos]. No tengo dinero para perezosos y me niego a trabajar para financiar la vida lujosa de otros.

Conrad se enroló poco después en el Duke of Sutherland con destino a Australia. La travesía, de más de dos años, hará del joven Conrad un marinero profesional, lo vinculará al mar —convertido en el hogar que nunca tuvo— y borrará de su mente cualquier fantasía sobre las comodidades de su nuevo oficio. El barco cruje en medio de terribles tormentas en el océano Índico; el trabajo a bordo incluye turnos de doce horas en lo alto del mástil;

las noches son gélidas y la comida escasa; y los camarotes, donde la tripulación se hacina sin apenas espacio, no hacen del descanso una tarea fácil. El joven tripulante aprende a temer la inconmensurable crueldad del océano que juega con «los hombres hasta que sus corazones se rompen y lleva a bravos buques a la muerte». Todo lo compensa el descubrimiento de lugares inimaginables, la constante sensación de aventura, la forja de una disciplina que le sería muy útil como escritor o la camaradería de sus compañeros de viaje. Conrad navegaría durante quince años en media docena de buques diferentes, leyendo a los autores favoritos de su padre, especialmente a Shakespeare, y acercándose a los secretos de la naturaleza humana como solo pueden hacerlo quienes viven al límite. Aunque navega por el Mediterráneo y el Caribe, y será en África donde encuentre la inspiración de su novela más célebre, *El corazón de las tinieblas*, ningún sitio alimentó su creatividad literaria como el Este: «El misterioso Oriente estaba ante mí, perfumado como una flor, silencioso como la muerte, sombrío como un sepulcro».

Sus viajes a Singapur y Bangkok, sus travesías por el estrecho de Malaca, por el archipiélago indonesio o por el impredecible mar del Sur de China, en aguas donde piratas, comerciantes y potencias coloniales competían por amasar fortuna, y sobre todo sus visitas a la salvaje Borneo ofrecieron a Conrad los personajes, las comunidades, el exotismo y los escenarios para escribir seis novelas y una docena de relatos, la mitad de toda su obra. El autor polaco se hizo marino en Marsella y un hombre entre tormentas, conoció el desamor en Isla Mauricio y las tentaciones capaces de corromper el alma en Londres; y fue en Borneo donde nació el escritor que había en él. De la gran isla del archipiélago malayo se trajo las experiencias que plasmaría en *Freya de las siete islas*; *Lord Jim*, que para muchos es su mejor novela; y *La locura de Almayer*, el estreno literario que lo hizo todo posible.

Las pistas dejadas por Conrad en *La locura de Almayer* y *Lord Jim* sirven para situar en el Borneo indonesio el enclave colonial donde los hombres se perdían en «sus sueños de poder y riqueza». Sambir, nos cuenta, queda sesenta y cinco kilómetros río arriba en la costa este de Borneo, que el autor visitó con el buque Vidar. Es allí donde Almayer pasa su desdichada existencia, a la espera de encontrar su tesoro. Los temidos territorios dayaks que supuestamente ocultan su ambición son fácilmente localizables estos días, entre otras cosas porque nuevas carreteras permiten llegar con una rapidez y comodidad impensables en la época de Conrad. Nada tiene que ver ya la isla con la que encontraron los europeos en los siglos XVIII y XIX o los japoneses durante su ocupación en la II Guerra Mundial. Los foráneos que se aventuraban en ella temían entonces ser devorados por las fieras, morían azotados por las enfermedades tropicales o se extraviaban en sus junglas infinitas. Y si sobrevivían a todo, aún tenían que lidiar con los cazadores de cabezas, nativos para quienes obtener el cráneo de un enemigo era, además de una prueba irrefutable de su heroísmo, una manera de proteger su comunidad con la adquisición de poderes sobrenaturales. El prestigio de los guerreros se medía por el número de cabezas que acumulaban y servía para impresionar a futuras pretendientes. Emilio Salgari describe así la macabra dote en una de las novelas de Sandokán: «Los dayaks del interior son todos grandes cazadores de cabezas, también porque un joven guerrero no podría casarse sin hacer el regalo de al menos un par de cráneos humanos a su joven consorte».

La cabeza del oficial holandés George Muller, capturado a la vera del río Kapuas en 1825, fue uno de los últimos trofeos conocidos de los dayaks, que fueron abandonando la práctica sobre todo después de la llegada de misioneros cristianos, empeñados en convencerlos de que no era la mejor forma de resolver sus disputas. Y, sin embargo, cada poco tiempo, sin que nadie sepa por qué, vuelven a las andadas. Los dayaks se levantaron en 1997 contra los inmigrantes de la isla javanesa de Madura y cortaron la cabeza a decenas de personas. El Gobierno indonesio organizó una reconciliación y todo volvió a la calma. Pero cuatro años después los nativos se propusieron terminar el trabajo y, esta vez, estuvieron a punto de conseguirlo. Era 2001 y el mundo vivía los comienzos de la revolución digital que habría de cambiar tantas cosas y de la que los optimistas pensaban que iba a transformarlo todo, acabando con la ignorancia y las dictaduras, haciendo el conocimiento accesible a gentes de todos los rincones, convirtiéndonos en seres más tolerantes y libres. Las razones de que ese vaticinio no se cumpliera darían para otro libro, aunque pueden simplificarse en lo ocurrido en Borneo cuando llegué a la isla para cubrir las masacres: la incapacidad de la naturaleza humana para despojarse de sus instintos más primarios.

La disputa entre los dayaks y los madureses había llevado a los nativos a buscar la eliminación total de los inmigrantes. Hombres, mujeres y niños corrieron la misma suerte que los primeros europeos que trataron de contactar con las tribus ribereñas de Borneo. Lo que hacía especialmente contradictoria aquella orgía de sangre y odio era que se producía en un lugar conectado con el mundo moderno, donde las antenas parabólicas llevaban ahora las películas de Hollywood a los hogares y los dayaks vestían camisetas del Manchester United. Cuando llegué a la isla, al poco de comenzar las masacres, sentí que una máquina del tiempo me había trasladado a la Borneo del siglo XVIII. Mientras me acercaba a Palangkaraya, la capital de la provincia de Borneo Central, vi a lo lejos las columnas de humo procedentes de las casas y edificios públicos que ardían. Solo aquellas propiedades que tenían un lazo rojo, que las distinguía como hogares dayaks, estaban a salvo. Las cabezas de los madureses eran arrastradas por la corriente del río Sampit o colgaban de estacas en la carretera. Los guerrilleros se comían los corazones de sus víctimas, convencidos de que les proporcionaban poderes invencibles. La policía huyó, incapaz de detener la furia de los milicianos. El Gobierno quedaba demasiado lejos, en una Yakarta con otros mil problemas que resolver.

Las masacres eran una vuelta atrás en el tiempo para una generación que conocía la práctica de sus antepasados solo a través de leyendas, transmitidas de abuelos a nietos, con detalles sobre cómo se guardaban los cráneos de las víctimas en espacios cerrados donde, al anochecer, se podían oír los lamentos de sus espíritus. En el centro de Palangkaraya me encontré a un grupo de jóvenes que remitían a las tradiciones que habían oído de niños y que ahora servían para justificar festines caníbales:

—Queremos que todo vuelva a ser como antes de que vinieran —decía uno de ellos, vestido con la camiseta del United.

—Como antes —repetían los demás, alzando sus machetes.

Los mismos milicianos que perseguían a los madureses, convencidos de que eran peores que las fieras y merecían morir, se mostraban extrañamente amables con los pocos periodistas extranjeros que habíamos llegado a la isla para cubrir aquel genocidio apartado de los ojos del mundo. Nos acogían en sus casas y nos ofrecían lo poco que tenían, disculpados porque estábamos de paso. Cuando tratabas de razonar con ellos, surgía inevitablemente la contradicción: sentían nostalgia de una vida nativa que no habían experimentado y tampoco estaban dispuestos a renunciar a la modernización que les permitía ver modelos en bikini desde el ordenador o llevar al hijo enfermo de malaria a un hospital. Y, entre ambas realidades, planeaba sobre la jungla la certeza de que nada volvería a ser lo mismo y que, en el nuevo orden, lo único seguro era que ellos quedarían en el lado de los perdedores.

La Borneo descrita por Conrad, uno de los «lugares perdidos, olvidados y desconocidos de la tierra», había dejado de existir y no importaba lo que hicieran los dayaks o a cuántas personas mataran. No iba a volver. Borneo, como el resto del mundo, había desvelado sus secretos y se mostraba abierta y expoliada. El desarrollo diezmó la isla. Los primeros turistas que llegaban en los años cincuenta miraban por la ventanilla del avión y veían un océano infinito de selva. Según la población mundial crecía, y la demanda de muebles aumentaba en todo el mundo, bosques con más de ciento cuarenta millones de años de antigüedad fueron esquilmados. Esta vez ni siquiera se podía culpar a los colonizadores blancos y a su codicia. El general Suharto, que gobernó Indonesia con mano de hierro entre 1967 y 1988, concedió licencias madereras a sus amigos, mientras los agricultores arrasaban los bosques para hacer sitio a la producción de aceite de palma, utilizado para la elaboración de la mitad de los productos que compramos en el supermercado: champú, chocolate, helado, aceite... Las plantaciones crecían, el bosque desaparecía y todo lo que comprábamos continuaba siendo barato, sin que nos preguntáramos cómo era posible. La respuesta estaba en los incendios que cada año cubrían el sureste asiático para hacer sitio a más y más plantaciones de palma. Ciudades como Singapur, Yakarta o Bangkok parecían escenas de ciencia ficción. La gente caminaba por la calle con mascarillas, envuelta en un manto de niebla. Los coches llevaban las luces encendidas al mediodía y los hospitales se llenaban de pacientes con problemas de respiración. En un mal año, los fuegos arrasan en Borneo una extensión equivalente a la ciudad de Nueva York. Ahora, cuando el avión inicia el descenso a Borneo y miras por la ventanilla, ya no ves un océano verde y virgen. Desde el aire se aprecian las crecientes calvas marrones, las carreteras que atraviesan la jungla y las gigantescas columnas de humo, como si salieran de pequeños volcanes en erupción. Las autoridades piden a guardias forestales que ganan cincuenta dólares al mes que se jueguen la vida por defender los bosques de empresas madereras que tienen contratadas a milicias armadas con fusiles automáticos o que directamente sobornan a los militares para que les hagan el trabajo sucio. A los dayaks se les ofrecen trabajos en las empresas madereras que los tientan a traicionar su mundo. ¿Cómo podrían participar en la destrucción del hogar de los espíritus que los protegen? Pero es ahí donde están los puestos de trabajo, en la destrucción de su tierra.

Muchos terminan aceptando.

Cuando los dayaks se levantaron contra los madureses, la isla había perdido la mitad de sus bosques, arrinconando a las últimas tribus y acelerando, por la sequía, la muerte de gran parte de la vegetación que las sostenía. En mis viajes, durante una década, vi cómo la selva menguaba y el cemento le ganaba terreno a la naturaleza de forma imparable. Mientras la atención del mundo estaba en el Amazonas, con campañas internacionales y movilizaciones, Borneo era saqueada discretamente y sin apenas testigos, lejos de los titulares de prensa. Unos años después de cubrir las masacres de los dayaks, volví a la isla y atravesé en canoa el río Rungan, que se abría paso entre la densidad de la jungla, dejando a ambos lados bosques impenetrables para los rayos del sol.

En su interior, la noche eterna.

Mis guías eran dayaks, sin los cuales habría sido imposible encontrar el camino. Nos bajamos y caminamos entre la arboleda, siguiendo los pasos de Karmele Llano, una joven veterinaria bilbaína que estaba trabajando en la protección de los orangutanes de la isla. La misión era desesperadamente complicada, porque en la última década habían desaparecido cerca de cien mil ejemplares y los supervivientes tenían cada vez menos bosque para vivir. Los que no morían por incendios o falta de alimento eran víctimas del tráfico de animales. Nos habíamos adentrado en su territorio en busca de Pony, un orangután al que Karmele había reintroducido en su hábitat tres semanas antes.

El rostro de Karmele se iluminó cuando finalmente dimos con Pony, que se balanceaba en un tronco con una mano mientras con la otra se llevaba algo de comer a la boca. Era una hembra de diez años que había sido rescatada tres años antes de un burdel de la localidad de Kereng Pangi, en la provincia indonesia de Kalimantan Central. La encontraron encadenada a una cama, con los labios pintados, completamente afeitada y adornada con sortijas. Trabajadores de las empresas madereras y productoras de aceite de palma que estaban arrasando los últimos bosques de Borneo aguardaban turno para abusar de ella. Hizo falta un destacamento de treinta y seis soldados del Ejército indonesio para entrar en el pueblo y llevarse al animal hasta el refugio de orangutanes de Nyaru Menteng.

—Lo que la gente no entiende es que estos animales tienen los mismos sentimientos que nosotros —me dijo Karmele.

«Los hombres de la selva», los llaman los dayaks. Y para ella, lo eran. La primatóloga mostraba en la frente una cicatriz de treinta y siete puntos, recuerdo del mordisco de uno de los animales. ¿Podía haber mayor prueba de que, efectivamente, no había tanto que nos diferenciara de ellos? El centro de orangutanes de Nyaru Menteng, donde trabajaba Karmele, había sido fundado por la exazafata de vuelo danesa Lone Drøscher Nielsen y protegía a cerca de cuatrocientos animales con la ayuda de un centenar de cuidadores. Todos eran dayaks y aquello me pareció una bella contradicción, porque en mi último contacto con los nativos de Borneo los había visto sedientos de sangre y patrullando aldeas con machetes en alto. Ahora daban el biberón a orangutanes recién nacidos, se abrazaban a sus madres y guiaban a los conservacionistas por junglas que ellos conocían mejor que nadie.

Mientras regresábamos al campamento, después de nuestro encuentro con Pony, atravesando de nuevo el río Rungan en canoa, el sol se despidió sin que apenas me diera cuenta y en su lugar emergió una escena que Conrad describe en *La locura de Almayer*: «La luna se alzó furtivamente por encima de los árboles y de pronto convirtió el río en una corriente de centelleante plata».

Karmele lanzó un suspiro:

—Solo por esto ya merece la pena estar aquí.

El amor de la española por los animales venía de sus veranos en la casa rural de su abuela en Galicia, donde creció rodeada de animales. Estudió Veterinaria, sin ninguna intención de pasarse el resto de su vida vacunando mascotas. Decidió irse a vivir sus sueños, como el Almayer de Conrad, a uno de los lugares más remotos del mundo. En su caso, sin la promesa de un tesoro o reconocimiento. Por eso me alegró cuando, quince años después de visitarla, me desperté con la noticia de que Karmele había recibido uno de los premios más importantes de la ciencia en España. No había vuelto a saber de ella en todo ese tiempo, pero al leer la noticia no me sorprendió saber que seguía en Borneo. Podías leer su compromiso en la forma en la que miraba, con un amor puro e incorruptible, a sus «hombres de la selva». La certeza de que no los abandonaría.

Tuvo que ser la mezcla de luz y oscuridad lo que fascinó e inspiró a Conrad en Borneo: un lugar donde podías encontrar a cortadores de cabezas y cuidadores de animales en peligro de extinción; extranjeros saqueadores de tesoros y voluntarios como Karmele dispuestos a proteger el bosque del más desarrollado y absurdo de los primates, el *Homo sapiens.* Todas las contradicciones de la naturaleza humana, desnudas en uno de los últimos rincones donde podía ser apreciada en todo su esplendor y miseria. ¿Qué mejor destino literario que una isla remota y salvaje, cuya lejanía nunca fue obstáculo para la ambición de los hombres?

Cuando Elcano y Magallanes descubren Borneo, en 1521, el primer puerto que divisan es Brunéi. La relación, cordial al principio, se vuelve hostil poco después porque las intenciones españolas provocan recelo. La creciente influencia española en Filipinas ha ido acompañada de la expansión de un cristianismo que compite con el islam en lugares donde hasta entonces solo rivalizaba con supersticiones locales. España declara la guerra al sultán y toma Brunéi en 1578 con poco más de cuatrocientos españoles, mil quinientos nativos filipinos y trescientos borneanos. El lugar se convierte, durante setenta y dos días, en parte del imperio. Como tampoco interesa mucho a los españoles —el foco está en Filipinas—, el destacamento se marcha sin más. Poco importa hoy que fuera una retirada voluntaria: la conocida como «guerra de Castilla» todavía se enseña en las escuelas del sultanato como una gran victoria nacional, prueba de su valiente resistencia a las potencias extranjeras.

Brunéi inició a partir de ese momento un largo declive, y su antiguo imperio, que se extendía por el archipiélago de Joló, terminó siendo un protectorado británico, dependencia colonial que se prolongó hasta 1984. El desinterés español fue un error, como se vería más tarde. Brunéi, al contrario que los bosques defendidos por los dayaks en la novela de Conrad, sí ocultaba un gran tesoro. Negro. Abundante. Y que mucho tiempo después estaría en creciente demanda en un mundo industrial adicto al petróleo. Brunéi lo tenía en suficientes cantidades como para convertir a la familia real del pequeño país, del tamaño de la provincia de Alicante, en una de las más ricas del mundo.

Las primeras exploraciones petrolíferas comenzaron en 1899 y continuaron sin demasiado éxito hasta que en 1929, mientras el mundo vivía el *crash* económico que traería el fascismo y la guerra a Europa, la British Malayan Petroleum Company dio con los primeros pozos con potencial comercial. A partir de los años sesenta, con los avances tecnológicos en la exploración y explotación del crudo, Brunéi despegó como país exportador. Y entonces a la familia real se le ocurrió ofrecer a sus súbditos un trato que ha perdurado hasta hoy: si la dejaban administrar aquella fortuna y enriquecerse con ella, no tendrían que volver a trabajar en su vida. Ellos se ocuparían de todo.

Cuando visité Brunéi, con el cambio de siglo, el pacto no estaba pasando por sus mejores momentos e incluso amenazaba con romperse. Mi llegada coincidió con el cumpleaños de la hija preferida del sultán Haji Hassanal Bolkiah. Su padre le había regalado un Boeing 747 para que pudiera irse más cómodamente de compras a Nueva York con las amigas. El monarca ocupaba el trono desde que en 1968 su padre lo escogió como sucesor por delante de sus dos hermanos, Mohamed y Jefri, ambos con carencias intelectuales que los chismosos atribuían a la tradición familiar de emparentarse entre primos. Jefri se cobraría su venganza, saqueando las cuentas públicas y huyendo para vivir a todo trapo su vida de bala perdida en Europa. Mohamed aceptó su parte del pastel sin protestar y se quedó junto a su hermano y monarca absoluto.

El imperio construido por el sultán con el dinero del petróleo se extendía por todo el mundo e incluía yates, mansiones, multinacionales, diamantes del tamaño de pelotas de golf, un palacio con mil setecientas ochenta y ocho habitaciones y un parque móvil de dos mil coches de lujo y diecisiete aviones privados. El Grande, como se hacía llamar, había roto con la discreción de sus antepasados y en los noventa ocupaba las portadas de la prensa mundial con sus excesos. Millones de dólares gastados en amenizar sus fiestas con las estrellas de *rock* del momento, clases particulares de golf de Jack Nicklaus y la visita de modelos invitadas a pasar la noche en palacio a cambio de fortunas. Algunas, con el tiempo, demandaron a los príncipes y los acusaron de retenerlas contra su voluntad.

Las inversiones del sultán, distraído con sus pasatiempos, eran una ruina. Llegó un momento en que la ineptitud de los Bolkiah amenazó la riqueza de Brunéi, y asesores financieros internacionales llegaron al pequeño reino para intentar poner las cosas en orden, advirtiendo a la familia de que incluso la más inmensa de las fortunas era susceptible de ser dilapidada, si continuaban a ese ritmo.

El trato con el pueblo corría peligro y sabido es que, cuando se rompe, existe el riesgo de que todo termine con las cabezas de los reyes rodando. A cambio de no desafiar el poder del sultán, los habitantes de Brunéi tenían garantizado un sueldo, no pagaban impuestos y recibían regalos para hacerlos sentir parte de la fiesta. El sultán les había construido el mayor parque de atracciones del mundo en Jerudong, a media hora de la capital, y aunque yo estaba crecido, me pareció una oportunidad de volver a la infancia a lo grande.

Carmen vino conmigo porque me encontraba en una luna de miel compensatoria. Unos meses antes, durante la real, la había dejado en Bali para marcharme a cubrir la guerra en la vecina isla de Timor Oriental. Prometí que, para reparar mi espantada, la llevaría a todos mis viajes durante el siguiente año. «Una luna de miel de un año», propuse. Brunéi fue el primer destino y terminamos en el parque de atracciones. En la entrada nos esperaban coches de golf eléctricos con chóferes privados. Le pregunté a mi conductor, Azman, dónde estaba la taquilla para pagar la entrada y se encogió de hombros. Por supuesto, todo era gratis.

—El sultán es muy bueno y nos cuida siempre —dijo.

El parque de atracciones estaba desierto: disponíamos de barra libre de algodón de azúcar y viajes en la montaña rusa. Te subías y, al bajar, volvías a ponerte el primero en una cola que solo formábamos Carmen y yo.

Brunéi parecía parte de un cuento de hadas, pero al recorrer los barrios más humildes, si rascabas un poco, no tardabas en ver su lado menos amable. Mientras el monarca dilapidaba la fortuna nacional en sus caprichos, los primeros pobres habían empezado a surgir de la nada en medio de una crisis económica provocada por la bajada del precio del crudo y la ineptitud en la gestión de las cuentas públicas. La familia real, a pesar de los ingresos procedentes del oro negro, se las había arreglado para gastar más de lo que ingresaba. La administración era una broma: cientos de funcionarios trabajaban reponiendo papel en fotocopiadoras, sin que nadie supiera bien qué hacer. Todas las decisiones se posponían a la espera de que el gobernante del país, que era a la vez rey, primer ministro, ministro de Defensa y ministro de Finanzas, despertara de su última fiesta.

Kambli, un barquero de Bandar Seri Begawan, me llevó al barrio que el sultán había construido para familias humildes. Parecía una diminuta Venecia de Oriente, con cientos de casas que formaban pequeñas villas suspendidas sobre la bahía, con sus tiendas, colegios y mezquitas. Desde la distancia, no debía de ser muy diferente de lo que se encontraron los conquistadores españoles cuando atracaron en Brunéi en 1521. Mi taxista del mar vivía en una de aquellas casas suspendidas en el agua, con sus diez hijos y su mujer Rosni. De la pared del salón, adornado con los más modernos electrodomésticos, colgaban las fotos del sultán y sus esposas, además de un certificado que informaba de que la casa era una donación de El Grande. El Más Grande. El Grandísimo. Kambli recibiría una pensión hasta el final de sus días una vez que cumpliera sesenta años, parte del trato no escrito que lo convertía en un súbdito sin derecho a protestar. ¿Una vida relativamente fácil y sin preocupaciones, con las necesidades básicas cubiertas a cambio de la dignidad? La alternativa a aceptar el pacto era la cárcel, así que tampoco había mucho que discutir. Mi barquero tenía dudas razonables y reparos en contárselo a un periodista extranjero. Me habló de sus dificultades para llegar a fin de mes, cuidándose de no mencionar al sultán, y dijo diplomáticamente: «Quizá las cosas iban mejor antes».

Por la tarde me fui a ver al único tipo del país que parecía dispuesto a romper el pacto. La redacción del *Borneo Bulletin*, el periódico local, tenía ordenadores desfasados y un aire setentero. Su director, Ignatius Stephen, me dijo que estaba muy preocupado por el futuro. Algunos expertos preveían que el petróleo se agotaría en unas décadas, con lo que ninguna de las promesas de la monarquía estaba garantizada a perpetuidad, aunque la gente vivía como si fuera a ser así. Stephen fue el único periodista del país que en 1962 informó de la rebelión popular contra el sultán y tenía ese extraño coraje que intimida al poder, porque parecían no importarle las consecuencias de ofenderlo. Los ministros se le ponían firmes. La elite lo temía. Lectores y gente de a pie lo admiraban. «Pregúntale a Ignatius» se había convertido en una frase icónica que se repetía cuando alguien quería saber qué demonios estaba pasando en el país o qué se cocía realmente en palacio. Le pregunté por la situación interna, esperando una mezcla de diplomacia periodística y crítica contenida, y de su boca empezaron a brotar verdades imprudentes:

—Todo el dinero del Gobierno ha desaparecido, el país está arruinado y solo el petróleo nos mantiene en pie, quién sabe por cuánto tiempo. Si encima eso se acaba, no sé qué vamos a hacer. Aquí no estamos acostumbrados a trabajar. Siempre nos lo han dado todo hecho.

A partir de ese día, cuando quería saber algo de Brunéi, llamaba a Ignatius. Unos años después, en 2011, llegó un cable con la noticia de su muerte y supe que era un día triste para el sultanato. Se había marchado el único ciudadano del país que se atrevía a decirle la verdad a El Grande. El sultán de Brunéi envejeció en el trono y las fiestas se calmaron en el palacio Nurul Iman. Tras más de medio siglo en el poder, el monarca no tenía la misma energía de antaño. Abrazó el islam más fundamentalista y dejó de protagonizar titulares escandalosos. Las multinacionales siguieron explotando el petróleo y el gas del reino, dejando a la familia real suficiente dinero como para garantizar la fortuna de las próximas mil generaciones de los Bolkiah. ¿Por qué iba a importarles a empresas que cotizan en Nueva York lo que un monarca corrupto haga con ese dinero? Disfrazado de eufemismos y adornado por la corrección política, con nuevos jugadores en liza, el colonialismo es ahora económico y diplomático. No se envía a la armada a tomar puertos o invadir tierras ajenas. No se masacra a los nativos, allí donde quedan nativos. Se compadrea con tiranos locales a escondidas. Acuerdas ventas de armas. Les ahorras un voto sonrojante en Naciones Unidas, como si les importara. La competencia por los recursos de los países débiles tiene ahora nuevos rivales, con China a la cabeza. Los funcionarios de Pekín acuden a países en apuros, firman acuerdos leoninos y explotan desde la madera hasta las minas de carbón, pasando por las finanzas, y dejan en el camino deudas y escaso desarrollo. Han aprendido de nosotros, los occidentales, adaptándose a los tiempos: ejercen un colonialismo de seda. Lo que no ha cambiado es la esencia, tal como la definió Conrad: «Arrancar tesoros a las entrañas de la tierra era su deseo, pero aquel deseo no tenía otro propósito moral que el de la acción de unos bandidos que fuerzan una caja fuerte».

Borneo apenas había sido explorada cuando Conrad la visitó por primera vez, a bordo del vapor Vidar, tres siglos después que Magallanes & Co. Con un tamaño que es dos veces el de Alemania, rodeada por cuatro mares y dos estrechos, la isla seguía siendo un lugar inabarcable y temido. Demasiado dejado de la mano de Dios para que otros autores lo consideraran como fuente de inspiración de sus novelas. Ni siquiera después de publicar *La locura de Almayer* encuentra Conrad comprensión a su exótica elección. Una de las muchas críticas negativas que recibe se publica en el semanario *Nation*, donde su reseñista asegura que el escenario elegido por el escritor para situar la trama sirve para «el estudio de los monos, no de los hombres». El escritor polaco, en cambio, encuentra todo lo que necesita: rajás y caciques locales con resentimiento hacia el poder blanco —«Están en todos los mares y en todas las costas, y son muchos», se lamenta un príncipe local en la novela—; mercaderes árabes, oficiales holandeses, comerciantes británicos y aventureros como William Charles Olmeijer, el empresario real que inspiraría la creación de su protagonista. De origen holandés y nacido en Surabaya, Olmeijer es un próspero comerciante de caucho cuando el autor lo conoce en Berau en 1888.

«Si no hubiera llegado a conocer bastante bien a Olmeijer —diría Conrad, que utiliza para su novela un nombre que suena parecido al original—, es casi seguro que jamás habría enviado una sola línea a la imprenta.»

Conrad convierte a un hombre de éxito e influyente, casado y padre de once hijos, en un perdedor en pleno esplendor colonial europeo. La derrota revela más sobre las personas que sus triunfos. Es más literaria y creíble. Así que su Almayer se estrella una y otra vez contra un mundo que lo supera, fracasa en su vida familiar y no consigue sacar adelante su gran empresa existencial. El oro no aparece. El rajá local y sus súbditos aceptan al hombre blanco porque están convencidos de que sabe dónde se oculta el tesoro. Sin él, no será nada a sus ojos. Conrad describe el resentimiento y la resignación de los señores locales hacia los extranjeros. Se sienten impotentes ante su poder y comercian con ellos porque no les queda más remedio que adaptarse a los amos del mundo, pero viven al filo de la traición. ¿Qué sinceridad puede haber en la lealtad construida sobre una relación de sumisión? Los nobles locales se andan con tiento: la historia les ha enseñado que quienes se resisten a la fuerza colonial antes de tiempo, como hizo en su día el sultán de Brunéi, terminan pagándolo. Almayer vive atrapado en sus fantasías. No consigue huir a tiempo del destino de una vida fallida y termina viendo cómo lo que más desea, el oro, y aquella a quien más quiere, su hija Nina, se alejan de él. Sus planes de realizar la expedición definitiva a los territorios de los dayaks en busca del tesoro no terminan de cuajar. Comerciantes chinos y malayos lo engañan con astucia. Se siente traicionado por Nina, enfrentada a las contradicciones de sus dos mundos, una madre malaya y un padre europeo, Oriente y Occidente, una sociedad de propósitos sinceros frente a la hipocresía y las «virtuosas pretensiones de gente blanca con la que había tenido el infortunio de tomar contacto». Cuando Nina escoge el primero de esos mundos, y decide fugarse con su amante malayo, el sueño de Almayer se desmorona del todo, sin entender que nunca estuvo cerca de cumplirse: «¿Me oyes? —le dice a Nina—. Lo he tenido todo; así, al alcance de mi mano».

Víctima de un mundo cambiante, de su propio materialismo, de su incapacidad para comprender Oriente y de su cínica concepción del éxito, el mercader pasa sus últimos días persiguiendo el olvido y entregado al opio. Ni siquiera su viejo amigo puede evadirlo ya de su deprimente realidad. Almayer prende fuego a su gran proyecto vital, ese complejo que ha levantado a la vera del río, y contempla cómo es consumido por las llamas hasta convertirse, como sus esperanzas de grandeza, en ceniza. «Con el tiempo —escribe Conrad— la hierba creció sobre la negra mancha de tierra donde estuvo la antigua casa, no quedando nada para señalar el sitio del edificio que había servido de refugio a las tempranas esperanzas de Almayer, sus locos sueños de espléndido futuro, su despertar y su desesperación.»

Así escribe Conrad para el protagonista el final que no quiere para sí mismo. Después de quince años surcando los mares, y tras una última parada en Australia, vuelve a tierra firme y termina el manuscrito de la que será su primera novela. Y aunque en ningún sitio encontraría la misma paz que en la cubierta de un barco en mitad del océano, al contrario que Almayer logra escapar a tiempo de los sueños tramposos y empezar una nueva vida como escritor. «Creí que era una aventura y en realidad era la vida», escribirá sobre lo vivido. Los lugares, personajes y comportamientos que encontró en sus viajes se convertirán en novelas escritas con desesperante lentitud, constantes bloqueos y los achaques de una salud débil. Encontró la fuerza para seguir, párrafo a párrafo, en el carácter que había forjado en el mar. Navegar y escribir le parecían una misma cosa: oficios que requerían tesón, disciplina, extrema tolerancia a la soledad y arrojo para adentrarse en las tormentosas contradicciones de la naturaleza humana. Cualquiera que haya emprendido la dulce tortura de escribir un libro entenderá que es lo más parecido a sentirse abandonado en altamar, aislado y temeroso de no llegar nunca a puerto.

Mientras leía el final del libro que lo cambiaría todo para Conrad, de nuevo me pasó como con el Grosely de Maugham en Vietnam. Enseguida pensé en todos los Almayer que había encontrado en mis viajes por Asia. En

Bangkok, Mindanao, Bali o Bombay. Hombres, y en menos ocasiones mujeres, que también partieron en busca de la promesa de Oriente, sin encontrarla. ¿Quién era yo para creer que mi suerte sería diferente? ¿Y si no había tal misterio? ¿Y si solo existía en la imaginación de quienes emprendíamos el viaje una fantasía evocativa y disfrazada de irresistible exotismo, inalcanzable salvo entre los delirios de una nube de opio?

3

Rudyard Kipling / India

Hay que reconocer a los fundadores de Pakistán claridad sobre lo que esperaban de su país cuando le pusieron el nombre. «Tierra de los Puros.» Para los que no creemos en la pureza, ni en la de las personas ni en la de los lugares, ni siquiera en la propia, es inevitable viajar cargados de escepticismo a un destino que se presenta inmaculado desde el nombre. Quizá por eso, cada vez que me tocó viajar a Pakistán no iba con el entusiasmo típico de una excursión del colegio. Además, siempre iba persiguiendo malas noticias. O quizá eran las malas noticias las que me perseguían a mí. La guerra. Un terremoto en Cachemira. La voladura del Marriott de Islamabad, apenas unos días después de hospedarme en él. Yihadistas enfurecidos prendiendo fuego a escuelas donde se permitía estudiar a las niñas, no fueran a convertirse en mujeres libres y dueñas de su destino. Otro magnicidio.

En diciembre de 2007 estaba presentando en Santander mi primer libro, *Hijos del monzón*, cuando recibí una llamada del periódico para informarme del asesinato de Benazir Bhutto, que había sido dos veces primera ministra y estaba en campaña para su tercer ascenso al poder. Mujer, laica y odiada por los islamistas y los militares, tenía pocas posibilidades de escapar a la maldición del clan de los Bhutto. Su padre, el cuarto presidente de Pakistán, Zulfikar Ali Bhutto, había sido depuesto en un golpe de Estado y enviado a prisión, donde escribió *Si soy asesinado*, unas memorias con un título visionario sobre lo que lo esperaba. Era un hombre terco, como él mismo reconoce en su testamento literario: «No estoy hecho de madera que se quema con facilidad». El dictador que tomó el poder y sentó las bases de la radicalización religiosa de Pakistán, el general Zia, ofreció al líder depuesto marcharse al exilio: le perdonaría la vida si renunciaba a la política durante diez años. Bhutto se negó y fue ahorcado el 4 de abril de 1979, una cita a la que acudió después de haberse afeitado cuidadosamente en su celda. Los cementerios están llenos de personas sin miedo o que, si lo tienen, encuentran la fórmula para que no gobierne sus vidas.

Nada más saltar la noticia del asesinato de Benazir Bhutto tomé un vuelo de Santander a Madrid, desde allí hasta Londres, luego a Dubái y finalmente a Islamabad, tratando de llegar a tiempo para cubrir los funerales y la reacción en la calle. No hay cliente más fiel para una agencia de viajes que el reportero. Reserva en hoteles de los que todos los huéspedes se han marchado y ocupa la única plaza en aviones que vuelan a lugares de donde la gente trata de huir. Bilal, a quien en mis viajes a Pakistán pluriempleaba como conductor y traductor, me esperaba en el aeropuerto. Estaba triste porque había albergado grandes esperanzas de que Benazir Bhutto mejorara las cosas, a pesar de las sospechas de corrupción que pesaban sobre ella. Bromeamos sobre la remota posibilidad de que, entre todas aquellas desgracias que me traían de vuelta cada poco tiempo, un día pudiéramos trabajar en una historia pakistaní con final feliz.

—*Insha'Allah* —dijo—. *Insha'Allah.*

Unos años después surgió la oportunidad de cumplir mi promesa. Había estado en Afganistán, cubriendo la guerra y visitando a los soldados españoles destinados en Herat, y mi avión de regreso a casa, desde Islamabad, no partía hasta unos días después. Bilal me propuso que fuéramos a su ciudad natal de Lahore, donde me aseguró que conocería «el otro Pakistán». Mi guía era un punyabí joven y divertido que estaba harto de la hipocresía de los mulás y generales que se pasaban todo el día predicando una vida piadosa, pero guardaban whisky en despensas secretas y rara vez se conformaban con las cuatro esposas que les permitía el Corán. La virtud, en lugares como Pakistán, era algo que se exigía a los pobres.

—Lahore es el único sitio donde se puede ser libre —me dijo Bilal. Y luego puntualizó—: A ratos.

¿Un Pakistán no tan puro? Me pareció una oferta irresistible.

A la mañana siguiente se presentó en mi hotel con dos amigos, sin decirme todavía que el plan consistía en que el periodista extranjero sufragara su fin de semana de fiesta en Lahore. Me pareció un trato justo, a cambio de que me enseñaran los secretos de la ciudad que, en palabras de Rudyard Kipling, tiene el «desorden asiático que, con un poco de tiempo, le dará a un hombre todo lo que necesita».

La carretera desde Islamabad era buena para lo que acostumbra Pakistán, doble carril y pocas curvas. El viaje prometía, además, porque es imposible aburrirse en una carretera pakistaní. Sus conductores son incapaces de mantenerse en línea recta en un solo carril, algo que siempre aporta emoción; tampoco sabes qué encontrarás en el cambio de rasante, una vaca o un asceta en peregrinación; y la experiencia incluye la adrenalina de tener que adelantar a camiones que parecen sacados de la película *Mad Max.* Si los camiones pakistaníes son desesperadamente lentos y pesados, quizá sea para darte tiempo a observar esos adornos que los convierten en piezas de arte en movimiento. Parecen museos sobre ruedas, embellecidos con flores, murales, animales, motivos religiosos, retratos de políticos nacionales o de estrellas de Lollywood, la meca del cine de Lahore que es una versión reducida del Bollywood indio. Tiene sus mismos actores de expresión siempre exagerada, bailes sensualmente folclóricos, canciones pegadizas y coreografía inigualable en su sincronización, salvo para los robóticos militares norcoreanos.

El arte de los camiones pakistaníes, que pasó desapercibido durante décadas, ha sido descubierto y exhibido en galerías de Europa y Norteamérica. Artistas como Haider Ali, uno de los más reconocidos, han mostrado sus pinturas en el Smithsonian Museum, así que mi viaje a Lahore estaba cumpliendo el doble propósito de llevarme a mi destino y alimentar mi alma cultural, con el añadido de la emoción de los adelantamientos temerarios de Bilal. Veías más arte en una carretera pakistaní que en esas galerías vanguardistas por cuyas obras se pagan fortunas y que las limpiadoras confunden a veces con basura, para desconsuelo de los artistas y críticos con capacidad de ver lo que a los demás se nos escapa.

A medio camino, mis guías reiteraron la promesa de que ni siquiera los islamistas habían podido acabar con el oasis de los impuros. Lahore no solo acogía la industria cinematográfica del país, sino las mansiones donde la elite bebía alcohol en la clandestinidad —«Oigan», dije: «Eso pasa también en Karachi e Islamabad»—, locales de alterne innombrables regentados por chinos y parques por donde pasean «las mujeres más fáciles de besar del país», según me confesó Bilal. Después admitió que las probabilidades de conseguirlo seguían siendo mínimas. «Pero en Lahore al menos te dejan soñar con la posibilidad», suspiró.

Llegamos poco antes de la puesta de sol. Una luz dorada caía sobre la ciudad mientras dejábamos atrás mezquitas históricas cuya majestuosidad despertaría la espiritualidad en el más ateo de los viajeros. Nos recibieron fuertes derribados y construidos una y mil veces, monumentos levantados en honor de quienes los habían defendido, prueba de que la historia la esculpen los vencedores, y bazares bulliciosos. Los mercados estaban llenos de personas que sin duda sabían a dónde iban, pero que parecían estar dando vueltas sobre sí mismas y sin destino concreto.

Nos dirigimos a la casa de Bilal, un chalet de una planta sin apenas muebles ni decoración, con muchas alfombras por todos lados. Nos sentamos a cenar *dal* amarillo con arroz y pollo. Alguien trajo cervezas muy frías y prohibidas. Sabían mejor así. Un profesor que quisiera captar la atención de sus jóvenes alumnos podría describirles la historia de Pakistán a través del consumo de alcohol, que ha sufrido diferentes grados de tolerancia según quien gobernara el país. Tras la partición de la India, en 1947, los primeros líderes del país se mostraron bastante permisivos hasta que el empuje islamista endureció la política. Curiosamente fue Bhutto padre, en un guiño a los mulás que le hacían la vida imposible, quien prohibió en los setenta que los musulmanes consumieran alcohol, bajo castigo de ochenta latigazos. Ni la ley ni la posibilidad de morir envenenado, algo que sucede a menudo por culpa de brebajes tóxicos que se preparan en casa, habían logrado que los pakistaníes dejaran la bebida. Las clínicas de desintoxicación son un buen negocio en las grandes ciudades, aunque no se publicitan y suelen hacerse pasar por centros de adelgazamiento. Los líderes del país, con más o menos disimulo, tienen una larga tradición de empinar el codo. La segunda esposa de Imran Khan, la estrella local del críquet que llegó a primer ministro, cuenta en sus memorias que a su ex le iba de todo, desde el whisky hasta la cocaína. Cuando lo entrevisté, antes de su llegada al poder en 2018, su imagen de *playboy* de discoteca había dado un giro de ciento ochenta grados para hacerse elegible. Se quitó las Ray-Ban, en lugar de vaqueros vestía el tradicional *salwar kameez* y renegaba de la vida decadentemente occidental del pasado, en un intento de ganarse el voto conservador. Mientras lo escuchaba, pensé que en cualquier momento abriría el cajón de su escritorio y sacaría una botella de brandi, una tradición entre los generales que se dejaban entrevistar por periodistas extranjeros. «No perdamos las viejas costumbres», habría dicho. En su lugar lanzó un discurso sobre la decadencia occidental, el colonialismo opresor, los males de la cultura libertina y la hipocresía como mal de la política actual. «He aquí una opinión autorizada», pensé.

Cuando mis colegas de viaje estuvieron suficientemente entonados, salimos en dirección a la ciudad amurallada, ya de noche, y nos adentramos en el barrio del Bazar de Diamantes o Hira Mandi. Seguí a Bilal hacia una calle oscura y entramos en un edificio que parecía que iba a derrumbarse en cualquier momento. El tipo de la entrada nos dio una pulsera de flores a cada uno y nos señaló la escalera de espiral por donde debíamos subir. Llamamos a la puerta y nos abrió una mujer envuelta en un colorido sari, con largos pendientes y vistosos collares. Fuimos conducidos —empezaba a acostumbrarme a dejarme conducir— por un pasillo hasta una habitación en la que había varios hombres sentados en el suelo con las piernas cruzadas, expectantes. También nosotros nos sentamos en silencio en los huecos que quedaban libres. Al rato apareció una joven con el pelo hasta la cintura y un pendiente en la nariz, enfundada en un *salwar* de lentejuelas plateadas. Cargaba con un gran radiocasete Sony de los años ochenta, que apoyó en un mueble; le dio al *play* y empezó a moverse al son de música del Punyab, girando sobre sí misma y danzando entre los invitados. Los hombres se animaron y empezaron a acompañarla dando palmas y lanzando pétalos de flores al aire, mientras la mujer nos regalaba miradas seductoras a todos y a ninguno en particular, en un juego que en Hira Mandi se aprendía de generación en generación. Este no era, efectivamente, el «País de los Puros» que había conocido hasta entonces. En Islamabad, en víspera de la guerra de Afganistán tras los atentados del 11-S en Estados Unidos, visité un tugurio regentado por chinos que también rompía las reglas y duró poco. La presión obligó después a cerrar también el Club de la ONU y un par de burdeles con prostitutas rusas. El distrito rojo de Lahore, sin embargo, lo desafiaba todo para seguir abierto. Un pacto secreto colectivo, inconfesable y oculto, envuelto en un sinfín de ambigüedades, lo mantenía operativo.

Cuenta la leyenda que el emperador Akbar el Grande encontró a su concubina favorita, Anarkali, entre las bailarinas de Hira Mandi. El romance se torció cuando el rey descubrió que su amada tenía una aventura con su hijo Jahangir. Anarkali, «flor de granada», fue emparedada viva en palacio como castigo por su infidelidad. Akbar desheredó a su hijo y este organizó una rebelión para hacerse con el poder que terminó con su ascenso al trono en 1605. Una de las primeras instrucciones del nuevo emperador fue construir para su amada una tumba forjada en oro, rodeada de jardines.

El relato tiene innumerables versiones y ha sido puesto en duda por los historiadores, pero durante mucho tiempo sirvió para extender la creencia de que las mujeres más bellas del subcontinente estaban en el Bazar de Diamantes. La música, el baile y el arte de la seducción se han transmitido desde entonces de madres a hijas, y los hombres, príncipes o plebeyos, no han dejado de adentrarse en su mundo de misterio y decadencia en busca de amor, sexo o entretenimiento. La clientela de príncipes mogoles fue sustituida por oficiales británicos y estos por generales pakistaníes, más tarde por mercaderes adinerados y hoy por cualquiera que tenga veinte dólares en el bolsillo.

Lejos quedan los días en que las jóvenes de Hira Mandi triunfaban como cantantes, y ojeadores profesionales se sentaban entre los cojines tapizados en seda de las salas de baile, en un intento de localizar a la próxima estrella de Lollywood. Hoy es más probable toparse con traficantes árabes del comercio de esposas, empresarios locales y turistas sexuales procedentes de otras partes de Pakistán. Unas pocas *kothas*, o casas de baile, mantienen el negocio abierto gracias a su ambigüedad: ¿teatro o burdel?, ¿baile o proposición?, ¿tradición o simple intercambio de favores? Hira Mandi ha sido reducido a eso: el secreto peor guardado de Lahore.

Nadia estaba siendo preparada por su madre en una habitación contigua al salón principal donde nos encontrábamos. Los padres suspiran en Pakistán por el nacimiento de un varón, pero la llegada de Nadia fue celebrada con júbilo porque era una garantía de que la tradición y el negocio podrían alargarse una generación más. La niña empezó a ser instruida a los nueve años en el canto, el baile y el poder de la mirada, separada de los hombres de la familia y de posibles pretendientes para no contaminar una pureza destinada a sacar al clan de la miseria. Nadie le preguntó si quería ser otra *geisha* del Asia meridional, profesora de escuela o médica. Si tenía otros sueños que no fueran entretener a hombres a los que no conocía de nada, y que podrían ser sus padres o abuelos, era un detalle sin importancia para los suyos. En su debut, con catorce años, bailó para un grupo de hombres que pujaron por ella al final de la actuación. Esa noche perdió la virginidad. Me lo contó en la trastienda de la casa, una habitación pequeña y sin ventanas que hacía de camerino:

—Mi madre me entregó al hombre que ofreció más dinero por mí. Fui con él sin protestar, fue un honor ser escogida.

Su madre asintió, mientras la peinaba y maquillaba como una muñeca:

—Le he enseñado todo lo que necesita saber, de la misma forma que mi madre me lo enseñó a mí y mi abuela a mi madre.

Antes de salir a escena, Nadia recibió la misma batería de consejos de otras noches. Su madre lleva suficiente tiempo en Hira Mandi para haber visto cómo se rompen los corazones de las jóvenes que creen que saldrán de allí en brazos de un galán pasajero. Le dice: «Sé siempre amable con el cliente. Si te quiere tomar de la mano, déjate. Y, sobre todo, nunca te enamores. Ningún hombre de Pakistán se casa con una chica del Bazar de Diamantes».

Ningún hombre que no sea el emperador Akbar, claro.

Un desliz en la «Tierra de los Puros». Eso es Lahore. La ciudad a la vera del río Ravi fue durante siglos cuna de poetas, artistas, pensadores libres y viajeros libertinos. Sus reyes, desde el sultán Mahmud en el siglo XI hasta los mogoles, se esforzaron por mantenerla abierta a nuevas ideas y permisiva con las debilidades de la naturaleza. Cuentan las crónicas de la época que los trovadores solían recitar en público, a cambio de aplausos y monedas. Artistas de todo Oriente venían buscando inspiración y una forma de ganarse la vida. Lahore fue después la última gran ciudad india conquistada por el Imperio británico y con el Raj desembarcaron aventureros y funcionarios, vividores, emprendedores y mercenarios e intelectuales.

Uno de los que escogieron la ciudad para instalarse fue John Lockwood Kipling, un hombre extremadamente culto, escultor y oficial británico, que previamente había sido profesor en Bombay y que llegaría a dirigir el museo de Lahore. En 1882 se unió a la aventura su hijo, el futuro premio Nobel más joven de la historia, Rudyard (1865-1936). Aunque nacido en Bombay, el escritor fue enviado primero a un hospicio a los seis años y después a un internado para hijos de oficiales en Devonshire, antes de reunirse con la familia en Lahore. El joven Kipling tenía dieciséis años y nada más llegar encontró un empleo como asistente del director en *The Civil and Military Gazette*, el periódico local dirigido por Stephen Wheeler. Imprimía seis veces a la semana, todo el año salvo los días de Navidad y Pascua. Fue en aquella pequeña redacción, asumiendo responsabilidades improbables para su edad, donde Kipling forjó su disciplina como escritor y se ganó un nombre como cronista antes de recorrer la India como corresponsal.

El joven reportero traslada a los lectores la vida de los clubes, las villas, los jardines y los campos de polo donde se entretienen los hijos del imperio, pero no se queda ahí y busca el contraste con la Ciudad Amurallada —sucia, caótica y maloliente— donde se hacinaban los indios. En aquellos días, los médicos desaconsejaban traspasar la puerta de Delhi que daba acceso al casco viejo, alertando de graves enfermedades. La policía imperial no se hacía cargo de lo que pudiera sucederles a quienes cruzaran esa frontera entre dos mundos que vivían juntos, completamente separados. Lo prohibido: ¿podía haber mayor invitación para un joven nada convencional, con ganas de experimentar y que sufre de insomnio en las calurosas noches de Lahore? Un verano, cuando lleva un par de años en la ciudad, y los expatriados se han marchado a la montaña en busca de un clima más fresco, decide adentrarse en el lado desconocido de la ciudad. Para él será un viaje sin retorno. Lo deslumbran la vida nocturna, el exceso de humanidad, el bullicio de los mercados, la decadencia de los fumaderos de opio, la adrenalina de las casas de juego y la impudicia del Bazar de Diamantes, con sus mujeres en alquiler y sus promesas de perdición. El mismo Kipling que un día escribirá legendarios libros infantiles como *El libro de la selva* se sumerge en la decadencia oriental, un mundo de posibilidades infinitas, contrastes y colores radicalmente opuesto a la burbuja colonial en la que vive por entonces. No puede contenerse y lo refleja en la *Gazette*, el diario al que se refiere como su «amante» y donde comenzará a mostrar una escritura temeraria: «Explotada adecuadamente, nuestra ciudad, desde Taksali hasta la puerta de Delhi, y desde el campo de lucha hasta Badami Bagh, produciría una pila de novelas que convertirían *La ciudad del sol* en "agua para vino"».

La combinación de juventud, rebeldía y curiosidad, en una Asia en la que Kipling encuentra ese lugar donde «no existen los diez mandamientos y un hombre puede saciar su sed», lo llevan al lado oscuro de los deseos. Experimenta con el opio y no puede resistirse a contarlo en *La puerta de las cien penas*, un relato breve donde describe su visita a un fumadero situado junto a la mezquita de Wazir Khan:

> Quisiera morir como la mujer del Bazar, en una estera limpia y fresca, con una pipa del bueno entre los dientes. Cuando sienta que me voy se lo pediré a Tsing Ling y podrá seguir retirando mis sesenta rupias por mes, hasta que se harte. Luego me echaré de espaldas, tranquilo y conforta-

ble, y veré a los dragones rojos y negros pelear su última batalla, y después...

Después, nada me importa mucho a mí; solo quisiera que Tsing Ling no pusiera afrecho en el Humo Negro.

El gran escritor que empieza a emerger, sin haber cumplido los diecinueve, se muestra insaciable en la búsqueda de más y más sensaciones. Como tantos occidentales que hicieron el viaje antes y después que él, juega con ventaja: ha encontrado un lugar donde todo lo prohibido, lo moralmente inaceptable en Europa, puede realizarse bajo la cobertura de la distancia y el pretexto del Este. Kipling se perdió en la noche oriental como se siguen perdiendo tantos expatriados, de Saigón a Ulán Bator y de Pattaya a Manila. En Bangkok las empresas de mudanzas internacionales tienen un servicio de asesoría destinado a las esposas de los extranjeros recién llegados, donde se las informa de las tentaciones a las que se van a enfrentar sus maridos y de la mejor forma de combatirlas. No hay nada parecido para ellos, porque el de los expatriados sigue siendo un mundo donde se espera que las mujeres sean meras acompañantes de la aventura profesional de sus parejas. En África o el Caribe existen versiones reducidas del turismo sexual para mujeres occidentales. En Asia, es un club exclusivo de hombres. En mi apartamento de Bangkok, en la avenida de Sukhumvit, las rupturas matrimoniales de familias recién llegadas eran la norma. Banqueros, financieros o profesionales que descubrían la noche local y terminaban enredándose con jóvenes a las que doblaban la edad.

Kipling añade a su adicción a las drogas noches de sexo con las prostitutas de Lahore y confiesa a un amigo que abandonar su nueva vida le sería tan difícil como renunciar a la escritura. Experimenta para escribir. Escribe para experimentar. Deja para la posteridad una definición de la prostitución que se universalizaría y que sigue siendo utilizada en las crónicas de prensa de los reporteros poco originales: «La profesión más antigua del mundo».

Rudyard encuentra en Lahore la manera de vivir lo mejor de ambos mundos, Oriente y Occidente, la India nativa y la colonial, las convenciones y el libertinaje. Un día escribe una crónica sobre un partido de polo y otro sobre los fumadores de opio; se burla de la vida de sus compatriotas en las colonias y defiende el imperio sin complejos; es conservador y no tiene problema en frecuentar los lupanares. Kipling no vive Lahore; la consume. Donde al otro lado de la muralla unos solo ven miseria, él asiste a una celebración de la humanidad; donde todo parece clase y riqueza, él distingue falsedad y autocomplacencia. Las drogas, la prostitución, el adulterio o el alcoholismo también fueron parte de la vida colonial, por mucho que se disfrazaran de convencionalidades y tardes de té. Kipling no puede resistirse y afila su prosa contra los suyos con la publicación de *Cuentos de las colinas*, un ácido retrato de la vida del Raj y una burla de sus contemporáneos en el gueto blanco. Es repudiado por ello. ¿Acaso no eres tú uno más en nuestra mentira? Instalado en la mansión de sus padres y rodeado de siervos, el joven reportero disfruta de los privilegios y añade algunos que se escapan a sus paisanos, más temerosos de adentrarse en las tinieblas de la Ciudad Amurallada. No hay culpa o arrepentimiento. Al contrario que Conrad, Kipling carece de sensibilidad para despegarse de las injusticias de su época. Defiende el imperio y lo que significa, convencido de que gobernar a los pueblos menos desarrollados es una obligación del supuesto mundo civilizado. En su poema «La carga del hombre blanco» escribe:

Llevad la carga del Hombre Blanco.
Enviad adelante a los mejores de entre vosotros;
vamos, atad a vuestros hijos al exilio
para servir a las necesidades de vuestros cautivos;
para servir, con equipo de combate,
a naciones tumultuosas y salvajes;
vuestros recién conquistados y descontentos pueblos,
mitad demonios y mitad niños.

Kipling escribió cosas que han envejecido tal mal que su reputación lleva décadas en caída libre. A los críticos les cuesta hablar bien de sus libros, a pesar de su evidente grandeza literaria, y en muchas universidades se evita recomendar sus textos a los alumnos. Cuando se hace, se acompaña el título de avisos parecidos a los que se añaden en los medicamentos tóxicos y se recuerda que el autor era racista, colonialista, misógino, ultraderechista, antisemita y más. Estudiantes de la Universidad de Mánchester arrojaron pintura sobre un mural con su poema «If» y lo reemplazaron por otro de la poeta y activista negra Maya Angelou. Pocos hacen el ejercicio de separar la persona de su obra. O conceden al autor del *Kim* los atenuantes que podrían llevar a un juicio menos simplista de su persona. No es que Kipling fuera racista o misógino, que lo era, sino que ese fue el mundo donde le tocó vivir. En sus textos queda reflejado su amor por India y sus gentes, aunque estuviera convencido de que su destino fuera ser dominadas por una estirpe superior. Y, por supuesto, están las circunstancias, esos pequeños detalles biográficos que nos hacen quienes somos. Cuando Kipling da vida a Mowgli, un niño abandonado en la jungla que debe enfrentarse a los peligros de la infancia sin adultos, está recreando su propia infancia traumática y a la vez escapando de ella. El autor inglés creció en la India entre privilegios inimaginables en nuestros días, rodeado de un ejército de siervos que abrían las puertas a su paso y sostenían las ropas con las que debía vestirse al salir del baño. A los seis años, cuando es enviado a formarse a Inglaterra, ese mundo de confort fue sustituido por el terror de la señora Holloway, una cristiana fundamentalista que lo maltrató en un ambiente de crueldad y abandono que describiría en sus memorias como «una tortura calculada». Kipling se refiere a su maltratadora como «la Mujer» y al hospicio como «la Casa de la Desolación», donde es golpeado casi a diario por las faltas más leves. En una ocasión, la señora Holloway lo obliga a caminar por las calles de Portsmouth llevando un cartel en la espalda con la palabra «mentiroso». Las humillaciones eran constantes. Las siguieron años de castigos físicos y acoso escolar por parte de sus compañeros en el United Services College, el internado para hijos de oficiales británicos donde recibió una estricta formación victoriana. Lo extraño es que saliera alguien de provecho de aquella mezcla de disciplina sádica, adoctrinamiento en los corsés del *establishment* británico y exaltación del imperio, que vivía sus días de mayor gloria. El resultado, según el diagnóstico del propio Kipling, es una persona insegura y en constante estado de alerta, observador de los temperamentos y cambios de carácter de las personas que lo rodean, convencido desde pequeño de que hay una gran distancia entre lo que las personas dicen y lo que hacen. La lectura primero y la escritura después se convertirán en vías de escape de ese mundo de máscaras, contradicciones y maltratos. Con esa infancia, Rud podría haberse convertido en un asesino en serie: se conformó con vengarse de la imperfección humana, de la que se sabía un ejemplo más, con las palabras.

Solo Bilal me acompañó en mi *tour* por Lahore la mañana después de nuestra noche en el Bazar de Diamantes, donde no pude dejar de pensar en que quizá Kipling había ocupado el mismo lugar que nosotros un siglo y pico antes. La cerveza sienta mejor cuando se toma en los lugares prohibidos y peor a la mañana siguiente, por falta de costumbre. Supuse que los amigos de mi guía estarían de resaca o siendo azotados por los guardias de la virtud. Quería visitar la mezquita de los Emperadores, que fue la más grande del mundo entre 1673 y 1986, año en que fue reemplazada por la mezquita Faisal de Islamabad, también en Pakistán. Sus cuatro inmensos minaretes se alzan imponentes sobre el banco del río Ravi. La combinación del blanco de su mármol y el rojizo de su piedra de arena, sus ornamentos con influencias persas, indias y asiáticas, legado del Imperio mogol, y sobre todo su grandiosidad dan cuenta del poder inconmensurable de la religión. La mezquita Badshahi reúne los viernes hasta cien mil fieles que previamente han dejado sus zapatos en la explanada de la entrada. Yo llevaba unos que me gustaban, por los motivos por los que a los hombres nos gustan unos zapatos más que otros: eran cómodos. ¿Cómo dejarlos allí, entre aquel océano infinito de alpargatas, mocasines, zapatillas, botas, zuecos y abarcas? No me veía capaz de dar con ellos a la salida y, aunque entre todo aquel *stock* podría encontrar otros de mi agrado, mi fe no alcanzaba a imaginar que pudiera robar unos igual de cómodos. Bilal me tranquilizó:

—Los tuyos son muy grandes —me dijo, sorprendido de que calzara un cuarenta y siete—, seguro que los encuentras.

Al entrar en la mezquita de los Emperadores me sentí empequeñecer de la misma forma que ante los templos de Angkor, las pagodas de Bagan o la catedral de Burgos. Mi ateísmo no me priva de emocionarme ante construcciones que fueron levantadas con una determinación arquitectónica para la que es necesario creer en algo sobrenatural e inexistente. El objetivo, en todas esas construcciones, parece ser la eternidad. En terremotos y tsunamis he visto como mezquitas, templos e iglesias eran las únicas edificaciones que quedaban en pie. Los vecinos lo veían como la confirmación de la existencia de su dios, que protegía los templos sagrados de los demonios disfrazados de embestidas de la naturaleza. La realidad era que se habían construido con los mejores materiales, justo al contrario que las viviendas, las escuelas y los edificios públicos. En cualquier caso, tenían un enorme mérito como obras de ingeniería y yo admiraba el trabajo que había detrás. ¿Cómo no temer el poder de creencias que empujaban a la gente a semejante ingenio, esfuerzo y tenacidad? ¿No era una pena que esos mismos sentimientos se utilizaran también para destruir las creencias y templos de los otros?

En las masacres entre hindúes y musulmanes, tras la partición de la India, Lahore se llevó una de las peores partes. La sangre bañó las calles de la Ciudad Amurallada mientras los últimos ingleses abandonaban los clubes y mansiones en el lado noble de la ciudad, sin remordimiento por el caos que dejaban detrás. Los incendios y saqueos dañaron muchos de los monumentos de la ciudad, y el casco histórico tuvo que ser reconstruido. Todo fue muy innecesario, porque la India había vivido tiempos bajo una gran tolerancia religiosa, incluso en momentos en los que lo normal era resolver las diferencias con la guerra. Akbar, que llegó a emperador con trece años, tuvo que gestionar las tensiones entre una población mayoritariamente hindú y las elites musulmanas que la dominaban. Para mantener la paz utilizó grandes dosis de tolerancia, permitió la construcción de templos hindúes, fomentó matrimonios entre fieles de diferentes religiones e incluso peregrinó a los lugares santos de la religión supuestamente rival. Estaba convencido de que ambas creencias tenían más similitudes que divergencias y llegó a inventarse un híbrido, el Din-i-Ilahi, que mezclaba lo mejor de cada una. El resultado fue que la India, y Lahore en particular, vivió una de sus épocas de mayor esplendor y desarrollo.

La relación se enrareció durante el dominio británico y estalló con el final de este, después de trescientos años en los que los europeos no resolvieron el futuro político o civil de su colonia. El resultado, que Kipling no vería —murió en 1936—, fue el más absurdo, brutal y desestabilizador de los acontecimientos poscoloniales del siglo XX. La partición de la India degeneró en una de las grandes masacres de la historia al anunciarse la creación de los dos Estados en 1947. Vecinos que hasta entonces se pedían la sal se degollaron y millones abandonaron sus casas. Mientras hindúes y sijs huían hacia la India, los musulmanes buscaban empezar una nueva vida en Pakistán. Los trenes en una y otra dirección llegaban a las estaciones con todos sus pasajeros muertos y los padres mataban a sus hijas en un intento de evitarles el sufrimiento de las violaciones grupales. Periodistas de la época, que unos años antes habían sido testigos del horror de la II Guerra Mundial, escribieron crónicas en las que decían no haber visto nada igual.

Lahore quedó en el lado pakistaní del Punyab y hoy es un lugar privilegiado para comprobar la estupidez que supuso la partición por motivos religiosos. La frontera dividió comunidades que tienen las mismas tradiciones, comen los mismos curris, comparten modelo económico y forma de vida. Lo que quedó fue un país dividido en dos —más tarde en tres, con la creación de Bangladés— que desde entonces ha vivido en el resentimiento. La India y Pakistán se han armado con bombas nucleares y, cuando no están en guerra, se preparan para cuando lo estén.

En el puesto fronterizo de la Línea Cero, en la localidad de Wagah, se han instalado gradas para que nadie se pierda detalle de una de las ceremonias que ensalzan el absurdo. La gente asiste al duelo de banderas que se organiza por las tardes como si fuera un partido de fútbol. «¡Larga vida a Pakistán!», corean a un lado. «¡Hasta la última gota de sangre por la India!», prometen en el otro. Cada país escoge a soldados altos y apuestos para arriar sus banderas: avanzan cada uno desde su territorio hacia la verja que los separa, haciendo sonar sus botas y moviéndose robóticamente entre el alborozo de los fans. Los soldados abren entonces sus respectivas puertas y arrían las banderas de sus países, mirando desafiantes a su oponente y sacando pecho mientras comienzan a bajar las insignias con lentitud, asegurándose de que la suya nunca esté más baja que la del rival. La tela con los colores nacionales es doblada con mimo y la frontera queda así oficialmente cerrada hasta el amanecer.

A la India y Pakistán les habría ido mejor si hubieran permanecido juntos, una idea que no comparto con amigos de la India o Pakistán para no enfadarlos. Como la religión fue el único motivo de la separación, y el nacionalismo el veneno que después alimentó la fractura, hoy tenemos dos enemigos con capacidad de destruirse mutuamente y un legado de violencia que los mantiene estancados en 1947. Los dirigentes de ambos países suelen ser populistas que no pierden ninguna oportunidad de explotar los sentimientos más bajos en beneficio propio. Y así no hay manera de dejar de perseguir malas noticias, a uno y otro lado de la frontera. Golpe de Estado en Pakistán. Matanza religiosa en Guyarat. Enfrentamiento en lo alto de Kargil, donde desde hace años mueren más soldados por el frío o despeñándose por barrancos que por las balas. Un odio inútil y exhibicionista entre hermanos.

Kipling, que no llevaba una vida victoriana y menos aún piadosa, compartía algo de la ambigüedad religiosa del emperador mogol que trató de crear una sociedad multirreligiosa. Su literatura transmite un gran respeto por todas las religiones y algo de indecisión para escoger una sola. Dice no creer ni en el castigo ni en la recompensa eternos y se declara diplomáticamente «un cristiano ateo temeroso de Dios». Kim, su gran personaje literario de Lahore —que da título a su mejor novela—, comparte las dudas de su padre literario: «¿Quién es Kim? [...] ¿Quién soy yo? [...] ¿Qué soy? ¿Musulmán, hindú, jaina o budista? —se pregunta. Y él mismo se responde—: Soy Kim. Soy Kim».

La novela de Kipling arranca en los alrededores del museo de Lahore, que su padre dirigió, y cuenta la historia de Kimball O'Hara, el hijo huérfano de un soldado irlandés que se convierte en discípulo de un viejo lama con el que emprenderá un viaje místico en busca del río de la Flecha. Kipling arranca con una escena en la que Kim, desafiando las ordenanzas municipales, «estaba sentado a horcajadas sobre el cañón Zam-Zammah en su plataforma de ladrillo, frente a la vieja Ajaib-Gher, la Casa de las Maravillas». El cañón sigue en su sitio y los locales lo conocen como «el cañón de Kim», prueba de que la ciudad y el autor han quedado unidos para siempre. La Casa de las Maravillas, el gran museo de la ciudad donde Kim y el lama rezan ante los dioses, sigue siendo de obligada visita incluso para los no aficionados. Entre sus salones se mezclan colecciones únicas de las religiones, reinos e imperios que dejaron huella a su paso por Lahore.

El niño protagonista de la novela es inglés, pero tiene la piel morena de los nativos, habla su idioma y es pobre como la mayoría de los niños de Lahore. Kipling une así Occidente y Oriente en un mismo personaje y sitúa a este en una aventura que es a la vez libro de viajes, novela de espías y ensayo sobre «el Gran Juego» que se tienen entre manos en Asia los imperios ruso y británico. Las andanzas del niño y el lama sirven como guía para visitar la ciudad, que conserva muchos de los escenarios del libro. Los bazares donde parecen juntarse «todas las razas» de la India, la Ciudad Amurallada, hoy más aséptica aunque llena del desorden que tanto gustaba a Kipling, o Naulakha, el pabellón del fuerte de Lahore que dio nombre a otro de los libros del premio Nobel y a su casa de Vermont durante los años que vivió en Estados Unidos. Cuando caminas entre las callejuelas de la parte vieja, esquivando carniceros que pasan a cuchillo a los corderos, no es difícil imaginarte a Kim correteando entre la muchedumbre y buscando comida y hospedaje para su lama. Dentistas callejeros exhiben dentaduras postizas y se ofrecen, alicate en mano, a arrancarte una muela fastidiosa. Los herreros y vendedores de alfombras, las casas de té y los mercados, todo sigue en su sitio. Los mendigos extienden la mano sin entusiasmo y de las carnicerías cuelgan corderos desollados. Han desaparecido los fumaderos de opio, pero no hay que esperar mucho para que alguien te susurre al oído el menú de las tentaciones:

—¿Chicas? Tengo jóvenes. ¿Fumar? ¡Acompáñeme, por aquí!

«La diversión» todavía se concentra en los alrededores del Bazar de Diamantes, donde Kipling se perdía en las noches calurosas de Lahore y Kim acude a escuchar a los «hombres santos, faquires manchados de ceniza, junto a sus santuarios de ladrillo». El enjambre de la Ciudad Amurallada todavía esconde secretos, aunque en menor cantidad. Su humanidad, ingobernable, sigue siendo un festín para los ojos viajeros. Aunque solo vivió cinco años aquí, Kipling se llevó gasolina literaria para varias décadas. Cuando decide marcharse, su reputación como escritor empieza a despuntar y regresa a Londres para conquistar el mundo literario. Algunos amigos trataron de ayudarlo en sus comienzos y recomendaron su trabajo al propietario de *The Daily Telegraph*, Edward Levy-Lawson, que dijo de él que no tenía suficiente nivel. Buen ojo: al joven recién regresado lo esperaba una carrera de éxitos, fama global y eternidad literaria. Abarcó todo en su obra, desde ensayos hasta novelas, desde cuentos breves hasta poemas, y desde memorias hasta narraciones infantiles, que siguen siendo secuelas de Disney décadas después de su muerte. En una última carta a su prima Margaret, antes de abandonar la India en 1889, Rudyard mira atrás sin remordimientos:

> Me he mezclado con soldados y gobernadores, administradores y mujeres que los controlan a todos, y mucho he visto, ciudades y hombres. Fue crudo y vivaz, sombrío y salvaje. He tratado de conocer a las gentes del cuartel y del burdel, del Salón de Baile al Consejo del Virrey, y en alguna medida he tenido éxito.

Cuando me llegó la hora de dejar Lahore, mis compañeros de viaje seguían durmiendo. Camino del aeropuerto, conducido una vez más por Bilal, vi las grúas que anunciaban nuevos barrios en el horizonte. Muy pronto los edificios que sobrepasaban la altura de los árboles dejarían de ser una excepción. Una vez oí a un arquitecto decir que había dos tipos de metrópolis: las que mantienen su historia, construyendo lo nuevo alrededor de ellas, y las que la destruyen, levantando su futuro sobre las ruinas del pasado. ¿Qué camino tomaría Lahore? Si regresaba, dentro de unos años, ¿me encontraría la misma ciudad? ¿Seguirían las hijas de Anarkali contoneándose en el Bazar de Diamantes? Aposté con Bilal a que las huellas de los conquistadores y emperadores que pasaron por Lahore, sus jardines, palacios, murallas y mezquitas, construidos con el empeño con el que el escritor busca la inmortalidad en su escritura, se mantendrían en pie. A la codicia de los hombres, que empezaba a hacer sus estragos en el legado histórico de la capital punyabí, le costaría borrar sus mil años de historia. Tampoco creía posible que la vida de la Ciudad Amurallada cayera en el letargo o que pudieran despojarla de sus olores, colores y ruidos. O del vicio, la más pertinaz de las debilidades humanas. Las noticias en los informativos seguramente mantendrían Lahore fuera de las rutas turísticas, destino solo para viajeros curtidos y reporteros, prestos a salir corriendo hacia los lugares de los que todos huyen, con la certeza de que pagarán la mitad por su hotel.

Al despedirnos en el aeropuerto, Bilal me preguntó si escribiría una historia feliz sobre Pakistán. Le dije que sí. Unos meses después le envié un ejemplar de la revista *Siete Leguas,* ya desaparecida, donde se publicó mi artículo. Llevaba por título: «Lahore, el oasis secreto de los impuros».

4

George Orwell / Birmania

Siguiendo un camino de arena sin indicaciones, en las afueras de la localidad birmana de Katha, se llega hasta una casa de teca de dos plantas. Le falta parte del tejado, tiene la madera carcomida y sufre goteras durante los monzones. Sería la más insignificante de las viviendas si no hubiera sido ocupada por George Orwell (1903-1950) a finales de los años veinte, durante su estancia en el país como agente de la Policía Imperial.

Orwell fue enviado a un destino infestado por la enfermedad del dengue —que también él contrajo— en los confines de los dominios británicos de Oriente. En Birmania viviría las experiencias, encontraría los personajes y adquiriría la inspiración que lanzarían su carrera como escritor con la novela *Los días de Birmania. Rebelión en la Granja* y *1984*, sus libros inmortales sobre el totalitarismo, la degeneración del poder y la moldeable mente humana, se leen hoy como relatos premonitorios del lugar más absurdamente tiránico del mundo, después de Corea del Norte. Cuando visité el país por primera vez en 1999, ya rebautizado por los generales como Myanmar, ambas obras estaban prohibidas. Solo algunos libreros guardaban ejemplares en la trastienda.

—Pssst, pssst..., ¿no tendrá algo de Blair? —preguntaban los clientes en susurros, utilizando el nombre real de Orwell.

Los dictadores birmanos no querían que sus ciudadanos leyeran retratos que describían a la perfección su propio totalitarismo paranoico y su control enfermizo de la población. En cambio, a partir de 1992, abrazaron con entusiasmo *Los días de Birmania* (1934), el estreno literario de Orwell. Les gustaba la manera en la que describía otra forma de represión: el colonialismo. Orwell desnudó en su relato las miserias del imperio, su racismo esnob, la explotación disfrazada de misión civilizadora y la decadente hipocresía de los *pukka sahibs*, los caballeros ingleses que mezclaban formas educadas y comportamientos deferencialmente primitivos. Si Somerset Maugham disfruta del hedonismo colonial sin complejos, Conrad percibe su esencia cleptocrática sin renunciar a estereotipar sus escenarios y Kipling defiende el imperio como un bien necesario, en Orwell no hay matices: detesta su naturaleza opresora. Formar parte de su policía lo marcará y desarrollará en él una conciencia social y una aversión por las dictaduras que ha extendido la vigencia de sus obras hasta hoy, cuando el populismo autoritario emerge incluso en democracias liberales que creíamos a salvo.

En *Matar a un elefante*, uno de los dos ensayos que escribió sobre Birmania, Orwell describe la amargura que le provoca el «trabajo sucio del imperio», que incluye la subyugación de los nativos, el azote con cañas de bambú de quienes se rebelan o el hacinamiento de prisioneros en jaulas malolientes. Pero es en *Un ahorcamiento* —publicado en la revista *Adelphi* en 1931— donde va al detalle al describir la ejecución de uno de esos reos, una muerte que los oficiales celebran entre risas y brindis: «Se balanceaba con los dedos de los pies apuntando directamente hacia abajo, dando vueltas lentamente, tan muerto como una piedra. El superintendente extendió el brazo con el bastón y empujó el desnudo cuerpo moreno; este osciló ligeramente».

El agente Eric Arthur Blair, cuyo nombre quedaría eclipsado por su seudónimo literario, se sentía odiado por los birmanos. Y no podía culparlos por ello. Su resarcimiento con el imperio fue desnudarlo para hacerlo aparecer tal como era a través de John Flory, el representante de una empresa maderera destinado en Katha, una localidad situada a la vera del río Irawadi en el estado birmano de Kachin. El protagonista de *Los días de Birmania* hace más llevadera su vida en el trópico gracias a una amante nativa, vasos de ginebra y las noches en uno de los clubes británicos donde los clientes podían fingir, aunque fuera por unas horas, que no habían dejado la madre patria. Los clubes no eran solo un divertimento, sino una necesidad para mantener la farsa en pie: el alcohol, el opio y las mujeres nativas hicieron más por sostener la moral en las colonias que ninguna medida tomada desde Londres. Muchos de aquellos clubes han permanecido abiertos, contra todo pronóstico. Solo en la India siguen operativos dos docenas de ellos, aunque las elites británicas han sido reemplazadas por las nacionales. El Punjab Club de Lahore, frecuentado en su día por Kipling, conserva la atmósfera rancia y clasista de siempre, entre fiestas nostálgicas y chismes de salón. En la barbería todavía se afeita a navaja y los socios se muestran orgullosamente protectores de la exclusividad de su gueto con ínfulas: ya no es el color de la piel, sino la cuenta bancaria y el pedigrí familiar lo que determina el derecho de admisión.

Lo más cercano a los clubes coloniales que conocí en mis viajes fue el Club de la ONU de Islamabad, donde, en 2001, corresponsales y diplomáticos departíamos entre vino francés y quesos de importación en vísperas de la invasión estadounidense de Afganistán. El local servía copas a precio de ciudad europea y una *pizza* decente, pero tenía la estúpida regla de no dejar entrar a los pakistaníes, a pesar de que estábamos en su país. Las peleas con los porteros para que dejaran entrar a nuestros conductores y traductores me recordaban a las que había tenido en mi juventud para acceder a los locales de Madrid, donde debería haber aprendido que no se puede razonar con porteros de discoteca. Incluso un poder tan insignificante como el de amargar la noche a la muchachada se vuelve tiránico en manos de espíritus acomplejados.

Los guardias pakistaníes parecían disfrutar negando el acceso a sus compatriotas, como si les dijeran: «Mírame a mí, en el lado de los blancos, mientras tú te quedas fuera». Aunque se suponía que el colonialismo era cosa del pasado, y la ONU una organización que lo combatía para que nos adentráramos en un nuevo mundo de diversidad y tolerancia, en realidad, la institución internacional se regía por la misma idea que los clubes británicos: eran divertimentos para expatriados con la billetera lo suficientemente gruesa como para pagarse el privilegio de vivir con un pie en el mundo que habían dejado atrás y otro en el que los había acogido.

En el club británico que Orwell describe en *Los días de Birmania* tampoco se permitía la entrada a los asiáticos, pero el poder colonial vivía entonces una etapa en la que se daba importancia a las relaciones públicas y trataba de presentar una cara más amable. Una disposición de Londres obligó a aceptar a los intrusos de piel oscura que hubieran hecho méritos, como agradecimiento por los servicios prestados. Los *pukka sahibs* de Birmania, sin embargo, se resistían a aceptar la nueva norma. ¿Cómo imponérsela a un grupo de expatriados que vivían en un enclave remoto, de un país lejano, a varias semanas de viaje de la civilización europea?

Flory, el protagonista de la novela de Orwell, es partidario de permitir el acceso a un magistrado birmano y al doctor indio Veraswami, amigo suyo. Su empatía choca con la idea central que ha llevado a sus colegas hasta las junglas del país: el sentido de propiedad de los lugares conquistados, sin el cual todo el modelo colonial se desmoronaría. Porque ¿acaso se puede dominar al que se considera un igual? ¿Es posible subyugar a un pueblo y a la vez darle los mismos derechos del invasor? Ellis, uno de los miembros más contrarios a tolerar nativos, muestra su repugnancia ante la posibilidad de que el club deje de ser un espacio exclusivo para blancos. «Sería un placer, ¿verdad? —pregunta con sarcasmo—. Negros barrigudos apestando a ajo sentados en la mesa de *bridge*.»

Flory tiene suficiente sensibilidad para rechazar el racismo de sus compañeros, aunque es de carácter débil y tampoco está dispuesto a romper con su mundo por un ideal de justicia que en aquellos días no reportaba reconocimiento. Calla pues ante el desprecio de los demás hacia los locales de la misma forma que los periodistas del Club de la ONU seguimos frecuentando el lugar a pesar de la prohibición que impedía la entrada a nuestros traductores. Recuerdo que el primer día que no dejaron entrar a Bilal, mi *fixer* (guía) y conocedor de los secretos de Lahore, me di la vuelta y me alejé de allí ofendido, tras lanzar un breve y digno discurso sobre la igualdad. Tres días después volví, sin avisar a mi amigo pakistaní. Islamabad era la ciudad más aburrida en la que había estado en mi vida y necesitaba una distracción. Al otro lado de la frontera la guerra seguía sin empezar y el Club de la ONU era uno de los pocos lugares donde se podía beber alcohol sin que te hicieran sentir como un contrabandista. En el Marriott, otro de los sitios donde estaba permitido, podías pedir cerveza al servicio de habitaciones. Te la traían dos horas más tarde junto con una pila de documentos en los que se te hacía jurar que no eras musulmán.

Para sentirme mejor ante mi traición a Bilal, argumenté conmigo mismo que en cualquier momento abrirían la frontera y me marcharía a la guerra. Podía ser mi último trago en meses. Si tenía mala suerte, el último sin más.

Orwell describe el Club Británico de Katha: una barra de bar, un billar, el aire acondicionado de la época —un indígena que movía un gran abanico con los pies— y estanterías llenas de libros, uno de los pocos entretenimientos en aquellos días. El edificio que lo albergaba sigue en pie y queda cerca de la casa donde vivió Orwell, rodeado de cocoteros al final de una carretera de arena. Si el lugar tuvo alguna pretenciosidad, esta se esfumó con los británicos. No hay rastro del bar de los *pukka sahibs* ni del salón donde se reunían a departir sobre la política de Londres y, suponemos, a maldecir a sus primitivos anfitriones. En lugar de veladas de puros y ginebra, animadas por el gramófono, estos días se celebran reuniones de una cooperativa local. Unos pocos muebles cubiertos de polvo, junto a una pizarra y un viejo ventilador, completan una decoración espartana. Las telarañas dan pistas sobre quién disfruta ahora del complejo. La pista de tenis, donde los personajes de Orwell peloteaban bajo el sopor tropical, fue renovada hace unos años y es practicable. Los locales, que en tiempos del imperio tenían prohibido jugar en ella, han formado un club de tenis que cuenta con una decena de miembros. Algunos juegan con viejas raquetas de madera, prueba de que en Birmania el tiempo avanza a otro ritmo, cuando lo hace. La pista me recordó que los británicos inventaron muchos deportes de masas, incluidos el fútbol y el tenis, aunque un amigo escocés siempre apunta con malicia que, viéndolos practicarlos, nadie lo diría.

El editor británico del manuscrito original de *Los días de Birmania*, temiéndose demandas por calumnias, forzó cambios en la edición original publicada en Estados Unidos en 1934. Los personajes eran fácilmente identificables. Se decidió cambiar los nombres de varios de ellos y de la propia Katha, que pasó a ser un lugar ficticio llamado Kyauktada. Orwell admitió en una carta escrita en 1946 que su relato podía ser algo injusto y, sin embargo, siempre sostuvo que era un reflejo de la realidad en las colonias. «Me limité a reportar lo que vi», afirmó.

El escritor británico nos cuenta cómo era la vida de sus compatriotas, pero no sabemos mucho de la que él mismo llevaba en Birmania. Sus biógrafos dicen que era un tipo solitario e inadaptado. Cumple con su trabajo, patrulla las calles con una fusta y se sabe parte de la represión, por la que alberga algo parecido a un sentimiento de culpa. Sin apenas vida social y despegado de los suyos —viene de un ambiente conservador y ha estudiado en Eton—, ¿cayó también él en las tentaciones del Este? La investigadora Darcy Moore apunta en esa dirección, aunque la evidencia es mucho menos clara que en el caso de Kipling y sus incursiones en el Bazar de Diamantes. La detallada descripción que Orwell hace de un fumadero en *Los días de Birmania*, junto a otras alusiones a las drogas en obras posteriores, son para Moore indicios de que también él pudo encontrar una vía de escape en el opio. El consumo estaba tan normalizado en las colonias, el estigma que acarreaba era tan limitado, que lo sorprendente habría sido lo contrario. Su padre trabajaba como funcionario del Departamento de Opio del Servicio Civil de la India, encargándose de su regulación y comercio. Y su mejor amigo en Birmania, el capitán Herbert Reginald Robinson, era un adicto que, en 1923, vio su prometedora carrera militar truncada tras una primera visita a un fumadero clandestino de Mandalay.

Robinson contó años después en sus memorias (*Autobiografía de un adicto al opio*) que se dirigió al fumadero tras separarse de dos amigos, a uno de los cuales identifica como El Poeta. ¿Orwell, quizá? El oficial británico narra en las memorias el placer inconmensurable de aquel primer *viaje* y la manera en la que el opio lo destruyó después hasta que intentó suicidarse, disparándose un tiro en la cabeza que lo dejó ciego. Orwell reseñó el libro en *The Observer*, dándole nombre a un nuevo género: «La literatura del opio».

Robinson era el compañero perfecto para el futuro escritor, que vivía una etapa rebelde en la que se tatuó los dedos —pequeños círculos azules a los que los birmanos atribuían poderes sobrenaturales— y exploró el sexo allí donde tuvo oportunidad. «¿Alguna vez tomaste a una mujer en un parque?», escribió en una ocasión a su amigo Anthony Powell. Y al responderse a sí mismo afirmativamente, ofrecía una explicación sencilla: «No había otro sitio donde ir». Él mismo dejó motivo para la sospecha sobre sus visitas a los lupanares de Birmania al escribir en primera persona un poema en el que cuenta su regateo por una joven a la que describe como la «cosa más encantadora» que ha visto nunca. ¿Ficción o realidad? El escritor se cuidó de dejarnos con la duda.

La colonia de expatriados de Birmania que conoció Orwell era una mezcla de funcionarios ingleses, administradores de compañías británicas y esposas aburridas. John Flory, el mercader de teca de *Los días de Birmania*, soporta con resignación ese ambiente elitista que desprecia a los locales y trata de superar el aburrimiento como puede: «Año tras año, te pasas horas sentado en pequeños clubes envueltos por el espíritu de Kipling, con el whisky a tu derecha y el *Pink'un* a la izquierda, escuchando y asintiendo entusiasmado mientras el coronel Bodger de turno expone su teoría de que habría que meter en aceite hirviendo a esos malditos nacionalistas».

Flory describe el club donde departe con los demás como el burdel del hombre blanco, en el que él es un cliente más. Al igual que el Almayer de Joseph Conrad, se siente atrapado en su remoto destino, pero en su caso ha forjado un vínculo emocional con la comunidad que va más allá de las ambiciones personales. En lugar de despreciar su cultura, siente admiración por ella. Vive discretamente una relación con una nativa, Ma Hla May, y muestra empatía hacia los locales. Con límites: es consciente de que ese *affaire* birmano no favorece su estatus social. Solo puede ser un divertimento a ojos de los demás y lo desecha cuando aparece en escena Elizabeth Lackersteen, de la que queda prendado a primera vista. Elisabeth es europea y blanca. Una oportunidad única de lograr una relación legítima y construir una vida convencional en un lugar que no lo es. El cortejo de Flory es muy de la época —caza un leopardo para ofrecer su piel a la pretendida— e intemporal en la manera en que distorsiona la realidad sobre la persona amada, una confusión con la que todos nos podemos sentir identificados. Nuestro expatriado se ha enamorado de una fantasía. Flory ve en Elizabeth una mujer con la que compartir un proyecto vital en Oriente —«Deseaba enormemente que ella amase Birmania como él lo hacía», nos cuenta Orwell—, capaz de empatizar con sus gentes y compartir las inquietudes culturales que despiertan en él. Su pretendida es en realidad una joven superficial y sin curiosidades intelectuales que no quiere saber nada de los «malolientes nativos». Como la mayoría de sus compatriotas, prefiere la burbuja del Club Británico. Busca estabilidad económica más que amor, estatus más que justicia social y un marido con posibilidades más que un romántico con principios. Su enamorada es parte de lo que los ingleses del Raj terminarían apodando «flota pesquera», jóvenes inglesas que viajaban a las colonias para atrapar un marido en un mar infinito de testosterona insatisfecha. Allí, con escasa competencia y un buen número de almas desesperadas, todo era más fácil. Pero una vez en los confines del mundo, ¿por qué conformarse con una sardina cuando podías pescar un atún?

Pobre Flory, está condenado al desengaño.

Birmania puede ser, a ojos del visitante ocasional, como Elizabeth: encantadora y bella en el exterior; cínica y fría en el interior. Los totalitarismos envenenan la fibra social de las sociedades, mucho más de lo que parece a primera vista. La amistad, la familia, el amor..., todo está condicionado por el miedo y la urgencia de la supervivencia. Salvo un corto periodo de apertura, el país ha sido gobernado desde 1962 por una junta militar que sigue como manual el Gran Hermano de Orwell. Los militares, detestados, presumen de la adoración del pueblo; roban sin parar, dejando algo para construir pagodas con las que mejorar su karma; tienen su Ministerio de la Verdad, encargado de presentar a los héroes que resisten la represión como villanos y a los opresores como honrados administradores del destino colectivo; vigilan cada movimiento de sus ciudadanos, obligando a los hermanos a denunciarse entre ellos; y hacen realidad sus fantasías de gobernantes infalibles. La hambruna tras una cosecha ruinosa se convierte, por arte de magia, en la mejor producción de la historia. En esa sociedad orwelliana, donde una frase sediciosa puede enviarte a la cárcel, y el miedo gobierna las vidas de los ciudadanos, el humor ha sido una de las pocas vías de escape.

En bromas contadas entre susurros, los birmanos manejan el arte de ridiculizar el poder. «¿Sabes que la Junta ha emitido un decreto elevando el preservativo a símbolo nacional? Permite la inflación, limita la producción y ofrece sensación de seguridad mientras el Gobierno te sigue jodiendo.» O la del viejo que lamenta que en sus tiempos a los ladrones se los llamara por su nombre y ahora se los denomine simplemente «funcionarios». Y esa otra que me contó el comediante más popular del país, Zarganar, cuando fue liberado prematuramente de prisión:

—Solo he cumplido tres años y cinco meses de una sentencia de treinta y cuatro años. Un diez por ciento, que es el interés que cobran nuestros bancos.

Poco después volvió a ser enviado a prisión.

Cada vez que los birmanos se levantan para exigir libertad, son aplastados. 1988. 2007. 2021. Sentí una mezcla de la desolación y la admiración más absolutas al verlos caer abatidos en Rangún en la Revuelta Azafrán del 2007. En mi país, varias generaciones de españoles aceptaron la dictadura del general Francisco Franco con una oposición limitada, mucha docilidad y la complicidad vergonzosa de sectores destacados de la sociedad. Nuestro tirano tuvo que morirse de viejo, en 1975, para que llegaran el cambio y la democracia. ¿Cómo echarles nada en cara a los birmanos que, sometidos a esa bota que según Orwell aplasta el «rostro humano incesantemente», optaban por sobrevivir? ¿Cómo no venerar a quienes se enfrentaban a su poder oscuro y brutal, a pesar de las escasas posibilidades de éxito?

Solo había una cosa que gustara a los generales más que el poder, y era el dinero. Así que, a pesar de sentir recelos por que sus ciudadanos mantuvieran contacto con el exterior, en los noventa comenzaron a abrir el país al turismo. Para limitar su impacto mantuvieron la Ley de Emergencia de 1950 que prohíbe a los ciudadanos informar a periodistas extranjeros, hospedar a visitantes de fuera en sus casas o comunicarse con el exterior sin permiso previo. Entregaron los negocios de las líneas aéreas o las agencias de viajes a sus familiares y amigos. Y obligaron a los guías que quisieran trabajar a convertirse en informantes del régimen. Esa falsa apertura, que seguía manteniendo el país como una inmensa cárcel para los locales y presentaba una cara amable a los extranjeros, abrió un debate sobre la moralidad de visitar el país. La *Lonely Planet* tenía un apartado en el que planteaba la cuestión y entre los disidentes birmanos había división de opiniones. Birmania era uno de los países más bellos del mundo, con el atractivo adicional de haber quedado detenido en el tiempo y de permitirte viajar a lugares apenas transitados, donde no veían a un blanco desde tiempos del imperio. Era cierto que el dinero de los extranjeros iba a parar al bolsillo de la elite o directamente servía para que los generales se construyeran sus mansiones en las afueras de Mandalay, pero también que entre los beneficiarios estaban los guías turísticos, los taxistas, los camareros o los jóvenes que, después de que la dictadura cerrara las universidades por miedo a nuevas revueltas, no habían podido completar sus carreras y se ganaban la vida como podían. Mi postura fue siempre favorable al turismo, porque los generales iban a saquear el país de todas formas, vinieran o no extranjeros, y había claros beneficios en que la gente tuviera un contacto con el exterior. La idea no era solo que los locales recibieran noticias de cómo funcionaban las democracias liberales, sino que los extranjeros volvieran espantados a sus países al comprobar la falta de libertad en su exótico destino asiático. Sin embargo, esto último no ocurría casi nunca, porque Birmania era una dictadura invisible al ojo foráneo. Apenas se veían militares en las calles y la gente, en medio de la desconfianza general, ocultaba su miedo con gran capacidad teatral. La dictadura era esa bota que aplastaba «incesantemente», pero los generales eran lo suficientemente listos como para hacerlo sin dejar marcas visibles en los rostros.

El régimen limitó al principio y luego expandió los lugares que podían ver los extranjeros y se concentró sobre todo en una gira que incluía Mandalay, el lago Inle y Bagan, quizá el conjunto de monumentos que más me ha impactado. Su descubrimiento provocó en mí una sensación parecida a la que experimentó Somerset Maugham ante los templos de Angkor. Casi cuatro mil templos y pagodas se extienden en una inmensa explanada en lo que fue la primera capital del reino. Entonces todavía no estaba de moda subir a los turistas en globo aerostático para que obtuvieran una vista de altura de los templos, así que tenías frente a ti un horizonte despejado de templos que podías contemplar en la soledad y el silencio más absolutos. Eran tuyos, durante el tiempo que estuvieras allí, hasta que la noche oscura hacía desaparecer aquella prueba de la grandiosidad del espíritu humano. ¿Cómo era posible que un país capaz de levantar semejante maravilla agonizara en la más absoluta de las ruinas, incapaz de mantener en pie escuelas u hospitales? A los pies de los templos, la decadencia birmana la encarnaban niños descalzos que se te acercaban a pedir. ¿Dinero? ¿Zapatos?

—*Mister, mister*... ¿Tiene papel y un lápiz? —me preguntó uno de ellos.

Le di mi bloc de reportero y el bolígrafo que llevaba. De todas formas, los perdía siempre. Después, el chico empezó a preguntar por palabras en inglés para apuntarlas. Un día, si aprendía la cantidad suficiente, podría enseñar la belleza de su país a los extranjeros. Y ocultar sus fealdades, bajo la vigilancia omnipresente del Gran Hermano.

La apertura turística supuso una oportunidad para Katha, el escenario de *Los días de Birmania*. Empezaron a llegar viajeros que preguntaban por la casa de Orwell, aunque la mayoría de los vecinos no habían oído hablar de él o de su libro. El régimen militar, tan ineficiente en casi todo, ha sido efectivo en dinamitar la formación de su pueblo, consciente de que, cuanto más ignorante sea, también será más dócil y moldeable. Al principio los visitantes se presentaban con sus propios mapas y anotaciones de la novela, en busca de los escenarios descritos por el autor. En pie seguían las mansiones coloniales de los *pukka sahibs* —hoy con las fachadas desconchadas—, la vieja prisión o la iglesia de San Pablo. También la residencia de oficiales y el Club Británico. De repente, autoridades y vecinos de Katha concibieron un sueño: transformarían su remota y olvidada esquina de Myanmar en un destino turístico internacional. Empresarios de la zona abrieron nuevos establecimientos, se idearon proyectos turísticos y se organizó la ruta Orwell, con folletos e indicaciones. La falta de conexiones, que en principio podría ser un problema, fue vista como un plus: añadía emoción a la aventura. El tren desde Mandalay hace el trayecto a Katha en doce horas —es decir: a una velocidad media de veinte kilómetros por hora— y los barcos, que solo pueden navegar cuando el río lleva buen caudal, son poco fiables. El nuevo hotel Katha, un tres estrellas, se sumó a la fiebre orwelliana poniendo a sus habitaciones los nombres de protagonistas de *Los días de Birmania*: Flory, Elizabeth, Macgregor... Su dueño, Bran Aung, había cifrado grandes esperanzas en su negocio. «Quiero que los visitantes vivan el libro», anunció a la prensa.

Para reforzar el rastro de la novela, se buscaron fondos con los que renovar las edificaciones mencionadas en el libro, incluido el Club Británico. Al final hubo que conformarse con adecentar la vivienda de la avenida Lanmadaw donde Orwell residió mientras ejercía sus funciones de policía y que, en una casualidad con gran potencial literario, estaba ahora ocupada por otro policía, en este caso local. El 20 de septiembre de 2019, la casa fue finalmente convertida en un museo. El primer piso se decoró con fotografías de época, mapas, pasajes de la novela y un retrato donde Eric Arthur Blair aparece con su uniforme de agente imperial, fusta incluida. Todo estaba listo para recibir a los visitantes y deslumbrarlos con los paseos literarios por Katha, pero entonces llegó la pandemia de COVID y el sueño se desmoronó. El país cerró las fronteras, los visitantes nunca llegaron y negocios como el hotel Katha tuvieron que cerrar. El museo colgó un letrero advirtiendo que también cerraba temporalmente. Mientras se esperaba a que el virus remitiera, el verdadero mal del país emergió de nuevo: los militares dieron un nuevo golpe de Estado y abortaron el proceso de reformas democráticas que había dado alguna esperanza a los birmanos. Los manifestantes fueron masacrados de nuevo en las calles, miles de personas fueron encarceladas, disidentes históricos, ahorcados, y la heroína local, Aung San Suu Kyi, encerrada bajo cuatro llaves en una celda de aislamiento. Imágenes captadas clandestinamente por los manifestantes mostraban, una vez más, ejecuciones sumarias, atropellos en las vías públicas y torturas. El país volvía al *1984* de Orwell, quien dejó escrito que una sociedad fundada sobre «el miedo, el odio y la crueldad» no podría perdurar.

La dictadura birmana se empeñaba en desmentirlo.

Orwell habría deseado el final del régimen militar birmano de la misma forma que anheló el final de colonialismo. Al igual que Conrad, creía que, incluso las buenas acciones del poder colonial, como la mejora de las infraestructuras, tenían como propósito robar más y hacerlo de forma más efectiva. Por eso decidió tomar partido «completamente a favor de los birmanos y en contra de sus opresores, los británicos». La idea de que el autoritarismo está justificado cuando los sometidos pertenecen a una comunidad nativa le repelía: «Cuando el hombre blanco se vuelve tirano es su propia libertad la que destruye». Su expatriado en *Los días de Birmania*, John Flory, dice que la aportación británica no pasa de haber contagiado la varicela a los nativos y enseñado a los jóvenes a beber whisky y jugar al fútbol. Hay una historia, poco conocida, que explica bien el objetivo puramente extractivo que ha movido a las potencias occidentales en sus conquistas: la traición británica a los karen, el pueblo que ayudó a los aliados a recuperar Birmania tras la invasión japonesa de 1942.

La minoría cristiana del norte del país se sumó a la lucha en la II Guerra Mundial a cambio de la promesa de que, cuando terminara el conflicto, recibirían como compensación el Estado independiente por el que luchaban. Los guerrilleros karen conocían bien la jungla, eran escurridizos y martirizaban al enemigo con emboscadas. Formaron lo que se conoció como «unidades araña», que se movían sin ser detectadas y atacaban por sorpresa. Mientras los aliados británicos o los enemigos japoneses morían por picaduras de serpientes, malaria o perdidos en la selva birmana, los karen jugaban en casa. Los oficiales ingleses les atribuían un coraje que hacía «difícil contener sus ansias de entrar en batalla».

Los últimos supervivientes de aquella milicia de doce mil guerrilleros tenían cerca de cien años cuando fui a su encuentro. Presentaban un aspecto famélico y arrastraban achaques y heridas de guerra que iban desde la sordera hasta la inmovilidad permanente. Conocían como nadie la traición porque, tras su victoria sobre los japoneses, los aliados no les concedieron la patria prometida. Mientras los soldados británicos volvían a casa convertidos en héroes, los karen regresaron a aldeas que habían sido arrasadas por los japoneses. Sus mujeres e hijos, muertos. Su coraje, olvidado. Ni atisbo de reconocimiento o del país prometido.

Dwe Maung, una de las «arañas» karen, vivía en el campo de refugiados de Mae La, en la frontera con Tailandia, cuando lo conocí. Tenía noventa y un años y estaba débil. Mientras me contaba su historia, no podía dejar de tararear alegremente la canción con la que marchaba al frente a matar japoneses.

Cuando escuches el sonido del cuerno del búfalo,
los hombres se reunirán para la batalla y lucharán por la
[patria.

—Llevo seis décadas huyendo —me dijo, con un aspecto tan cansado que pensé que en algún momento cerraría los ojos y se despediría de todo ahí mismo.

Los británicos, una vez expulsados los japoneses, concedieron la independencia a los birmanos durante tres años. Los karen persiguieron su sueño independentista por su cuenta, en lo que supondría décadas adicionales de guerra, pérdida y pobreza. En los campamentos de la séptima brigada del Ejército de Liberación Nacional Karen, en el lado birmano de la frontera que dibuja el río Moéi, unos cinco mil guerrilleros mantenían la lucha contra el Tatmadaw, el Ejército birmano. Me cité con el comandante Paw Doh, al frente del 101.º batallón karen. No conocía otra cosa que la guerra: cuando los niños de su edad jugaban a policías y ladrones, él ya había matado a varios hombres. Me dijo que en todo este tiempo solo había cambiado el enemigo, ahora representado por los generales que ordenaban ofensivas que muchas veces detenía el monzón, anegando los caminos. Su estrategia era la misma. Luchar como «arañas». Esconderse. Golpear por sorpresa. Volver a esconderse. Paw Doh lucía en su brazo el tatuaje de un crucifijo junto al lema «Dios es amor». Como en muchos de sus hombres, católicos y protestantes, su cristianismo estaba aderezado con dosis animistas y creencias en los espíritus de los bosques. Los guerrilleros bajo su mando eran descendientes de los veteranos que me había encontrado en el campo de refugiados al otro lado de la frontera, ya jubilados. Cuando le mencioné al viejo Dwe Maung, me dijo que lo conocía.

—Su hijo es uno de mis hombres. Un gran combatiente.

En la jungla birmana todo se hereda. La pobreza. La guerra. Incluso la traición.

Durante el breve periodo de apertura, antes de que los generales birmanos volvieran a masacrar a su gente en 2021, en lo que sería el inicio de una guerra civil, el país se desarrolló caótica y rápidamente en pocos años. Los inversores internacionales descendieron sobre la capital, el tráfico aumentó en las ciudades y nuevos edificios rompieron con el paisaje de pagodas y edificios coloniales. La Birmania que había conocido se esfumaba ante mis ojos: te asomabas a las viejas oficinas gubernamentales del centro de Rangún y no veías ya a funcionarios trabajando a la luz de lámparas de gas, asediados por pilas de documentos enrollados con cuerdas y listos para ser enviados a diferentes partes del país. Internet, hasta entonces con una penetración de apenas el uno por ciento de la población, abrió un nuevo mundo a los birmanos. Las escenas de viajes anteriores, desaparecidas frente a mis ojos, se repetían en mi mente envueltas en nostalgia. En el próximo, ¿seguiría topándome por el centro con los hombres que paseaban con sus *longyi* anudados a la cintura y mascaban betel, las hojas de tabaco y nuez que enrojecen y afean sus sonrisas? ¿Podría fisgar entre los mercadillos de piedras preciosas y regatear con sus comerciantes charlatanes, antes de bajar hasta el puerto y ver los buques zarpar hacia el horizonte púrpura? ¿Escuchar el ruido de los mecanógrafos al golpear las teclas de sus máquinas de escribir a pie de calle, escribiendo al dictado de los enamorados que el régimen quiere analfabetos? Quedaban los edificios gubernamentales del Raj, cuya relativamente efectiva administración fue desmantelada por los militares; las pagodas, intocables por el tiempo; o el histórico hotel Strand, con su estilo victoriano y su mítico bar, que solía ser frecuentado por Kipling y ahora estaba lleno de hombres de negocios asiáticos. El barrio chino, con la decrepitud de sus fachadas disimulada por la colada de los vecinos y sus bandas de perros callejeros haciendo guardia, seguía lleno de vida durante el día y de misterio al caer la noche. La sombra de un hombre, que podía pertenecer a un espía o un chulo, y que en una ciudad europea tomarías por un ladrón, no tardaría en surgir entre penumbras para tentar tu alma. ¿Opio? ¿Mujeres? ¿Lotería?

Los tiranos, involuntariamente, mantienen sus países detenidos en un evocador y carismático pasado. A la vez, los generales quieren mostrar cambios. Levantan una nueva capital, Naypyidó. Construyen monumentos gigantes para ser recordados como los reyes de Bagan. Promueven la demolición de lo viejo para reemplazarlo por lo que produzca más dinero: un hotel, un bloque de apartamentos u oficinas acristaladas. Y, sin embargo, si te esfuerzas, cerrando los ojos ante las aberraciones urbanísticas y adentrándote en la parte vieja, puedes caminar por una

Rangún que muestra el mismo aspecto que tenía cuando Orwell la visitaba durante sus permisos como policía imperial. Entonces era un viaje de varios días de navegación por el Irawadi, y sabemos por Flory, su protagonista de *Los días de Birmania*, que merecía la pena para encontrarse con «los últimos libros llegados desde Londres, una cena con bistec en el Anderson o un desayuno con tostadas untadas en mantequilla que había viajado trece mil kilómetros envuelta en hielo».

Quizá debía ver aquellos cambios con optimismo: lo increíble era que parte de Rangún hubiera permanecido prácticamente intacta a lo largo de las casi dos décadas en las que he hecho viajes a Birmania. Que fuera posible todavía ponerse en la piel de Orwell, recorrer los mismos mercados y mezclarse con el mismo bullicio de entonces; que pudieras subirte a lo alto del templo que escogieras en Bagan y contemplar la majestuosidad de la antigua capital como si fueras uno de sus reyes; que mientras el mundo se desarrollaba sin freno, pudieras mirar desde la azotea de tu hotel de Rangún hacia el infinito y divisar, sin obstáculos, la estupa bañada en oro de la pagoda de Shwedagon, que Somerset Maugham describió como «una repentina esperanza en la noche oscura del alma». Ni siquiera hacía falta dejarse envolver por la nube negra y embriagadora para imaginar que nada había cambiado; que nada lo haría nunca. Aunque fuera mentira.

La Birmania de Orwell estaba desapareciendo ante mí y no solo no podía hacer nada, sino que era injusto pensar que debiera hacerse algo. ¿Qué derecho tenía yo a exigir que todo permaneciera como antes? ¿Acaso era todo mejor en los tiempos coloniales? ¿O con el país herméticamente cerrado, los cortes de luz, los ingenieros obligados a ganarse la vida como taxistas y los hoteles viviendo de alquilar habitaciones por horas? ¿Era mejor cuando uno podía vivir en una novela de Orwell y divertirse como el expatriado del Club de *Los días de Birmania*, mientras los locales protagonizaban *1984*?

El policía imperial Eric Blair dejó Birmania en 1927 para emprender una carrera literaria que se vería influida por su experiencia en el país. Era inevitable que situara en él su primera novela. Mientras el joven Orwell encuentra la manera de huir hacia el éxito, y convertir su obra en inmortal, reserva para Flory un final infeliz. El desengaño con Elizabeth se materializa cuando la tía de su amada se entromete y boicotea el romance. Le cuenta a Elizabeth la aventura de Flory con su divertimento nativo y convence a su sobrina de que el teniente de policía Verrall es mejor partido para ella. Cuando Flory regala al fin la piel de leopardo a su pretendiente, maloliente y deteriorada, su amor es ya una causa perdida. Su intervención heroica al aplacar una revuelta contra los británicos le da una segunda oportunidad, pero las intrigas en su contra, tan parecidas a las que se encuentran en cualquier club de caballeros, de Oriente y Occidente, vuelven a jugarle una mala pasada y lo alejan de su amada definitivamente. Desesperado, Flory termina matando a su perro y suicidándose, no sin antes protagonizar uno de los grandes momentos del libro: desnudo, se adentra en la jungla y deja que el agua del monzón lo absuelva de sus pecados, penas y remordimientos. La vida del más decente de los expatriados del gueto colonial de Katha termina en tragedia, mientras imaginamos que el resto de los miembros sigue con su vida de privilegios, a la que los hijos del colonialismo continuamos aferrados como el adicto a su opio.

Los nuevos colonizadores, enviados por los gobiernos y las grandes multinacionales a conquistas más sutiles, también se reúnen al final de la tarde a beber ginebra, se acuestan con nativas y son desdeñosos con los locales. Saben que en Filipinas o Tailandia serán tratados con deferencia en lugares donde basta con ser blanco para que le abran a uno la puerta del banco, el restaurante o el club. Muchos llegaron en una nueva oleada cuando la gran recesión de 2008 golpeó Occidente. Algunos triunfaron. Otros tuvieron que regresar sin nada. Perdedores y ganadores. Rara vez encontré entre ellos a tipos como Flory, que hicieran el esfuerzo de aprender la lengua, respetaran la cultura o comprendieran que eran ellos los que se tenían que adaptar a las gentes que los habían recibido, y no al revés. Cuando veo a los banqueros, empresarios, diplomáticos y corresponsales que estos días se instalan en Oriente, no puedo evitar imaginármelos como una continuación de los que departían en el club de Katha un siglo antes. *Los días de Birmania* podría escribirse de nuevo en Nom Pen, Yakarta o Manila, donde a menudo encuentras tipos como Ellis, el mercader de madera que se sorprende cuando un camarero se dirige a él sin hablar, como se espera de un nativo: «Tendremos que echar a este chico si empieza a hablar inglés demasiado bien —les dice a sus compañeros de imperio y hastío—. No puedo soportar a los criados que hablan inglés».

5

Alexandra David-Néel / Tíbet

Lo más aventurero que se esperaba de una mujer de finales del siglo XIX era que cruzara los mares en busca de marido, como las británicas de la «flota pesquera» que llegaban a las colonias. Las que fracasaban volvían con la etiqueta de «retornadas vacías» y arrastraban el estigma de su fracaso. ¿Cómo era posible que hubieran fallado en su misión, si en el Raj la competencia era de una sola mujer por cada cuatro hombres, la mayoría desesperados?

El intento de relegar a las mujeres a roles familiares era universal, pero en Francia emergía un movimiento feminista, todavía marginal, que exigía derechos como el sufragio universal o el empleo fuera del hogar. En casa de Louise Eugénie Alexandrine Marie David, luego conocida como Alexandra David-Néel (1868-1969), chocaban visiones dispares: una madre católica y conservadora que quería para su hija una educación tradicional y un padre de izquierdas, amigo de Victor Hugo y militante en la revolución de 1848, que la llevaba a la estación de Vincennes para ver partir los trenes. ¿Adónde iban aquellos pasajeros? ¿Qué lugares fascinantes descubrirían? El bullicio y la expectación de la estación despiertan la curiosidad del viaje en la joven Alexandra.

Nacida en 1868 en Saint-Mandé, desde pequeña se había mostrado incapaz de confinarse dentro de los límites que fijaba la convencionalidad de la época. En cuanto puede, salta la valla del jardín de su casa y explora los alrededores. «Aprendí a correr antes que a andar», diría años después. Ese deseo de conocer, alimentado también por los libros de ciencia ficción, la llevó a urdir su primera escapada de casa a los quince años: aprovechó las vacaciones de la familia en Bélgica para darse una vuelta por Holanda. Dos años después cruzó el paso de San Gotardo en los Alpes hasta llegar al lago Mayor, en Italia. Aunque estudia Música y Canto en el Conservatorio Real de Bruselas, sus verdaderas pasiones eran el budismo y el estudio de las escrituras. Se convirtió a su nueva religión, para gran disgusto de su madre, y a los veintitrés se embarcó en su primer gran viaje espiritual a la India, entonces bajo dominio británico. Las mujeres de la época —finales del siglo XIX— no viajaban o lo hacían acompañadas. Negarse a aceptar las fronteras físicas, mentales y morales de la época requería de un coraje especial. No te podía importar qué pensaran o dijeran de ti, tenías que sacrificar relaciones convencionales de sumisión y asumir el riesgo de ser repudiada por la familia, el entorno social y los amigos. Néel decide que nada de eso va a ser un impedimento. Tras regresar de la India sin dinero, encuentra una nueva oportunidad de marchar al Este como cantante de ópera por Oriente Medio y Asia. Fue la *première cantatrice* en la Compañía de Ópera de Hanói y directora musical de un casino de Túnez, donde encuentra algo parecido al amor. El fracaso inicial de su carrera literaria —los editores no se atrevían a publicar sus primeros libros, proclamas anarquistas y feministas— y el convencimiento de que no sería respetada mientras siguiera soltera la llevan a aceptar la propuesta matrimonial de Philippe Néel, que es ingeniero jefe del ferrocarril de Túnez y se convertirá en el mecenas que apoyará sus aventuras.

Las ausencias constantes de Alexandra y su negativa a tener hijos hacían inviable la relación. Los niños son repelentes de la aventura, al menos cuando son pequeños. El amor por ellos te retiene a su lado y, cuando partes, te sientes culpable, como si les estuvieras robando algo más que tu presencia. Si el viaje se alarga, llega un momento en que su recuerdo se hace intenso de una manera dolorosa, por la sensación adicional de estar perdiéndote algo que no podrás recuperar. En mis viajes, a esos sentimientos se unió, cuando nacieron mis tres hijos, Alejandro, Rodrigo y Diego, otro freno para una vida arrojada. De repente, tenía miedo al cubrir conflictos o situaciones extremas. Era un miedo, como todo lo que se siente por los hijos, desinteresado: no te preocupa que te ocurra algo por ti, sino por ellos. Los hijos conllevan esa contradicción: te hacen más feliz y menos libre.

Tras asumir que Alexandra no quedaría constreñida por el matrimonio, su marido se conforma con recibir sus cartas desde los lugares más remotos, llenas de relatos increíbles, locas empresas y la promesa de que no hay, en su irrefrenable ansia de descubrimiento, en la persistente obsesión por ponerse a prueba, aventuras de las que se tenga que confesar. «Tienes una mujer que lleva tu nombre con dignidad —le escribe en una ocasión—. Con tu apoyo y ayuda me convertiré en una escritora de renombre.»

El matrimonio se rompe definitivamente porque ella incumple sus promesas de regreso: los meses se convierten en años. Cada aventura es más difícil que la anterior. Alexandra David-Néel se propone ser la primera mujer occidental en llegar a Lhasa, la capital del reino prohibido del Tíbet. Viaja de incógnito, convertida en maestra de estudios tibetanos, disfrazada de ermitaña y haciéndose pasar por mendiga. Se tiñe el cabello de negro con tinta china, improvisa unas trenzas postizas con crines de yak, oscurece su piel con hollín y viste un gorro provisto por amigos «de otro mundo» para ayudarla a completar su propósito. Y se hace acompañar, para mayor escándalo, de un lama al que conoció en el monasterio de Lachen, en Sikkim, cuando el chico tenía catorce años. Yongden se convertirá en su compañero inseparable durante los siguientes cuarenta años y todavía hoy los biógrafos de Néel discuten qué fue, si amigo, amante o «hijo adoptivo», como lo describe ella en sus crónicas. Quizá, las tres cosas.

Yongden y Néel hicieron una primera incursión fallida en el Tíbet en 1916. Las autoridades británicas los descubrieron y ordenaron su regreso a Francia. La I Guerra Mundial estaba en marcha y la antropóloga no tenía ninguna intención de volver a la vida que la esperaba en Europa. Madre e hijo adoptivo inician juntos una nueva odisea de ocho mil kilómetros hacia el Este, a lomos de yaks, mulas y caballos. A pie, cuando no encuentran un animal de cuatro patas al que subirse. En Nepal convencen a un maharajá para que les regale unos elefantes a fin de seguir el camino. Atraviesan China y Mongolia y pasan largas temporadas en Corea y Japón, antes de regresar al Tíbet y enclaustrarse en el monasterio de Kumbum en 1921.

Néel pasa los siguientes tres años traduciendo al francés los sutras del Prajñāpāramitā, que figuran entre los más antiguos que se conocen, mientras prepara un nuevo intento de llegar a Lhasa. La capital tibetana es la meca budista. El viaje que todo fiel seguidor de las escrituras debe acometer al menos una vez en la vida. La peregrinación final. Para entonces la orientalista francesa tiene cincuenta y cuatro años y mantiene intacta la determinación de ir, ver, conocer. «¿Quién conoce mejor una flor? ¿Quien lee sobre ella en un libro o quien la encuentra salvaje en la montaña?» Emprende junto a Yongden el asalto definitivo a Lhasa calculando que su periplo les llevará tres meses, sin sospechar que será tres veces más largo y mucho más duro de lo que imaginan. Los retrasan las adversidades del clima, los contratiempos logísticos e incluso los bandidos, de los que Néel se deshace pistola en mano. Lo que más demora su marcha es su irresistible atracción por lo prohibido y su empeño en escoger los caminos menos transitados. En *Mi viaje a Lhasa*, su relato de la odisea, narra su encuentro con el oficial británico George Pereira, el primer europeo en recorrer a pie el camino entre Pekín y Lhasa. También él está explorando la región, tiene mapas que pueden ser de gran ayuda y se ofrece a trazar la mejor ruta. Néel puede escoger entre una vía más tradicional o pasar por el país de Pö, una tierra misteriosa cuyos habitantes tienen fama de caníbales y que nunca ha sido explorada con éxito. El general comete la imprudencia de mencionar ese detalle: nadie se ha adentrado en las tierras de los Pö y ha regresado para contarlo.

«No podía haber elegido nada mejor para tentarme —escribe Néel en su diario de viaje—. Ese día tomé la decisión: vería ese país por donde nadie había pasado aún. Mil gracias, general, voluntariamente o no, me ha hecho un gran favor.»

Cada obstáculo es una tentación y el Tíbet los tiene de todo tipo. Si el Reino de las Nieves ocupa un lugar privilegiado entre las fantasías viajeras de Occidente es precisamente porque siempre ha tenido un gran cartel colgado a sus puertas: «Prohibido». Una mezcla de lejanía, geografía e historia lo ha hecho un lugar de difícil acceso, especialmente para los extranjeros. A eso hay que añadir el celo de sus gobernantes para mantenerlo fuera de las rutas. Primero fueron los lamas, empeñados en alejar de la modernidad a su teocracia, quienes aislaron su país; después los británicos, temerosos de que otros ocuparan su lugar estratégico en Asia central; y estos días el régimen comunista chino, que no quiere testigos mientras aplasta los sentimientos identitarios y la cultura de los tibetanos.

Néel es pionera en un viaje en parte remoto, porque nos desplaza a miles de kilómetros de casa, y por otro lado muy cercano, porque tiene entre sus objetivos el encuentro de nuestro yo interior. No son el beneficio material, la inspiración literaria, el hedonismo colonial o la búsqueda de placer sexual los que la motivan. Tampoco el opio —prefiere el té— ni la huida del aburrimiento. Busca la sabiduría, la iluminación y una verdad desconocida para el resto. Aspira a encontrar el sentido de la vida, un propósito que la lleva a probarlo todo. Su interés en filosofías alternativas la introduce en la Sociedad Teosófica de Madame Blavatsky, gurú del ocultismo oriental y el espiritismo. Néel se sumerge en el sexo tántrico, el espiritualismo místico y la meditación. Pasa una temporada en una cueva a cuatro mil metros de altura, vestida únicamente con una túnica de algodón, en un intento de alcanzar el nirvana. Y casi lo logra: estuvo a punto de morir por congelación. Tras la experiencia, se declara yogui y decide que no hay vuelta atrás: «Cómo había cambiado mi vida, ahora mi casa era de piedra, no poseía nada y vivía de la caridad de los otros monjes».

El viaje al interior de uno mismo. No ha hecho poco daño. Los libros de autoayuda, de los que no se conoce ninguno que haya beneficiado a nadie salvo al autor y su cuenta bancaria, están llenos de entusiastas llamadas a salir en su busca. Gurús de todo pelo prometen en internet mostrarte el camino. Y, si nada funciona, ¿por qué no probar el Este? Mientras vivía en Tailandia, cada poco tiempo se presentaba otro recién llegado convencido de que encontraría las respuestas en un monasterio budista. Algunos se rapaban la cabeza, se enfundaban en la túnica naranja y trataban, casi siempre con poco éxito, de seguir la disciplina monacal que establecía ayunos después del mediodía, largas horas de meditación, abstención total de las tentaciones que nos esclavizan, incluido el sexo, y las doscientas veintisiete normas de comportamiento del Vinaya, de obligado cumplimiento para los monjes que siguen la tradición Theravāda. Más decepcionante aún: a menudo los propios tailandeses no las seguían. Los voluntarios occidentales que aterrizaban en Tailandia desconocían que la versión local del budismo está influenciada por creencias animistas y supersticiones variadas. Buda era importante, pero menos determinante que la magia, los fantasmas y las más disparatadas supersticiones, en las que creían incluso mis amigos educados en el extranjero. Los templos tailandeses, lejos de ser ejemplo de virtud, ofrecían a la prensa jugosos escándalos de corrupción, fiestas, apuestas, rupturas del celibato y viajes al nirvana por la vía rápida de las drogas. El monje más célebre del país en los años novena, Yantra Amaro, cayó en desgracia después de que se descubriera que mantenía relaciones sexuales con varias feligresas y que en sus viajes al extranjero frecuentaba burdeles. Más recientemente, durante la pandemia de COVID, los religiosos del venerado templo de Phan Sao, en Chiang Mai, tuvieron que dar explicaciones por celebrar fiestas con alcohol. Escribí un reportaje sobre los monjes de un templo de Kanchanaburi, cerca de Bangkok, convertido en refugio de tigres en peligro de extinción. Unos años después los detuvieron por tráfico de animales. Ni siquiera las tradicionales procesiones para llenar los pucheros con comida se mantenían: los monjes preferían que les enviaron pedidos a domicilio. Los escándalos hacían que las familias tailandesas se replantearan la tradición de enviar a sus hijos a los monasterios, al menos durante unos meses en su juventud, pero los occidentales seguían presentándose en busca de la pureza oriental. Sus viajes se quedaban a menudo en vacaciones budistas, lejos del compromiso de Néel, que después de tres décadas recorriendo los lugares santos todavía sentía la urgencia de conocer las enseñanzas.

Me sentía identificado con la atracción fatal de Néel por lugares prohibidos como el Tíbet. Hay algo irresistible en aquello que se nos niega. La promesa de que, si superamos las trabas, al final del camino nos esperan grandes recompensas. Cada vez que me han impedido visitar un país, la idea de ir se ha hecho más fuerte y obsesiva. ¿Los generales birmanos no quieren periodistas ni testigos de su represión? Soborné a sus funcionarios para conseguir visado. ¿Visitar la mayor mina de oro en las junglas de Papúa, protegidas por el Ejército indonesio? La noche es una gran cobertura en los lugares remotos. ¿Corea del Norte quería ser el lugar más herméticamente cerrado, para que sus ciudadanos no supieran que al otro lado de sus fronteras existía algo llamado libertad? Me hice pasar por empresario del papel en mi primer viaje y vendedor de lencería femenina en el segundo, coartadas lo suficientemente absurdas para ser creídas. Ni las mordidas ni las mentiras me hicieron sentir culpable. Los funcionarios birmanos estaban corrompidos sin remedio y mis «regalos» difícilmente tentaban una virtud de la que carecían. Además, tenían sueldos que no llegaban al centenar de euros, así que podían considerarse una donación. ¿Mentir a un régimen como el norcoreano, cuyos líderes se atribuyen poderes sobrenaturales y mandan a gulags no ya a quienes los critican, sino a quienes no los alaban con suficiente entusiasmo? Sin problema.

Nada más llegar a Asia como corresponsal, en 1998, me dijeron que no se podía viajar al Tíbet. Pekín cerraba el acceso a los extranjeros sin previo aviso cada cierto tiempo, para volver a abrirlo al turismo cuando la tensión política descendía. Aproveché uno de esos periodos de distensión para unirme a un grupo de turistas chinos, de los que me zafé en cuanto pusimos el pie en Lhasa y me recuperé del mal de altura. El Tíbet tiene una altura media sobre el nivel del mar de cinco mil metros y la capital está a tres mil seiscientos. Sus gobernantes han sostenido durante mucho tiempo que su país estaba por encima de todos los demás, sin que nadie pudiera rebatírselo. Tiene la discoteca a más altura, la pista de tenis a más altura o las carreteras a más altura. El dolor de cabeza, no bien aterricé en Lhasa, me hizo sentir como si un luchador de sumo estuviera oprimiéndome la cabeza con las manos. Estaba mareado por la falta de oxígeno, pero como me sentía ansioso por visitar la ciudad me dispuse a caminar con la extraña sensación de estar flotando. Era un día claro y lo que Néel denomina «el maravilloso sol de Asia central» cegaba la vista, como si te enfocaran una luz a los ojos en una sala de interrogatorios. Lo sentía tan cerca que creí poder tocarlo con solo estirar los brazos. Anestesiaba los sentidos. Los tibetanos son uno de los pueblos con más problemas de ceguera y los oftalmólogos lo atribuyen a la intensidad de esa luz que deslumbra y hace que las temperaturas cambien del frío helador al calor incluso en meses invernales. Empecé a marearme y tuve que regresar al hotel, entre jaquecas y náuseas. Una recepcionista muy amable me dio una botella de oxígeno y me recomendó descanso.

¡Descanso en el Tíbet! ¿Tras haber conseguido un visado casi imposible y cruzado Asia en un viaje de dos días? Tendrían que haberme atado a la cama con cadenas. Tomé dos aspirinas y al rato estaba de regreso en la ciudad, con una gorra para el sol y visitando el palacio de Potala. Allí conocí a Dorgi, un lama que se ofreció a servirme de guía y que hizo las labores del acompañante de Néel. Juntos recorrimos una tierra que ella había descrito en *Mi viaje a Lhasa*: simplemente, un país distinto a todos. Los paisajes eran grandiosos y estaban embellecidos por una mezcla inigualable de colores. El azul turquesa de un lago, en contraste con el azul intenso del cielo y el blanco de las montañas nevadas. Todos brillaban en el horizonte como bolas de discoteca. Las banderas multicolores de las plegarias ondeaban pidiendo deseos imposibles. Libertad. Humanidad. Vivir en paz. Las llanuras atravesaban carreteras solitarias hasta que, de repente, tras una curva, encontrabas un grupo de peregrinos que se arrastraban por el suelo en dirección a los templos sagrados. No tenía sentido ofrecerse a llevarlos: el viaje debía ser tortuoso y puro, realizado en la más absoluta precariedad. En una carretera sin nombre, desierta y flanqueada por estepas heladas, nuestro coche dijo basta. Por un momento pensé que, salvo que la cercanía con Dios ayudara en nuestra petición de ayuda, pereceríamos en soledad y sobre uno de los escenarios más bellos en los que había estado. Le dije a Dorgi que no era mal sitio para morir, pero él tenía toda la fe que a mí me faltaba.

—Todo irá bien —dijo.

Llegó un pequeño autobús con peregrinos —no todos optaban por el medio de transporte más lento, el consistente en arrastrarse por el suelo— y se paró junto a nosotros con una rueda pinchada. El conductor se bajó, arregló primero su problema y luego, con el tiempo que les sobra a los hombres de espíritu libre, se afanó en reparar nuestro coche. Poco después estábamos en marcha y, mientras enfilábamos la carretera de nuevo, supe que daba igual dónde me sorprendiera la muerte, sería un lugar más feo que el Tíbet.

Al atravesar aquellos valles, rodeado de glaciares que se perdían entre las nubes, me sentí diminuto e insignificante. El Himalaya tiene ese efecto en el viajero: tu yo regresa más humilde que cuando partió. ¿Acaso no es ese uno de los propósitos del viaje? Situarte en tu justa medida en el mundo y recordarte que no eres más que otro, ni tan diferente. En algunas de las aldeas en las que parábamos nunca habían visto un occidental y los niños corrían asustados al ver que el demonio blanco, de nariz grande y piel enrojecida por las quemaduras del sol, los saludaba. La bandera del Partido Comunista de China ondeaba a la entrada, no en el alma de sus habitantes. Aunque reprimían el odio hacia los invasores, porque era un sentimiento poco budista, las gentes del Tíbet mostraban una profunda herida y la cercanía con el sol no lograba cicatrizarla. Las familias ocultaban fotografías del dalái lama, exiliado en la India desde la última invasión china de 1959, y lo veneraban en silencio. El régimen no había logrado borrar su recuerdo a pesar de las décadas de exilio y las prohibiciones. Quienes no podían resistir el vacío espiritual dejado por su líder emprendían peligrosos viajes a través de las montañas para tratar de verlo en Dharamsala, donde los emigrados habían levantado su pequeño Tíbet en el exilio. El dalái lama se había convertido ya por entonces en una persona popular, recibía a estrellas de Hollywood y viajaba por el mundo convertido en la versión budista del papa viajero, Juan Pablo II. Había popularizado su fe, inspirando la apertura de escuelas por el mundo y convirtiendo el budismo en algo *cool*. Me pareció muy cierto y que encajaba con mi concepto de independencia: «No se puede ser feliz cuando tu felicidad depende de otras personas». Cuando lo conocí, en una entrevista en su exilio indio, la Reencarnación de la Sabiduría me pareció un tipo feliz. Se reía todo el tiempo y mostraba un extraño optimismo incluso cuando hablaba del futuro del Tíbet, cuyo legado cultural estaba siendo diezmado por el régimen comunista chino. Era el líder de un país que no existía y que nadie reconocía. Sus discípulos estaban siendo encarcelados, la educación tibetana había sido suprimida y sus compatriotas habían pasado a ser una minoría discriminada en su tierra. Llevaba décadas fuera del Tíbet, asistiendo impotente a su destrucción, y Pekín preveía elegir a su reencarnación para sustituirlo por alguien dócil y más «patriota». El Tíbet agonizaba, pero el dalái lama había logrado que su estado de ánimo no dependiera de lo que no podía controlar o de quienes lo odiaban, sino de sí mismo. «Cuando nos preocupamos menos por nosotros la experiencia de nuestros propios sufrimientos también es menos intensa», me dijo. Y así, cuando veía a un dirigente chino anunciar una nueva medida represora contra su pueblo, no sentía la tentación de darle un puñetazo. Si lo hubiera hecho, no habría arreglado el problema —el budismo es la más pragmática de las religiones— y en cambio la ira amargaría su existencia. Hacía esfuerzos inconmensurables por ponerse en la posición del opresor e incluso comprenderlo.

Me prometí imitar su actitud a mi vuelta en casa. Después de todo, mis frustraciones eran mucho menores que las del dalái lama. En medio de un gran atasco, respiré hondo y me dije que no tenía sentido enfadarse ante lo inevitable. Avanzaría cuando fuera posible. No deseé que mi redactor jefe de Madrid, que habría situado el Tíbet en África, pasara tres días encerrado en el ascensor del diario. Y respondí con calma y cariño paternal cuando uno de mis hijos interrumpió mi escritura, en mitad de un *deadline* infernal. Fueron días de gran compasión, paz interior y solidaridad con el prójimo. En concreto, dos días. La energía budista se esfumó de mí, sin que pudiera hacer nada por retenerla. Un tiempo después pedí otra entrevista con el dalái lama, por el interés informativo y de paso para recibir una nueva dosis de armoniosa imperturbabilidad.

Esta vez, mi petición fue rechazada.

Al volver del Tíbet intenté explicar la situación a algunos amigos chinos en Pekín. Se les abrían los ojos como platos y se encogían de hombros. Era como si les hablara de Marte. Algunos argumentaban que China no había hecho otra cosa que imitar el comportamiento europeo en las colonias. O el estadounidense con los nativos americanos, que fueron masacrados, convertidos en atracciones turísticas o enrolados como los protagonistas malos de películas del viejo Oeste. Al menos en eso tenían razón: la piel occidental es gruesa como la de un elefante a la hora de juzgar sus faltas, fina como la de un pez de coral cuando juzga a otros.

Los tibetanos aceptaban su suerte con resignación, como pedía el dalái lama, y solo se rebelaban excepcionalmente. Unos años después de mi entrevista con el Señor de la Compasión volví al Tíbet para cubrir la más radical y extraña protesta de la que haya tenido que informar nunca. Monjas y lamas se estaban quemando a lo bonzo. Decenas de ellos. Las imágenes que salían del Tíbet eran de una dureza difícil de describir: los religiosos se rociaban con queroseno y se prendían fuego, esperando sin emitir gritos de dolor a que las llamas los consumieran. La idea de la protesta era llamar la atención, algo que solo lograron por unos días. La mayoría de los corresponsales extranjeros no la cubrió por temor a perder sus visados. Los políticos occidentales callaron, porque China se había convertido en un gran socio comercial y se trataba de exportar productos, no principios. ¿Qué eran unos pocos monjes quemados frente al mercado masivo y emergente que cada vez adquiría más aviones, lavadoras y coches? Me propuse ir a cubrir las protestas, con la dificultad de que el ejército había cerrado herméticamente todos los accesos por carretera. Tuve que pasar los controles de madrugada, escondido en el maletero de un coche. Una vez dentro, recorrí los pueblos agazapado, improvisé rápidas entrevistas en lugares furtivos, temeroso de ser descubierto, y salí de allí en cuanto pude. Siempre pensé que mi primer viaje al Tíbet había sido complicado; ahora lo veía como una visita a Disneylandia. Quizá Néel se sentiría orgullosa, porque seguí muchos de los consejos que ofrecía en *Mi viaje a Lhasa*: no pasar demasiado tiempo en el mismo lugar, vestir ropa que no llame la atención, no abrir la boca más de lo necesario y sobre todo tener al guía adecuado, uno de esos tipos valientes que se la juegan por ayudar a los reporteros a sacar historias que de otra manera jamás saldrían de lugares como el Tíbet.

Alexandra David-Néel no se rinde en su intención de llegar a Lhasa. Es su quinta incursión en el Tíbet, la más difícil y accidentada. Las dudas la acompañan desde el principio. «¿Triunfaría?», se pregunta. «¿Llegaría a Lhasa riéndome de los que se lo impiden a cualquier extranjero?» «¿Sería detenida en mi camino o vencida para siempre, terminaría en el fondo de un precipicio?» Saborea cada una de aquellas incertidumbres y anhela pasar por todos los peligros.

Aunque aguardan imprevistos y penurias, su conocimiento del Himalaya sopla a favor de la consecución de su propósito. Ha pasado tiempo estudiando budismo en el monasterio del vecino reino de Sikkim, donde mantiene una relación con el maharajá local, Sidkeong Tulku, y puede decir con orgullo que es la primera mujer occidental recibida en audiencia por Thubten Gyatso, el decimotercer dalái lama. «La única budista de París», se describe a sí misma ante Thubten, sorprendido de que una mujer, y además extranjera, esté buscando el camino de la iluminación. El dalái lama de entonces se parecía mucho al que yo conocería ocho décadas después: un político hábil y reformador que logró mantener durante algún tiempo la independencia de la Tierra de los Dioses frente al empuje de los imperios ruso, británico y chino. Agotó su suerte en 1904 con la invasión de las tropas indias del Imperio británico, que no tuvieron problema en doblegar a harapientos guerrilleros tibetanos que se defendieron de los rifles con espadas y piedras. Thubten se exilió en Mongolia, los británicos tomaron Lhasa, unos meses después se cansaron de aquello, quizá por el mal de altura, firmaron acuerdos para preservar su influencia en la zona y dejaron el camino abierto para que los chinos ocuparan su lugar.

Cuando Néel atraviesa el Tíbet, las turbulencias continúan en el Reino de las Nieves. El panchen lama, la segunda figura más importante del budismo tibetano, había escapado temiendo que lo arrestaran porque se lo consideraba cercano a Pekín. La viajera francesa no tiene tiempo para lo que describe como un «drama oriental». Todo, también la política, es secundario a la aventura.

En Kakyendo, a medio camino en su trayecto a Lhasa, Néel se encuentra a un mercader danés que se dirige de regreso a Shanghái, tras fracasar en su intento de llegar a la capital tibetana por la ruta del norte. Dulces palabras de nuevo para nuestra expedicionaria. La empresa es difícil y otros fracasan en el intento. Vive los días más felices de su vida y se da cuenta de que ya no hay vuelta atrás. Es así, vagabunda por el mundo, como le gustaría vivir el resto de sus días. El Tíbet se le muestra, en cada parada, como ese lugar indomable y prohibido. Implacable, no parece hecho para acoger humanos y hace a sus gentes de otra pasta. Incluso la muerte es enfrentada atendiendo a la dureza del terreno. Néel comparte estancia con nativos que tienen por costumbre incinerar a sus difuntos, pero apenas hay árboles para hacer leña y tienen que recurrir a la imaginación. Los cadáveres de los lamas se hierven en una caldera con mantequilla, mientras los fallecidos comunes son transportados a las montañas, se despedazan y abandonan para que los buitres los devoren.

«Cuando la carne ha sido devorada por completo y los huesos están perfectamente secos —explica Néel—, la familia del difunto recoge los restos y se los lleva a un lama que los tritura hasta convertirlos en polvo.»

Una francesa de mediana edad y un lama adolescente caminan entre tormentas de nieve y temperaturas bajo cero; atraviesan pasos que incluso los locales evitan, viven días sin apenas comida, alimentados con tierra y agua hirviendo; rehúyen el contacto con los peregrinos, temerosos de que descubran que su pequeña partida incluye a una mujer extranjera; e intercambian sus papeles, pretendiendo que Néel es la sirvienta de un joven señor. A menudo es Yongden, el hijo adoptivo que tantos celos provoca en el marido que la espera eternamente en Europa, el que tiene que sacarlos de problemas. Viven de la caridad que encuentran en el camino. En los días buenos consiguen sopa de nabos y algo de carne desecada; a veces algo de tsampa, la harina tostada hecha con qingko, leche de yak y médula de huesos de ganado vacuno que es el principal sustento de la dieta tibetana. Duermen en tiendas o a la intemperie. Huyen de los peligros en plena noche, tratando de no despertar a los hombres y de acallar a los perros. Escalan y atraviesan picos de seis mil metros de altura sin oxígeno —y pensar que a mí me tumbó el mal de altura durante un paseo en Lhasa...— y caminan por la nieve durante horas con calzado improvisado con cuero de animales. Unas veces avanzan y otras tienen que volver sobre sus pasos. Cuando encuentran un camino cerrado, buscan otro. Nunca desesperan. Si lo importante es el viaje, qué importa cuándo alcancen el destino.

Mi viaje a Lhasa es un libro de recomendable lectura para los viajeros que gritan a los empleados del aeropuerto cuando su vuelo se ha retrasado unos minutos, que están a punto de arrojarse por la ventana de la habitación de su hotel cuando ven una cucaracha y que limitan sus aventuras fuera del *resort* a los centros comerciales próximos y con aire acondicionado. Ahora que los viajes se han hecho rápidos y sencillos, los viajeros se han vuelto consentidos y protestones. Están en una aldea africana y se quejan de que la cerveza no está fría. Se suben a un taxi en Bangkok y regatean el precio, aunque puedes cruzar la ciudad por menos de lo que cuesta la bajada de bandera en Londres. Buscan las comodidades de casa y no es raro que se lleven su propia almohada, por si la del hotel es demasiado dura; comida empaquetada, para evitar intoxicaciones; y maletas lo suficientemente grandes para hacer de *panic rooms*, por si llegado el momento deben encerrarse en ellas hasta que pase el peligro. Los guía el convencimiento de que son los lugares a los que viajan, y sus gentes, los que deben adaptarse a ellos. Y no al revés.

Las autoridades de los diferentes países aceptan y tratan de acomodarse a las exigencias del viajero, porque el mercado es competitivo y asumen que el turista siempre tiene razón. Los centros históricos se transforman a su gusto: restaurantes de comida rápida, tiendas de ropa con la moda de los lugares de los que vienen, puestos para cambiar dinero y tiendas de recuerdos *made in China*, aunque estén en Egipto. Mitad realidad, mitad parque temático, están logrando que puedas cruzar el mundo, gastarte una fortuna y dar con tus huesos en lugares indistinguibles del destino del que partiste. El Gobierno chino, por ejemplo, es reticente a que los extranjeros viajen al Tíbet: el mal de altura los indispone y ver demasiados soldados en las calles puede asustarlos. ¿Qué hacer? ¿Y si construimos un Tíbet nuevo, más amable y políticamente correcto? Alguien con buen olfato se da cuenta de que hay un debate desde hace tiempo sobre dónde queda el paraíso descrito por James Hilton en su libro *Horizontes perdidos* y decide ubicarlo en la localidad de Zhongdian, en la región tibetana incluida en la provincia china de Yunnan.

Un gran cartel anuncia el nuevo nombre de la localidad: Shangri-La. Las grúas se ponen a trabajar, tumban los barrios antiguos y levantan réplicas exactas, porque, total, ¿qué más les dará a los visitantes que las casas tengan mil años o un mes, si en las fotografías van a salir igual? Se construyen centros comerciales y se inauguran decenas de hoteles con nombres que siempre incluyen las palabras «sagrado», «paraíso» o «eterno». El Palacio Sagrado, recién inaugurado en la avenida principal, ofrece mucho más de lo que uno le pediría a un hotel, incluso en el nirvana. El sofá de la habitación está tapizado con falsa piel de tigre y en el mueble bar hay preservativos, botellitas de oxígeno para evitar el mal de altura (tres mil cuatrocientos metros) y una versión china de la viagra que se anuncia como «El poder de Oriente: Activador del vigor».

En uno de los nuevos cafés que han surgido como hongos me encuentro con las jóvenes turistas francesas Elsa Fayner y Axelle de Russé. Llegaron hace dos días tras un trayecto de doce horas en autobús y no les está gustando lo que ven. «Habíamos leído en una guía que este lugar era Shangri-La, pero no nos lo ha parecido», dice Russé. ¿Cómo? ¿Que este lugar no es Shangri-La? El paraíso descrito por Hilton en 1933 estaba situado en un bello valle rodeado de picos nevados y presidido por un monasterio budista. Y Zhongdian tiene valle, montañas y templo budista. ¡Por supuesto que es el mismo sitio! Ante las dudas, la propaganda china ha organizado un panel de expertos que lo corroboran. Los mapas están ahí. La azafata del vuelo 5939 de China Eastern lo dijo cuando descendíamos:

—Abróchense los cinturones. En breve aterrizaremos en Shangri-La.

Las autoridades han decidido que el monasterio que James Hilton menciona en su libro es Zan Lin Si. Nada más bajarse del coche, los turistas que se acercan a verlo son asaltados por escolares vestidas con ropas tradicionales tibetanas —la mayoría llevan pantalones occidentales bajo el traje— que piden dos yuanes por cada fotografía.

—Hoy tenemos fiesta en el colegio y hemos venido a ganar algún dinero —dice Qi Lin, que carga con un cordero para dar más realismo a su trabajo temporal como representante de la infancia tibetana.

Por la noche, extasiado de paraíso, mi fotógrafo Richard Jones y yo vamos a cenar y nos presentamos en un restaurante que no ha hecho ningún esfuerzo por adaptarse a los gustos de los turistas. Su especialidad es el mono. Los animales están espatarrados sobre las mesas y los clientes hunden sus palillos buscando las partes más tiernas, cerebro incluido. Richard, inseparable en mis viajes por China, me dice que sería un buen reportaje si nos comemos un mono y lo narramos con mis palabras y sus fotografías. El dueño trae un primate sujeto por una correa. Si nos gusta, nos los prepara con algo de verdura.

—Uf, no voy a poder hacer esto —digo.

—Yo tampoco —confirma Richard.

Y salimos de allí en busca de un plato menos tradicional. ¿Hay ya McDonald's en Shangri-La?

Todos los años, unos diez mil turistas solían visitar Zhongdian. Tras ser rebautizada como Shangri-La, pasaron a ser más de un millón. Las casas de masajes, los karaokes y las tiendas de recuerdos han invadido la parte vieja-nueva de la ciudad. Y, sin embargo, basta conducir unos minutos hacia las afueras para encontrarse la vida tibetana tal como ha existido durante milenios. Las casas tradicionales de cuatro plantas y piedra blanca rompen un paisaje de verdes imposibles, mezclados con las montañas nevadas de fondo. En baúles o debajo de las alfombras, los locales ocultan las fotografías del dalái lama. Nada más llegar, familias miserablemente pobres nos ofrecen lo poco que les queda. Los niños, al contrario que los de las aldeas más remotas del Tíbet, no salen corriendo al verme. Están acostumbrados a los turistas. James Hilton aseguró que su nirvana no estaba en ningún mapa y no podía localizarse. Una cosa es segura: si se pudiera, no estaría justo tras pasar un cartel que lo anuncia con luces de neón.

Alexandra David-Néel y su lama ven al fin, a lo lejos, una construcción majestuosa que les indica que están en las afueras de Lhasa. Es el palacio de Potala y según avanzan se va haciendo más grande a sus ojos. «¡Esta vez hemos vencido!», le dice Néel a su compañero.

E inmediatamente después admite que la motivación para alcanzar Lhasa nunca había sido visitarla, sino el desafío de llegar hasta ella. Sufre la decepción de haber llegado. La ciudad los recibe con jolgorio en las calles, la euforia del Año Nuevo y un eclipse lunar. Yongden cree que es un favor de los dioses para que los habitantes de la ciudad no descubran a su madre adoptiva y la expulsen antes de que tenga la oportunidad de conocer el lugar.

No podían haber llegado en mejor momento. Recorren los barrios y ven cómo el dalái lama es conducido en una silla china de brocado de seda amarilla, mientras una banda militar toca melodías inglesas y las bengalas iluminan el cielo. En el templo de Jokhang, visitan la estatua de madera dorada que representa a Siddhartha de joven, antes de convertirse en Buda. Y escuchan, sentado en su trono, al hombre más sabio de todo el Tíbet, un anciano al que gentes de todo el país vienen a ver. No hay, en el mundo, un pueblo más crédulo que el tibetano. Oráculos, videntes y lamas con poderes únicos te cuentan el futuro y a menudo ni siquiera cobran por ello, como si el conocimiento del destino fuera un derecho humano. Nadie ve el mañana con la claridad del tibetano. Debe de ser la cercanía con el cielo y sus dioses, el privilegio de vivir a sus puertas. Casi puedes oír sus susurros: «La próxima vez que la luna ilumine la noche, sigue su estela para regresar a casa».

Extremadamente delgada tras el viaje, vestida con harapos y todavía disfrazada, Néel sigue sin llamar la atención de sus anfitriones y puede moverse libremente por la ciudad. La gente no sospecha que no es de allí, menos aún que viene de Francia. La mayoría piensan que es una peregrina del reino de Ladakh. El incógnito le permite mezclarse con la gente en los mercados y los templos, disfrutar de las fiestas y del privilegio de ser la primera occidental que pasea por las calles de ese lugar prohibido. Llega a la conclusión de que es una ciudad feliz, donde mendigos y ricos se sienten igualmente purificados y a gusto. ¿Serán siempre así o es el Año Nuevo que los exalta? Tal vez también ellos, al igual que su señor, el dalái lama, tienen el secreto para encontrar la dicha entre tinieblas.

Alexandra David-Néel contempla la ciudad desde lo alto del palacio de Potala, un horizonte de templos, monasterios, mercados, casas y peregrinos que se acercan al lugar sagrado. Entonces se imagina qué harían los occidentales con Lhasa: construirían grandes avenidas, monumentos y parques que sin duda la convertirían en una urbe más funcional y habitable. Al contemplarla tal como es, la viajera que hay en Néel rechaza la idea: «¡Que los dioses del Tíbet la libren de los rascacielos y de los jardines cuidadosamente trazados! ¡Entre montañas desnudas, arenas y guijarros, la Roma lamaísta es bella y grande a su manera!».

Tras dos meses en Lhasa, sin que nadie descubra su identidad, se marcha para contar su odisea, de la que todavía muchos dudan que tuviera lugar. Los chismes sobre el relato de Alexandra David-Néel han perdurado hasta nuestros días. Hay quienes aseguran que la peripecia narrada en *Mi viaje a Lhasa* es imposible de realizar. La ruta escogida no es factible, dicen. Néel tiene cincuenta y cinco años cuando entra en Lhasa. ¿Cómo pudo soportar meses de travesía, frío, hambre y fatiga? Otros se preguntan por qué no hay fotografías de ella en la capital tibetana: en 1924 ya existían fotógrafos en la ciudad que podían haber inmortalizado su hazaña.

Néel ignoró siempre a los incrédulos. Regresó a Francia, llevándose a su compañero Yongden con ella, y rechazó volver con el marido que la había esperado durante años y que pensaba haberse ganado una segunda oportunidad. En su lugar, se apartó a escribir con su amante, secretario o hijo adoptivo —qué es un viaje sin su misterio— y siguió viajando. Su última aventura la llevó al Himalaya con más de noventa años. Murió en 1969, a los cien, quizá planeando otra escapada: acababa de renovar su pasaporte, «por si acaso». Sus cenizas fueron arrojadas al Ganges, junto a las de su inseparable lama Yongden, al que sobrevivió catorce años.

6

Martha Gellhorn / China

Los recuerdos que más perduran de nuestros viajes, los que no podemos olvidar, suelen ser los peores. La vez que un coche nos dejó tirados y tuvimos que pernoctar en medio de la estepa mongola, el aterrizaje forzoso en una isla filipina que pudo haber sido fatal o el encuentro con la fiera que pudo habernos convertido en su cena durante un safari. Con el tiempo, el mal trago se convierte en la anécdota divertida que contamos una y otra vez, añadiéndole un poco de picante con cada versión. Al final, ya no sabemos si las cosas ocurrieron como las recordamos o como deseamos que hubieran pasado. «La gente prefiere hablar del tiempo a oír nuestras entusiastas crónicas de Copenhague, el Gran Cañón o Katmandú», escribe la legendaria reportera estadounidense Martha Gellhorn en la introducción de *Cinco viajes al infierno.* Y añade: «El único aspecto de nuestros viajes que tiene público garantizado es el desastre».

Hay viajes en los que nada sale bien, malditos desde el primero hasta el último día. Tengo unos cuantos, pero incluso los peores me arrancan una sonrisa al recordarlos con la perspectiva del paso del tiempo. Por alguna extraña razón, varios de ellos fueron en China. ¿Cómo decirlo diplomáticamente y sin ofender a más de mil millones de personas?

No, China no es un país fácil.

Durante mucho tiempo quise ir a un pueblo de la provincia de Yunnan, la más bella del país, para escribir sobre la pena de muerte. Un oficial del Ejército le había contado a mi fotógrafo Richard Jones que la mayoría de los hombres de las aldeas de una zona fronteriza con Birmania habían sido ejecutados por tráfico de drogas. Se trataba de campesinos pobres que cruzaban al otro lado y regresaban con opio, a veces con heroína lista para el tráfico. Las familias no ponían el nombre de sus difuntos en las lápidas de los ejecutados, evitándose el estigma de un hijo, padre o marido traficante de drogas. El militar chino dio a Jones detalles insuficientes para localizar el valle de las tumbas sin nombre, así que me puse a investigar.

No sé si les ocurre lo mismo a otros reporteros: las historias pendientes de contar son para mí amores no correspondidos. Hurgan en mi interior hasta que las atrapo; las persigo hasta conseguirlas. No logro olvidarlas. Así que, de forma intermitente, seguí durante años buscando ese lugar de Yunnan hasta que, en un golpe de suerte, una segunda fuente me habló de él. Esta vez me contaron que más de la mitad de los varones de un pueblo llamado Beng Long, que en los mapas aparecía como un punto insignificante en la inmensidad de China, habían sido ajusticiados por las autoridades. Quedé con Jones, el fotógrafo que me solía acompañar en mis aventuras por el país, y convenimos en que esta era una de esas aventuras hechas para nosotros. En viajes anteriores nos habíamos colado en fábricas de juguetes donde se esclavizaba a trabajadores, manicomios de Cantón donde los pacientes eran encadenados a sus camas o reuniones clandestinas de padres cuyos hijos habían sido robados y se enfrentaban a unas autoridades que no hacían nada por rescatarlos. En Shangri-La, ese paraíso de pega construido en las faldas del Tíbet, estuvimos a punto de zamparnos un mono antes de echarnos atrás en un súbito ataque de conciencia. ¿Una aldea perdida en la China más pobre y profunda, donde la pena de muerte estaba creando pueblos de viudas y huérfanos? «Joder, sí», dijo Jones cuando le pregunté si quería hacer el viaje.

Volamos a Kunming y de ahí condujimos cerca de doce horas hasta llegar a la aldea. Llegamos casi al anochecer, con las piernas tiesas como palos de golf, y empezamos a merodear por las calles tratando de no llamar la atención, una pretensión estúpida. Jones es rubio y de ojos claros, y a mí la exalcaldesa de Madrid, Ana Botella, me confundió con un torero en una recepción durante el breve tiempo que fui director de *El Mundo*. Beng Long era un lugar perdido de la mano de Dios, sin ninguna atracción turística. ¿Qué podían hacer allí dos blancos, acompañados de una traductora china, sino meter las narices donde no debían? Empezamos a preguntar por lo que nos interesaba: llamamos a puertas de casas anónimas, nos hicimos pasar por turistas y tratamos de llevar la conversación hacia la historia que buscábamos. Algo no funcionaba: nadie conocía a condenados a muerte y tampoco parecía que nos estuvieran mintiendo. Preguntamos a un grupo de ancianos que jugaban al mahjong:

—Amigos, esto es Beng Long, ¿no?

—Sí, Beng Long. ¿Cuál de los dos buscan?

—¿Hay otro?

Lo había y estábamos en el equivocado. Miramos el mapa de Yunnan y efectivamente ahí estaba, arriba del todo, en la otra punta. ¿Ven a qué me refiero cuando les digo que China no es un país fácil? ¿A quién se le ocurre poner el mismo nombre a dos pueblos de la misma provincia, con una distancia entre los dos de un día de viaje en coche? Decidimos abandonar Beng Long y conducir hacia... Beng Long. Cuando llevábamos otras siete horas de camino, todavía de noche y rotos por la paliza, dos vehículos nos adelantaron por la izquierda, frenaron de golpe y obligaron a nuestro conductor a detenerse. Salieron varios tipos con malas pulgas y nos sacaron a gritos de nuestro coche. «¿Quiénes sois?» «¿A qué habéis venido?» Debíamos de estar cerca. Richard y yo habíamos preparado nuestra coartada de siempre. Dijimos que éramos turistas interesados en las tribus de la zona. Abrieron nuestras maletas llenas de folletos turísticos, fotos folclóricas de Yunnan y ofertas hoteleras. Nos llevaron a comisaría y metieron a nuestra traductora en una habitación, donde la interrogaron durante horas. Para cuando finalmente nos dejaron salir, nuestro conductor estaba traumatizado y nos anunció que dimitía. Intenté doblarle el sueldo, por la desesperación y porque el viaje lo cubría el periódico —con qué ligereza se desprende uno del dinero ajeno—, pero solo aceptó llevarnos a la ciudad más cercana a nuestro destino. Una vez allí, probablemente convencido de que éramos agentes de la CIA, se largó. ¿Les he dicho ya que China no es un país fácil?

Por la mañana buscamos un nuevo conductor y lo encontramos en un garaje de las afueras en esa ciudad cuyo nombre no recuerdo. Partimos por una carretera de baches y arena, tan estrecha que al cruzarnos con otros vehículos teníamos que detenernos por completo para no caer por el desfiladero. Nuestras cabezas chocaban contra el techo y temí que el coche no aguantara, que es lo que pasó. A medio camino empezó a tirarse pedos y emitió un último quejido antes de pararse.

—No os preocupéis —dijo nuestro nuevo conductor—. Tengo otro coche.

Hicimos autostop hasta que pudimos subirnos a un autobús escolar medio vacío, regresamos a por el vehículo de repuesto y otra vez nos pusimos en marcha. Mi cuerpo, molido, me pedía dejarlo. Dimitir. Rendirme. Pero la idea de haber pasado por todo aquello y regresar con las manos vacías era demasiado dolorosa. Llegamos a Beng Long tres días después de haber partido y pude escribir mi reportaje sobre el valle de los ejecutados. Efectivamente, los cementerios estaban llenos de tumbas sin nombre y los pueblos, de huérfanos y viudas. Después de mandar la crónica al periódico, convencido de que recibiría todo tipo de palmas y felicitaciones, quizá un premio de los muchos que nos concedemos los periodistas, me comunicaron que el tema no iría a portada. El director tenía una cena con el embajador de China en España y no le parecía cortés destacar una historia que afeaba a las autoridades del anfitrión. ¿Ven lo que digo de que recordamos los viajes de pesadilla mejor que aquellos en los que todo sale como estaba previsto? Al rememorar todo lo que salió mal en aquella aventura, una sonrisa se me dibuja en el rostro.

En *Cinco viajes al infierno*, Martha Gellhorn (1908-1998) cuenta sus peores experiencias viajeras con suficiente distancia temporal como para recordarlas también con simpatía y buen humor. El libro de esta reportera, que cubrió la Guerra Civil española y los grandes eventos del siglo XX hasta la invasión de Panamá en 1989, lleva como subtítulo «Aventuras conmigo y ese otro». El otro es Ernest Hemingway, con el que Gellhorn se había casado en 1940 y al que no menciona por su nombre ni una sola vez. El autor de *El viejo y el mar* es un «Compañero Reticente» o CR, la sigla a la que su mujer lo degrada en el relato.

Gellhorn tenía a sus espaldas una carrera meritoria y no estaba dispuesta a ser tratada como «la esposa de», por mucho que se hubiera casado con el escritor más célebre del momento. Además, Hemingway no era rival en méritos periodísticos: mientras que el escritor estadounidense viviría el desembarco de Normandía desde la prudente distancia, ella lo hizo desde primera línea. La noche del 6 de junio de 1944, se escondió en uno de los buques aliados que iban a partir hacia Francia. Una vez avistada la costa, tenía un problema: las mujeres estaban vetadas en el frente y los comandantes de la misión no la dejaban desembarcar. La excepción: las enfermeras. Así que Gellhorn se disfrazó de enfermera y se unió a un equipo de camilleros. El autor estadounidense enfureció al leer la primicia de Gellhorn en la revista *Collier's*, donde la periodista narró con detalle los horrores de la guerra y el drama de los jóvenes soldados cuyos cadáveres flotaban entre las olas como «grises sacas hinchadas».

A Gellhorn le pasa un poco como a Somerset Maugham: se aburre de sí misma, de los lugares y de las gentes con facilidad, por lo que necesita estar en constante movimiento. Viajar es parte de ella: como «las manchas de la piel en un leopardo». Quiere verlo todo, a todos, todo el tiempo, para escribirlo después. Una de sus obsesiones era visitar Oriente antes del fin del mundo, que en aquellos días parecía cercano porque la II Guerra Mundial había comenzado y nadie sabía qué quedaría en pie cuando todo terminara. Convence a CR para hacer un gran viaje a China, un país que les resultará engorroso desde el primer día. Hemingway, con la afabilidad del marido recién casado, no opone demasiada resistencia, aunque dice sentir «cierta aversión hacia Oriente». Parten en barco desde San Francisco y hacen escala en Honolulú y Guam antes de llegar a Hong Kong, «una mini Nueva York» que los recibe con todo el desconcierto de las ciudades asiáticas. Calles abarrotadas de gente, *rickshaws* que van de un lado a otro y personas que se desploman en la calle por el cólera.

Aunque la idea del viaje haya sido de Gellhorn, desde el principio ella se adapta peor, mientras que su acompañante parece encajar en cualquier sitio donde sirvan alcohol, aunque sea un pésimo licor de arroz, y haya gente con la que conversar. A Hemingway no le interesan los museos ni los monumentos, lo que le apasiona es escuchar historias de desconocidos. Hace amigos enseguida y su mujer lo abandona con su nueva pandilla de Hong Kong para hacer una primera incursión sola en la China continental. El país está inmerso en la guerra entre chinos y japoneses, que ocupan gran parte del país, mientras que la zona liberada está gobernada por el generalísimo Chiang Kai-shek. La reportera visita Chongqing, hoy un municipio de más de treinta millones de habitantes; recorre la carretera de Birmania, ya entonces «un precioso país sin esperanza»; y pasa varios días en Kunming, lugar que los japoneses bombardean con la puntualidad que se espera de ellos, todos los días entre las diez y las once de la mañana. «Aquel día llegaban tarde», dice Gellhorn, decepcionada porque no fue recibida con fuegos artificiales, como merece una reportera de guerra.

Unos días después vuelve a Hong Kong y rescata a su marido, que para entonces ya está entregado a sus juergas y se lo pasa en grande con su nueva cuadrilla de amigotes, mientras intenta cumplir con un encargo literario. La descripción que la periodista hace de los entretenimientos de la ciudad podría valer para el Hong Kong en el que yo aterricé por primera vez en 1998: los limpiadores de orejas, sacándoles la cera a los clientes en medio de la calle; las carreras de caballos, un frenesí ludópata en un territorio donde está prohibido el juego; o la ruidosa pasión local por los petardos, que lo mismo sirven para celebrar una boda que para inaugurar un negocio. Menos llevadera les resulta una tradición que desespera especialmente a Gellhorn y que con los años se ha ido corrigiendo, aunque no del todo: los escupitajos. «¿Por qué tienen que escupir tanto? —se pregunta de los chinos—. ¡No se puede poner un pie sin pisar un enorme pegote viscoso!»

En mi primer apartamento de Hong Kong, donde inauguré la corresponsalía de *El Mundo* en la calle Old Bailey, algunos vecinos solían escupir sobre el suelo del diminuto ascensor del edificio. A menudo sus escupitajos caían a escasos centímetros de mis zapatos, con una puntería admirable. Lo suficientemente cerca para que dieras un brinco; a suficiente distancia para no errar el tiro. Yo los miraba con malas pulgas y ellos sonreían, como si aquella fuera su manera de dar los buenos días. Con los años, y especialmente tras la epidemia de SARS que golpeó la ciudad en 2003, que llevó al Gobierno a lanzar campañas por la salubridad, la costumbre se fue perdiendo. Pero de vez en cuando entraba en el ascensor y esos «pegotes viscosos» que irritaban a Gellhorn estaban ahí.

Lo que más impresiona a la reportera de la colonia británica es el lado decadente. La ciudad es un laberinto de calles con miles de personas apretujadas que se ahogan entre sí, llena de antros, salones de mahjong, burdeles donde se pagan dos dólares por pasar la noche con una chica y fumaderos de opio donde los obreros se colocan para despistar el hambre, en una época en la que la droga era más barata que la comida. Hong Kong se lo debe casi todo al opio: lo bueno y lo malo, su pasado colonial y su prosperidad. La Compañía Británica de las Indias Orientales contribuyó a la adicción china, exportando la adormidera para equilibrar su balanza comercial y encontrando una clientela que siempre venía a buscar más. El emperador Daoguang, preocupado al ver los efectos de la adicción en su pueblo, trató de detener el tráfico y en 1839 ordenó la confiscación de veinte mil cofres de opio. Fue el comienzo de la I Guerra del Opio, en la que China sería humillada por las tropas británicas y perdería Hong Kong, que se entregó a Londres en 1842. El resto es historia: un pueblo de pescadores fue convertido en una de las ciudades más grandes del mundo, donde se juntarían durante décadas lo mejor de Oriente y Occidente, la tradición y la modernidad, el emprendimiento chino y la capacidad de innovación occidental, la disciplina colectiva y la libertad individual. Ese Hong Kong, donde viví siete años y donde nacieron dos de mis hijos, ya no existe. El régimen chino, al recuperar la colonia en 1997, respetó sus libertades algunos años, pero terminó aplastándolas a pesar de su compromiso de mantener la autonomía local a lo largo de medio siglo. Durante el tiempo que duró, no hubo en el mundo otra ciudad como Hong Kong. Ni más viva, enérgica y esplendorosa. Un experimento irrepetible.

El Hong Kong al que llegan Gellhorn y su acompañante es un sitio encantadoramente miserable. La reportera ha viajado por todo el mundo y dice no haber visto nunca una pobreza más cruel. Estalla cuando ve a unos niños tallando bolas de marfil en una fábrica inmunda. No solo la deprime la miseria que la rodea, sino el convencimiento de que siempre estará ahí, impasible al paso del tiempo. Hemingway lo ve todo con más distancia: «Tu problema es que crees que todo el mundo es igual que tú —le dice a su esposa—. Lo que tú no soportas, ellos tampoco. Lo que para ti es el infierno, tiene que serlo para ellos. ¿Tú qué sabes de cómo se sienten con sus vidas? Si estuvieran tan mal como dices, se suicidarían en vez de tener más hijos y encender petardos».

Hong Kong, la de entonces y la de ahora, ha sido siempre una ciudad de extremos. Cuando me instalé en ella, poco después de que Reino Unido se la devolviera a Pekín, la decadencia y la pobreza que deprimieron a la reportera seguían ahí, ocultas tras la opulencia de rascacielos acristalados, coches deportivos que no podían conducirse a más velocidad que un ciclomotor y restaurantes con vinos que se pagaban al doble de precio que en Europa. Había droga, pero la barra libre de opio se había terminado y las autoridades locales, como en tantos lugares de Asia, mantenían una política de tolerancia cero. Seguía abierto el distrito rojo de Wan Chai, con clubes de dudosa reputación y la oferta de prostitución más internacional del mundo, con chicas que albergaban la esperanza de encontrar a un millonario que las sacara de la noche. La ciudad era extremadamente segura. Más allá de las tríadas, que seguían controlando los negocios ilegales y vivían del contrabando, el crimen era tan inusual que cualquier robo ocupaba las portadas de los diarios.

Los expatriados vivían en su gueto: solo pisaban las zonas más chinas, como el enjambre humano de Mong Kok, para ir de compras al Mercado de las Damas. El verdadero nexo entre Occidente y Oriente era la elite económica: los ejecutivos de bancos y grandes empresas europeos o estadounidenses compartían salón con la elite china en los clubes y eventos sociales del distrito Central, en un pacto de no agresión que venía a decir: «No empujen, hay para todos».

Y, sin embargo, esa pobreza que impactó a Gellhorn seguía visible para cualquiera que prestara atención. Es cierto que podías encontrar gente más pobre en la India y con más opulencia en Dubái, pero en Hong Kong los extremos se hacían más insoportables. El enclave de la bahía Repulse, que Gellhorn menciona como el refugio de la elite colonial británica y de los expatriados, seguía siendo la parte noble, ahora mucho más concurrida. Y los grandes millonarios, al igual que en aquellos años cuarenta, todavía se instalaban en las laderas de Cumbre Victoria, la montaña desde donde se podía contemplar una de las vistas urbanas más espectaculares del mundo. La regla siempre ha sido la misma: a más altura, más caro el valor de la vivienda. Los titulares de los periódicos anuncian cada poco tiempo un nuevo precio récord. En 2018, una casa de la isla se vendió por cuatrocientos cuarenta y seis millones de dólares, el presupuesto anual de Andorra.

Los bancos celebraban fiestas de aniversario a las que invitaban a las estrellas de *rock* del momento y los ejecutivos paseaban a sus familias y amigos en sampanes mientras en cubierta corría la barra libre. Yo tenía el sueldo de un periodista medio, algunos de mis amigos trabajaban en la banca y no tenían problema en gastarse en una cena lo que yo ganaba en un mes. Los conductores de autobuses lucían relojes Cartier, porque en medio de aquella exuberancia había que mostrar que podías comprarte algo de lujo. Antes un mes comiendo arroz blanco que parecer pobre en la ciudad de los ricos. Bastaba subirte al Star Ferry, cruzar la bahía Victoria y meterte entre las callejuelas de Mong Kok para ver el otro Hong Kong: tres generaciones de una misma familia hacinadas en un piso de treinta metros cuadrados. Los apartamentos más grandes habían sido divididos en jaulas que se alquilaban a quienes no podían pagarse un piso completo. Sus inquilinos, los perdedores en la carrera por triunfar en la ciudad extrema, se acurrucaban de noche en sus jaulas sin que nadie se escandalizara. El Gobierno local mantenía inflados los precios de la vivienda, porque la venta de suelo era su principal fuente de ingresos y le permitía mantener unos impuestos bajísimos. Esto a su vez atraía a más millonarios, que inflaban los precios aún más para el resto. Con el despegue económico de China, una nueva oleada de millonarios empezó a conquistar Hong Kong: nuevos ricos que lavaban el dinero de la corrupción y que, junto a la inmigración del otro lado de la frontera, iban borrando la distinción de la isla como cruce entre Oriente y Occidente. En vez de lo mejor de ambos mundos, Hong Kong empezó a adoptar lo peor de cada uno. El autoritarismo arbitrario de la China comunista; el capitalismo ventajista de las elites que se imponía en Occidente y aumentaba la desigualdad. La ciudad de las oportunidades dejaba atrás cada vez a más gente, mientras Pekín apretaba las tuercas y amenazaba las libertades, en un viaje que llevaría a las Revueltas de los Paraguas de 2019. Las razones del enfado popular eran sociales, económicas, identitarias y políticas. ¿Cómo sería la isla en 2047, cuando las libertades de «un país, dos sistemas» alcanzaran su fecha de caducidad? ¿Esperaría siquiera Pekín a esa fecha para hacerse con el control total? Los hongkoneses sentían que muy pronto su ciudad sería una más entre cientos de megaúrbes chinas. Lo que para los locales y los extranjeros podía ser un final triste, para China era la corrección de una anomalía que había empezado con aquella primera guerra del opio. Nada volvería a ser como antes porque, a los ojos del régimen comunista, nada debería haber sido como antes.

El verdadero viaje al infierno de Martha Gellhorn y Hemingway empieza cuando dan juntos el salto a la China continental, aún menos desarrollada que Hong Kong. China no solo es un país en guerra, sino que vive con un nivel de desarrollo similar al de los lugares más pobres de África. Carece de infraestructuras y cada desplazamiento es una odisea. El país está hoy lleno de autopistas, construye deslumbrantes aeropuertos incluso en lugares remotos y tiene trenes que levitan entre el aeropuerto de Shanghái y la ciudad a más de cuatrocientos kilómetros por hora, en un trayecto de siete minutos. En los años cuarenta se tardaba seis horas en recorrer cincuenta kilómetros por ríos de lodo marcados como carreteras en los mapas y que, al secarse, mostraban baches que hacían «explotar los neumáticos como petardos». La higiene escasea: incluso los hoteles *de lujo* estaban llenos de insectos. La primera habitación que ocupa la pareja de escritores vive una guerra abierta entre los mosquitos y las moscas para ver quién devora a los huéspedes. Ganan las moscas, apunta Gellhorn. Luego están las chinches, que emergen del suelo de madera y trepan hasta la cama, y que son difíciles de aplastar. Lo peor para la reportera es que encima no puede quejarse porque la idea de viajar a China ha sido suya. El «otro», el acompañante grandullón, es un cascarrabias crónico que en vez de protestar se divierte al ver desesperar a su mujer. Cada vez que se produce un nuevo desastre, se limita a repetir: «¿Quién quiso venir a China?».

El Compañero Reticente disfruta de que las condiciones le den la razón. En Wong Shek se da un festín memorable con las tropas del generalísimo y comete el mismo error en el que caemos todos los principiantes en sinología culinaria. Tu educación te lleva a comerte todo lo que te sirven, para mostrar a tus anfitriones lo mucho que te ha gustado. Para los chinos un plato vacío es señal de que no te has quedado satisfecho y la comida sigue llegando sin parar, mientras tus compañeros alrededor de la mesa redonda esperan que dejes algo, es decir, una prueba de que has quedado satisfecho. En la sobremesa, Hemingway libra una batalla de alcohol con catorce oficiales chinos y los tumba a todos —«La mitad de la compañía estaba debajo de la mesa», cuenta Gellhorn—, a pesar de que jugaban en casa y la bebida era un vino de arroz amarillo. Hemingway se lo bebe todo, incluido un licor de primavera cuya botella contiene una serpiente. Mientras haya bebida, «el otro» soporta el viaje. Y, además: «¿Quién quiso venir a China?».

Su mujer, entretanto, no puede ni orinar con decoro. Todos los lugares que le ofrecen están sucios, malolientes y llenos de estiércol humano. Su marido recomienda un estanque de patos. Opta por subir a la letrina del pueblo, ascendiendo por una escalera de bambú, y cuando está en sus menesteres aparece un escuadrón de aviones japoneses y suena la alarma de un inminente ataque. «Oh, pobre M. —se mofa Hemingway cuando sale del apuro—. Habría sido una muerte muy deshonrosa. M., la intrépida corresponsal de guerra, abatida en cumplimiento del deber. Pero ¿dónde?, ¿cómo?, se pregunta la prensa internacional.»

Cualquiera que viajara por China hasta hace no tanto puede compadecerse de Gellhorn. En ningún sitio vi peores servicios públicos. Cuando nos dirigíamos a Beng Long, en aquel viaje imposible a la aldea de los ejecutados de Yunnan, paramos en varios lugares, hice el esfuerzo de taparme la nariz y no pude: toqué retirada una y otra vez. A la suciedad y hedor insoportables se unía la falta de intimidad, porque no había división entre los retretes —¿retretes, digo? Agujeros en el suelo— y tenías a un puñado de chinos haciéndolo ahí en medio, con todo tipo de ruidos, en cuclillas. Luego, con el paso de los años, las cosas fueron mejorando, prueba de que no hay mejor indicador de la evolución y modernización de un país que el estado de sus baños públicos. Pongamos Japón. Los americanos que se instalaron en el país tras su victoria en la II Guerra Mundial narraron espantados el estado de los servicios públicos. De la misma forma que el país pasó de la destrucción total a la recuperación milagrosa, y de ahí a convertirse en la nación tecnológicamente más avanzada del mundo, sus retretes alcanzaron la excelencia en muy poco tiempo. Tanto que en mis primeros viajes al país sufrí para entender cómo manejar sus excusados. Me gustaba que incorporaban hilo musical, regulador de la temperatura de la taza y sensores que ajustaban automáticamente la altura del asiento. Algunos te hacían un análisis detallado de la orina en tres minutos. El problema era que todos aquellos botones, con hasta veinte funciones y explicaciones en japonés, necesitaban un manual de instrucciones. En un restaurante de Tokio le di al botón equivocado y de repente salió un chorro de agua que impactó en mi cara. Luego, hablando con otros expatriados, me contaron que aquella experiencia era algo así como un pasaje de la inocencia para los recién llegados. A los deportistas, cantantes y empresarios que acudían a Japón por primera vez les solía ocurrir lo mismo.

Los japoneses están realmente orgullosos de sus retretes. El país cuenta con una Asociación de Retretes, formada por académicos, funcionarios del Gobierno, arquitectos y fabricantes que todos los años se reúnen para anunciar sus nuevos modelos. También hay museos, congresos, páginas web y concursos que honran las letrinas. El 10 de noviembre es, desde hace años, el Día Nacional del Retrete. La prueba de que se trata de una obsesión muy japonesa es que, aunque Sony, Toyota, Mitsubishi y demás empresas han logrado exportar todo tipo de aparatos a Occidente, la industria japonesa ha fracasado en sus intentos de introducir sus avanzados excusados llenos de prestaciones y botones. La pulcritud japonesa —muy ligada al sintoísmo y sus enseñanzas sobre la limpieza— se extiende a las casas, las oficinas o la higiene personal. O quizá es solo que han entendido que no hay mayor muestra de respeto y civismo que dejar el retrete impecable al siguiente usuario.

El asunto de los excusados terminaría convirtiéndose en una cuestión geopolítica. Chinos y japoneses tienen una larga historia de desavenencias. Dicho de otra forma: es difícil encontrar dos pueblos que se detesten con más determinación. Siempre he pensado que la próxima gran guerra empezará en el mar Amarillo y tendrá como invitados de lujo a los coreanos y por supuesto a los estadounidenses, pero esa es otra historia. La cuestión es que los japoneses, cuando China todavía no había emergido como una gran potencia económica, podían mirar a sus vecinos por encima del hombro y decirles: «Mira qué retretes. ¿Acaso no son tercermundistas?». En mis primeros viajes por el país, en los años noventa, los libros de viajes y guías turísticas estaban llenos de historias de horror y recomendaciones sobre cómo evitarlos. Los chinos no podían permitirlo por más tiempo y, en 2015, el presidente Xi Jinping decretó la revolución del retrete, un aspecto de la modernización del país que se les había pasado por alto. Se construyeron decenas de miles de servicios en zonas rurales, con especial foco en las zonas visitadas por los turistas, y se creó un sistema de valoración por estrellas para motivar la competencia entre aldeas. Hoy, la diferencia entre China y Japón se ha estrechado en todos los aspectos. Aunque los retretes japoneses siguen llevando la delantera, los chinos pueden visitar un baño público y decir al fin: «Somos una potencia».

La mejora de los baños públicos no llegó a tiempo para Martha Gellhorn, que maldice cada minuto que pasa en China. Llueve, hace frío y tiene que dormir sobre entarimados. Su única fuente de calor es el whisky que acaparan su acompañante y los generales del Kuomintang. China le parecía muy bonita antes de partir, con sus campos y montañas, las casas tradicionales y los templos. Todo parecía maravilloso... desde la ventanilla del avión. Solo parece disfrutar momentáneamente de su estancia en el frente de Cantón y en zonas donde presiente que pasará algo. Espera en vano los bombardeos, invasiones y acciones bélicas que al menos den para una buena crónica, pero la inmensidad del país hace difícil estar en el sitio adecuado, en el momento justo para ser testigo de la guerra. Los japoneses, enloquecidos, creen que pueden dominar China para siempre. No entienden que, al igual que Rusia, es un país demasiado grande para ser invadido, mucho menos conquistado. Ni Hitler ni el emperador Hirohito tuvieron en cuenta esa simple cuestión de tamaño. Y así les fue a ambos.

Nacida en el seno de una familia bien de San Luis, Gellhorn había mostrado desde niña una aversión por la vida apacible similar a la de Alexandra David-Néel. Su pasión por contar historias inspiraría a grandes reporteras como Oriana Fallaci en Italia o Rosa María Calaf en España. Tras destacar con sus primeras crónicas sobre los efectos del *crash* del 29 en Estados Unidos, cruzó la frontera española a pie desde Andorra con una mochila y cincuenta dólares en el bolsillo. «España era el lugar donde había que detener el fascismo —escribe sobre su empeño en cubrir la Guerra Civil—. Fue uno de esos momentos de la historia en los que no tienes dudas.» Al idealismo se unía la motivación romántica. Conoció a Hemingway presentándose en el Sloppy Joe's, un bar de mala muerte de la calle Duval en Cayo Hueso, Florida. Durante el flirteo que continuó las siguientes dos semanas, aunque él estaba casado, planearon encontrarse en España. Hemingway también cree que Madrid es el muro de contención del fascismo en Europa y tiene una motivación extra para hacer el viaje: pasado el impacto de novelas como *Fiesta* y *Adiós a las armas*, que lo habían convertido en una estrella literaria, no encontraba inspiración en la rutina de su vida en Florida. Su filosofía era parecida a la de Somerset Maugham, que consideraba inútiles los talleres y escuelas de escritura: «No esperes a que las experiencias te lleguen, ve a buscarlas. Tu experiencia es tu material».

Así que Hemingway se fue a buscarlas, poniendo rumbo a España en busca de amor y creatividad literaria. Una vez en Madrid, la pareja compaginó su idilio y la cobertura de la Guerra Civil. Se enamoraron el uno del otro, de España y en cierto modo del conflicto, convertido en una cuestión personal para ambos. Gellhorn escribe a Eleanor Roosevelt desde Barcelona, en 1938: «Este país es demasiado bello para que se lo queden los fascistas». Vivían en una *suite* de la tercera planta del hotel Florida, que con los años se convertiría en El Corte Inglés de Callao, y donde los corresponsales eran a menudo despertados por el temblor de las bombas. Ella enviaba crónicas sobre el sufrimiento de los civiles a la revista *Collier's*; él reunía el material que le serviría para escribir *Por quién doblan las campanas*, la novela que dedicaría a Gellhorn y que le devolvería el favor de lectores y críticos. Las alarmas antiaéreas los pillaban a menudo en la cama: por la noche hacían el amor y por la mañana cubrían la guerra. O viceversa. En uno de sus despachos, Gellhorn escribe sobre la incapacidad de los españoles para permanecer en sus casas, ni siquiera en la guerra: «Todo el mundo estaba en la calle disfrutando de la fría luz del sol de la tarde. No había habido bombardeos durante al menos dos horas».

Durante tres años vivieron el conflicto, se emborracharon, departieron con los soldados y se dejaron atrapar por la irresistible seducción del peligro. ¿Puede haber pasión más intensa, mayor urgencia de vivir el momento, que en un lugar donde no sabes con certeza si estarás vivo al día siguiente?

La guerra, con un desenlace que los decepcionaría profundamente por la victoria de Franco en 1939, los unió en la que probablemente fue su mejor etapa juntos. A su regreso en Estados Unidos, el matrimonio se deterioró sin remedio por las ausencias de ella y las infidelidades de él. El escritor se marcha a Cuba en 1940, enamorado de la isla, y Gellhorn lo sigue. Cambian por un tiempo el sonido de los morteros por una vida tranquila entre daiquiris y partidos de tenis en Finca Vigía, la villa donde Hemingway trabaja de forma obsesiva en su novela sobre el conflicto que acaban de vivir. Aunque son pareja, siguen sin contraer matrimonio porque ella no quiere. Aprecia demasiado su independencia y rechaza todas las propuestas de su amante. La reportera describió su relación con un hombre todavía casado —Hemingway estuvo casado con la también periodista Pauline Pfeiffer hasta noviembre de 1940— como una manera de «pecar respetablemente cualquier día de la semana». Cuando finalmente cede, para convertirse en una *mujer honorable,* dice de sí misma que su naturaleza no cambiará nunca: «La primera de la clase en pecar; la última en legalizarse».

Las convenciones del matrimonio de la época no están hechas para ella. Cocina mal, es incapaz de estarse quieta en un sitio —hizo reportajes desde cincuenta países— y ni siquiera le gusta el sexo, a pesar de haber tenido muchos y variados amantes. «Todo lo que obtuve [en la cama] fue el placer de ser deseada, supongo, y el tipo de ternura (no suficiente) que un hombre da cuando ha terminado. Me atrevería a decir que fui la peor compañera de cama en los cinco continentes.» La única urgencia que le pide el cuerpo es escapar, poner tierra de por medio y contar el mundo, una pasión que se volverá más complicada al lado de un machista inmaduro y caprichoso, posesivo y desequilibrado, como Hemingway, que no tardará en mostrarle todos esos defectos y algunos más.

La luna de miel es digna de dos reporteros y los lleva al frente asiático de la II Guerra Mundial, donde los japoneses, según Gellhorn, se comportaban con la misma crueldad insoportable de los nazis. Los dos habían vaticinado que el conflicto español sería el preludio de uno mucho mayor, global y decisivo para la historia. Ninguno quería perdérselo. En China, a pesar de las incomodidades, la periodista se sentirá finalmente identificada con ese pueblo que ha hecho de la resistencia una filosofía de vida. Resistencia ante los japoneses. Ante el hambre. La pobreza. La desgracia. Los cambios y la historia.

Cuando Gellhorn lo visita, el país tiene menos de un tercio de la población actual, pero ella se siente abrumada ante la cantidad de gente que ve en todos los sitios. Vivir rodeados de personas que lo aguantan todo estoicamente, dice, los termina convirtiendo también a ellos en unos chinos más, capaces de «una resistencia animal». ¿Cómo no admirar la entrega de un pueblo así y, a la vez, preguntarse por su incapacidad para tomarse la vida con más calma? El señor Ma, el guía que los recibe y les otorga el título de Representantes de la Rectitud y la Paz, explica que el chino trabaja todo el tiempo: «Por placer solo habla y come», dice.

No es un tópico que el chino trabaja más. Cuando mis amigos me preguntan por qué las tiendas chinas en Madrid permanecen abiertas cuando todo lo demás está cerrado, al igual que sucede en casi todo el mundo, les digo que solo leyendo la historia del país podrán entenderlo. Cuando compites por cualquier cosa con tanta gente, cuando tu pasado guarda una historia de penurias y escaseces como la que arrastra la memoria del pueblo chino, nunca tienes la certeza de que siempre habrá un plato de comida sobre la mesa. Es la memoria histórica, y sus lecciones, lo que hace que trabajen más que los demás. La diáspora china es la de mayor éxito allí donde se asienta porque casi siempre se esfuerza más que la población local. Está dispuesta a sacrificar un poco más. Una vez que liberas de restricciones su instinto comercial y emprendedor, el chino avanza hacia el progreso material en pos de una seguridad que piensa que no le pertenece.

Mientras las fuerzas del Kuomintang resisten el avance japonés, Gellhorn y Hemingway son testigos del comienzo del enfrentamiento civil que determinará la historia moderna del país. Llegan a Chongqing, el bastión de los nacionalistas, y se llevan una impresión parecida a la que uno tendría hoy. Un lugar gris y masivo, formado por un conjunto de edificios sin personalidad que se extienden allí adonde alcanza la vista. La elite política de Chongqing los recibe con honores y el generalísimo, Chiang Kaishek, los invita a comer en su casa. Allí descubren que, aunque la guerra se libra supuestamente contra los japoneses, otra contienda ha empezado entre las dos Chinas para ver cuál de ellas tomará el poder cuando se expulse a los enemigos. Los comunistas de Mao Zedong y su Cuarto Ejército son cada vez más populares y los enfrentamientos entre los bandos se suceden. Gellhorn simpatiza con las fuerzas de Mao y las ve como una esperanza para arreglar la profunda miseria que ha encontrado en su recorrido por el país. En medio del almuerzo tiene una enganchada con la señora Chiang, a la que reprocha que el Gobierno no cuide de sus leprosos y sus pobres. La primera dama china enfurece y lanza una diatriba sobre la superioridad oriental frente a Occidente y recuerda a la periodista que China «ya tenía una gran cultura» cuando los ancestros de sus invitados vivían en los árboles y se pintaban de azul. «Supongo que esto te enseñará a no enfrentarte a la emperatriz de China», le dice Hemingway a su mujer.

Las simpatías de Gellhorn no están con la señora Chiang ni con los nacionalistas, sino con los comunistas. En la misma parada conoce a Zhou Enlai, el histórico dirigente comunista, y cae rendida ante su carisma y sus sueños de igualdad. Preguntada por diplomáticos estadounidenses de regreso en la patria, les dice que no tiene ninguna duda de que Mao y los suyos tomarán el poder en China. Ve insostenible un lugar donde una elite corrupta domina a una «masa humana oprimida, condenada y valiente». La reportera acierta en su predicción sin darse cuenta de que lo que viene es más de lo mismo, con otros colores. Cuando escribe «Los tigres del señor Ma», el relato de su periplo chino incluido en *Cinco viajes al infierno*, el país ya ha vivido los desastres del Gran Salto Adelante, la Gran Hambruna —que costó la vida a más de treinta millones de personas—, la represión de la Revolución Cultural y el descenso de Mao a los infiernos del culto a la personalidad y el totalitarismo. Gellhorn no menciona nada de ello y prefiere describir la mejora inconmensurable, «casi inconcebible», que ha experimentado el país bajo el Partido Comunista Chino. Su juicio está cegado por su profundo rechazo del fascismo, tras haber vivido sus consecuencias en Europa, y su desconfianza hacia el modelo de desarrollo occidental. Tampoco ayuda el hecho de que, tras su primera, desastrosa e inspiradora experiencia en China, no regresara al país para comprobar de cerca hasta qué punto las revoluciones que se hacen en nombre del pueblo suelen ser prostituidas por líderes megalómanos como Mao, que se convirtió en un emperador más. «Antes que volver a China, saltaría del Empire State en ropa interior de invierno», le dice a su compañero de viaje, ese «otro» del que se divorciaría cuatro años después de la aventura oriental.

El Este no está hecho para todo el mundo.

Tampoco yo he podido regresar a China, aunque por causas ajenas a mi voluntad. Aquel viaje al Tíbet durante las protestas de los monjes, pasando los controles en el maletero de un coche, fue el final de catorce años de aventuras por el país. Nada más publicar mis reportajes sobre lo que ocurría en los monasterios del Tíbet, Pekín envió una delegación a la redacción de *El Mundo* para protestar «enérgicamente» ante el director. Aritz Parra, que entonces me ayudaba en la cobertura china, fue convocado en Shanghái e interrogado por funcionarios del Gobierno. Y a mí me llamaron a una reunión con funcionarios chinos y personal de su embajada en Bangkok. ¿Cómo entré en el país? ¿Por qué me había saltado la ley? ¿Quién me ayudó? Se me comunicó que en adelante tendría prohibida la entrada no solo en el Tíbet, sino en toda China.

—¿Por cuánto tiempo? —pregunté.

Y en el silencio que obtuve como respuesta supe que iría para largo. Un par de años después fui al consulado en Bangkok, pensando que habría sido perdonado, y una funcionaria me explicó mi situación *off the record*:

—Verá, hay varias listas negras de gente que no puede entrar en China y usted está...

Y alzando la mano todo lo que pudo me indicó que mi lista era la de más arriba.

—En esta lista están los criminales, los disidentes reincidentes, los enemigos del Estado...

China se ha convertido, desde entonces, en otro lugar prohibido y apetecible. Ese amor no correspondido que me hace querer volver con más fuerza incluso aunque tuviera que orinar desde lo alto de un poste mientras sobrevuelan cazas japoneses. Quién sabe, quizá algún día sea perdonado por mis fechorías periodísticas. Entretanto, paladeo el recuerdo de los sinsabores y los infortunios de aquellos viajes, más llevaderos en compañía de Richard Jones, mi Hemingway sin cama compartida. Me gustaba porque se tomaba a sí mismo menos en serio que otros fotógrafos con los que había trabajado. Nos entendíamos a la perfección y, cuando nos metíamos en problemas, solo teníamos que mirarnos para saber si debíamos pedir disculpas, inventarnos una coartada o salir corriendo a toda prisa. Hacía las fotografías que otros no podían o no se atrevían.

Siempre pensé que el viaje en solitario es mejor. No tienes que negociar el rumbo con nadie, te distraes menos y eres dueño de tu tiempo. La gente te recibe como si estuvieras desamparado y llevaras colgado del cuello un cartel que dice: «Abierto a una charla, té o lo que se tercie». Conoces a personas que, de otra manera, pasarían desapercibidas. Sin nadie al lado, el viaje se convierte en el centro. Jones fue de los pocos acompañantes que toleré en mis años de corresponsal. Aun así, debo admitirlo: lo habría cambiado por Martha Gellhorn.

No fue el frente oriental de la guerra, ni la decepción de la derrota republicana en España o las penurias en China lo que torció la relación de Martha Gellhorn y Hemingway. Quiero pensar que, incapaces de adaptarse a una vida juntos que no estuviera rodeada de peligros, emociones y violencia, al bajarse de los escenarios extremos, la convivencia se hizo rutinaria e insufrible. Ella no podía soportar la decadencia de Hemingway, encabronado por sus dificultades para retomar su talento literario, las noches perdidas en alcohol y una autocompasión que pagaba con crecientes faltas de respeto y episodios de violencia doméstica. Él no toleraba la independencia de Gellhorn y la manera en la que, a diferencia de sus dos esposas anteriores, se negó a supeditar sus sueños o ambiciones a su hombre.

La relación entra en barrena cuando la reportera decide marcharse de nuevo a Europa para cubrir el final de la II Guerra Mundial y él, que había perdido la adrenalina profesional y sentimental para seguirla, adopta el papel de marido resentido. Cuando su mujer se encuentra haciendo reportajes desde la devastada Londres para la revista *Collier's*, Hemingway le envía un telegrama: «¿Eres corresponsal de guerra o esposa en mi cama?». Gellhorn se niega a entregar su libertad, ni siquiera por amor. Escoge corresponsal de guerra.

Tras un breve intento de reconciliación en Cuba, la separación se consuma y ella sigue su camino. Durante el resto de su vida tuvo que responder a preguntas constantes sobre su ex, algo que la irritaba con razón. Había tenido una carrera brillante, antes y sobre todo después de su relación con Hemingway: «¿Por qué debería ser una nota al pie de página en la vida de otro?».

Vivió en diecinueve lugares, desde Cuernavaca hasta Gales; cubrió la guerra de Vietnam, decepcionada con la manera en la que sus colegas se dejaban manipular por los partes militares; informó de las guerras civiles de Centroamérica, convirtiéndose en una voz implacable contra la política exterior estadounidense; y continuó cubriendo los grandes acontecimientos del mundo hasta la vejez. Nunca dejó de buscar nuevas aventuras, pero en el eclipse de su vida sucumbió al desencanto. El mundo que tanto la había apasionado, incluso en su lado más cruel, se le presentaba cada vez más aburrido e impersonal. Aunque el despegue del turismo masivo no había hecho más que empezar a principios de los años sesenta, con los primeros paquetes «todo incluido» y la apertura de *resorts* en destinos populares como España, los cambios que vivía a su alrededor la irritaban. «¿Os acordáis de cuando erais una persona y no una oveja, apiñados en aeropuertos, estaciones de tren, telesillas, cines, museos, restaurantes, entre las demás ovejas?», se pregunta. Ni siquiera los vuelos, uno de sus pasatiempos favoritos, eran lo que habían sido. Siente nostalgia de los buenos tiempos de la Pan Am, cuando había espacio para estirar las piernas incluso en la clase turista, en los aviones te servían mejor comida que en los restaurantes de Nueva York y se podía entrar en la cabina a charlar con el capitán, mientras te tomabas el mismo daiquiri que te servían en La Habana.

En su ocaso, Martha Gellhorn encontró cierta paz en Kenia. Se instaló en Nyali, en la costa norte de Mombasa, en busca de una vida tranquila que abandonó para cubrir la invasión de Panamá de 1989, con ochenta y un años, antes de que los achaques la obligaran a dejar el reporterismo definitivamente. En el final de sus días admitió que se había pasado toda la vida buscando algo que no había encontrado. Ni en las guerras ni en los hombres. Ni en Occidente ni en Oriente.

A los ochenta y nueve años, diagnosticada de cáncer de ovarios y tras haber perdido parte de la visión, se retiró a su casa de Londres, se puso un audiolibro, se metió en la cama e ingirió una cápsula de cianuro en una habitación rodeada de tulipanes blancos. Y puso final al viaje en sus propios términos. La placa azul con que se la honra, en su casa del 72 de Cadogan Square, tiene una dedicatoria breve. Los idiotas que encabezaron sus obituarios destacando que había muerto la esposa de Hemingway deberían grabársela a fuego en la frente. «Corresponsal de guerra», se puede leer.

7

Graham Greene / Vietnam

El hotel Commodore de Beirut tenía un loro que imitaba el sonido de los obuses al caer. Coco se convirtió en una especie de alarma con plumas que, durante los peores días de la guerra civil libanesa, a mediados de los ochenta, avisaba a los huéspedes de que había llegado la hora de terminarse ese martini de un trago, dejar la piscina y correr al sótano.

El gran personaje del hotel Europa de Belfast no era un pájaro, sino su director. Harper Brown fue director general del hotel entre 1971 y 1984, una época en la que el establecimiento fue golpeado por treinta y tres atentados. Aquellos eran los años duros de violencia en el Ulster y el Europa se ganó el título de «hotel más bombardeado del mundo». Brown vivió en primera persona la contradicción de los hoteles atrapados en conflictos: necesitan constantes reparaciones y no tienen ingresos para costearlas. Aunque siempre están los corresponsales, que suelen dejar una buena cuenta en el bar.

En Sarajevo el gran hotel de guerra fue el Holiday Inn, desde donde, durante la guerra de los Balcanes en los noventa, se *disfrutaba* de vistas inmejorables de la avenida de los Francotiradores. Bastaba asomarse a la ventana para ver a los civiles arriesgando el tipo para ir a comprar el pan. ¡Bang, bang! Sobre el asfalto, otra prueba de la ruptura de las reglas con las que tratamos de contener —sin lograrlo del todo— el lado primitivo y más oscuro de la naturaleza humana. Los mayores descensos al infierno se producen cuando olvidamos qué somos en realidad y en qué podemos convertirnos. El periodismo, con sus muchos defectos, siempre me pareció una forma de ejercitar la memoria. Necesitamos el recuerdo constante de barbaridades pasadas para albergar alguna esperanza de no repetirlas. Nuestros mayores lo saben. Alexandra David-Néel contaba que su padre la llevó a ver las fosas donde se apilaban los cadáveres de los fusilados en el Muro de los Federados, en 1871. «Quería que tuviera un recuerdo de la ferocidad humana», dijo.

Es difícil definir cuándo un establecimiento alcanza el legendario título de hotel de guerra. ¿Cuántos huéspedes tienen que haber sido despertados por el sonido de las bombas? ¿Cuántos periodistas deben haber exagerado sus batallas en la barra del bar? ¿Cuántas anécdotas tendrán que haber sobrevivido al paso del tiempo? El hotel de guerra tiene la particularidad de que su clientela llega cuando todos los demás se han marchado. No la forman solo reporteros. También diplomáticos trabajando en otro alto el fuego inútil. Mercenarios que buscan sacar tajada de la miseria ajena y que estos días adoptan nombres políticamente más correctos: consultores de seguridad, asesores en situaciones de crisis. Cualquier día los llamarán gestores por la paz. Luego está esa especie tan extraña, de más reciente aparición: los turistas del riesgo que aparecen en mitad de un conflicto, el día después de un terremoto, o cuando arden las calles en una revolución. Antes con la cámara colgada del cuello, y ahora con un móvil en la mano, la mochila llena de crema solar y Coca-Cola en la cantimplora, aterrizan empeñados en vivir una situación que los saque del tedio de la oficina, de un matrimonio moribundo o de vaya usted a saber qué. Necesitan un chute de adrenalina, como si la vida no tuviera suficientes sobresaltos. Los he visto en Afganistán, cruzando el valle del Panjshir mientras los estadounidenses lo bombardeaban todo a unos pocos kilómetros. O en los grandes tsunamis del Índico y el Pacífico, haciéndose fotos entre las ruinas. En revueltas en Birmania o Filipinas, emocionados por participar en algo importante.

—Y tú, ¿para qué medio trabajas?

—¿Medio? No, si yo he venido de vacaciones. Mis amigos no se lo van a creer cuando les enseñe las fotos.

Diplomáticos, mercenarios y turistas aparte, quienes definen el hotel de guerra son los reporteros. El Florida, donde Hemingway y Gellhorn retozaban mientras las tropas de Franco asediaban Madrid, fue uno histórico. John Dos Passos le dedicó uno de sus despachos, *Habitación con baño en el hotel Florida*, donde contaba como los periodistas salían en calzones de sus habitaciones en medio de los bombardeos, rodeando con el brazo a la conquista de la noche anterior. «Gran exhibición de despeinados y lencería» es como Dos Passos describió el *lobby* del Florida. Pocos recuerdan ya el hotel madrileño, porque incumplió una de las reglas básicas del hotel de guerra: sobrevivir. Peor aún: ni siquiera fue derruido por un bombardeo, que habría sido una forma honrosa de despedirse, sino por el desarrollo urbano de Madrid. Fue vendido y, en su lugar, se levantaron unos grandes almacenes.

Nadie sabe con certeza por qué los periodistas escogen un hotel en vez de otro, hasta convertirlo en *el hotel*. Ese al que acuden sin importar que la comida no sea mucho mejor que en la cárcel y el precio de las habitaciones se dispare, para compensar la clientela espantada. En ocasiones, no hay más alternativa: el hotel está en uno de los pocos edificios que quedan en pie. A veces se convierte en el preferido de los periodistas simplemente porque está ubicado cerca de la acción o exhibe suficientes cicatrices como para haberse ganado un aura de invencibilidad. Si se ha mantenido en pie, mientras todo se desmoronaba a su alrededor, debe de contar con la protección del Misericordioso. Uno siempre se siente más seguro en un hotel que ha resistido anteriores embestidas de los hombres. Mi relación con los hoteles de guerra ha sido extraña. Los he rehuido siempre que he podido. Si todos los periodistas se concentraban en uno, yo buscaba otro. Me recordaban al colegio, con sus restaurantes llenos de chiquillería, los chismes en los pasillos y los aprovechados copiando de los compañeros.

—Oye, ¿qué historia llevas hoy? —preguntaba un reportero en un corrillo.

Y cualquier idea terminaba publicada, sin demasiadas diferencias, en toda la prensa internacional. Hice excepciones y seguí al rebaño en lugares donde los hoteles de periodistas eran los únicos que tenían una buena conexión de internet o porque parecían más seguros, aunque a menudo esto fuera una percepción errónea.

Los reporteros, tradicionalmente vistos como personas neutrales en los conflictos, empezaron a convertirse en un objetivo claro y directo después de los atentados de Nueva York en 2001. Poco después, en febrero de 2002, el enviado especial del *The Wall Street Journal* a Pakistán, Daniel Pearl, fue secuestrado, torturado y asesinado por el grupo terrorista punyabí Lashkar-e-Jhangvi. El asesinato y el secuestro de periodistas se convirtió en una norma a partir de ese momento. En guerras como las de Irak o Siria los grupos islamistas preferían cazar un periodista al enemigo. Para complicarlo todo, se había creado cierta desigualdad en cuanto a las posibilidades de salir con vida de aquellas situaciones: mientras países como España pagaban por rescates, los gobiernos de Estados Unidos o Reino Unido se negaban. O lo sufragaba la familia o no salían con vida. De algunos de los desaparecidos en Siria nunca se ha vuelto a saber.

Los hoteles pequeños, en barrios alejados de zonas financieras o turísticas, tienen la ventaja de la discreción, aunque solo en apariencia. A menudo eres el único extranjero, tu llegada llama la atención y cualquiera puede alertar de que en la pensión Filton se hospeda un cajero automático andante. En lugares como Pakistán o Afganistán preferí hospedarme en los grandes, donde se juntaban la mayoría de los reporteros. Tampoco resultó ser buena idea. Llegó un momento en que pensé que había algún tipo de conspiración para volar por los aires los hoteles en los que me alojaba. El Sheraton de Karachi y el Intercontinental de Kabul —cuyo botones me inspiró para escribir *El botones de Kabul*, una novela sobre el conflicto— fueron atacados días después de haber pagado yo mi cuenta. Murieron decenas de personas. El Serena de Kabul, donde conocí a un grupo encantador de empleados filipinos, también sufrió una terrible masacre. Y, poco después de haberme alojado en el Marriott de Islamabad en 2008, un kamikaze condujo una furgoneta llena de explosivos hasta la entrada y destruyó el hotel. Antes del atentado, el Marriott había inaugurado un *spa*, un gimnasio y nuevas medidas de seguridad: una barricada de hormigón frente a la fachada, guardias armados apostados en garitas y un inmenso escáner de aeropuerto encajado a duras penas en la puerta del *lobby*. Nada lo salvó: sesenta personas murieron en el atentado, incluidos empleados con los que yo había departido en diversas ocasiones a lo largo de los años. El hotel reabrió sus puertas unos meses después, protegido por un muro a prueba de explosivos de tres metros y medio de alto y otros tres metros y medio de grosor. «Un fuerte inexpugnable», según lo describió Sadruddin Hashwani, el millonario pakistaní dueño del edificio. Y hasta el momento en que escribo estas líneas lo ha sido. El problema es que ahora no sientes que entras en un hotel, sino en un búnker. Y para llegar a ser un legendario hotel de guerra, una de las condiciones indispensables, si no la más importante, es que tenga la capacidad de convertirse en un oasis en medio del caos. Pones los pies en el *lobby* y todo lo que ocurre fuera queda atrás. Los puristas dirán que eso aleja al reportero de la realidad, pero tampoco hace falta llevártela hasta la habitación, supongo. El problema es el contrario: cuando nunca ves la realidad porque no sales de tu habitación, una costumbre entre colegas de cuyo nombre no quisiera acordarme.

Entre los establecimientos que han alcanzado la categoría sagrada de hotel de guerra, quizá ninguno iguale la leyenda del Continental de Saigón, situado en una ciudad que de asedios sabe algo. Incluso en los peores días de las guerras de Indochina, bastaba entrar por la puerta giratoria del viejo edificio colonial de la avenida Dong Khoi, y ¡magia!: el sonido del pianista reemplazaba el estruendo de la artillería, la brisa de la terraza, el polvo del frente, y las charlas superficiales, los exagerados partes militares, esas notas con las que los departamentos de prensa de los ejércitos acribillan la verdad. En *El americano impasible,* la novela antibélica que Graham Greene (1904-1991) sitúa en Vietnam, los franceses encargan a un joven oficial informar a los periodistas de las grandes bajas sufridas por el enemigo en comparación con las suyas: «¿No está diciendo en serio el coronel que ha tenido tiempo de contar las bajas del enemigo pero no las suyas propias?», pregunta uno de los corresponsales.

Construido en 1880, el Continental ha sido testigo de la etapa colonial francesa, la primera guerra de Indochina, la partición del país en el norte comunista y el sur capitalista, la guerra de Vietnam y la caída de Saigón en el 75, manteniendo abiertas sus puertas a todo aquel que pudiera permitirse el precio de una habitación. Aunque el establecimiento no lo necesitaba, Greene agrandó el mito incluyéndolo entre los escenarios de *El americano impasible*. La habitación más demandada estos días es la 214, porque hay quienes dicen que fue allí donde terminó el libro. Una placa lo recuerda, aunque no hay evidencias de que fuera así.

El Continental fue el primer hotel de Saigón y tuvo entre sus huéspedes al poeta indio Rabindranath Tagore y a André Malraux, que, conociendo su pasado cleptómano en Angkor, seguramente sería de los que se llevaron el albornoz. En los días de Greene, el hotel lo regentaba Mathieu Francini, un capo mafioso de Córcega. Los generales franceses primero y los americanos después bailaron en sus salones durante la guerra —¿sospechaban ya entonces que sus poderosos ejércitos serían derrotados y que debían aprovechar el momento?—, los diplomáticos lo convirtieron en sede de sus intrigas y los periodistas en el lugar donde emborracharse tras enviar sus crónicas a las redacciones. A veces, en el orden inverso. Tenía la ubicación perfecta, a un paso de los lugares emblemáticos de la ciudad y de los principales objetivos de los rebeldes. El bar de la terraza, donde se reunían espías, diplomáticos y oficiales, se ganó el apodo de El Escudo, porque permitía a los reporteros observar todo lo que pasaba en la calle sin exponerse a las bombas. Aunque suelen ser quejicas, y el oficio no está exento de riesgos, los corresponsales de guerra siempre han tenido una ventaja respecto a los soldados o los civiles: una vez que las cosas se ponen feas, pueden escoger desde dónde contemplan la guerra y cuándo es hora de marcharse.

Los protagonistas de *El americano impasible* se conocen en el Continental, aunque Greene siempre prefirió alojarse en el Majestic, que queda a unos minutos andando por la avenida Dong Khoi en dirección al río Saigón. Atraía a menos periodistas, tenía una piscina estupenda y su bar de la azotea era mejor que el de la competencia. Si querías huir del ruido de la guerra entonces —o del tráfico ahora—, no había mejor sitio en toda la ciudad. «No podía creer que fueran las siete y la hora del cóctel en la terraza del Majestic, con la brisa procedente del río Saigón», dice Thomas Fowler, el veterano reportero que protagoniza la novela.

Fowler es un corresponsal británico que cubre los últimos días del poder colonial francés, que, según el enviado especial de la época Anthony Carthew, del *Canberra Times*, solo dejó tres cosas destacables que empezaban con la letra *b*: «Bulevares, *baguettes* y burdeles». El personaje de Greene lleva suficiente tiempo sobre el terreno para compartir el mismo cinismo de Carthew y de otros reporteros que cubrieron Vietnam en la vida real. Su visión del país, la geopolítica y la naturaleza humana han quedado contaminadas sin remedio por el cinismo, que para el periodista es como la kriptonita para Superman. Te despoja de tu fuerza para relatar el mundo.

Cuando Fowler conoce a Alden Pyle en el Continental, su camino se cruza con alguien que tiene una perspectiva muy diferente de la suya: un chico formado en Harvard, convertido en agente de la CIA y que todavía cree que las cosas pueden cambiar o que, al menos, merece la pena intentarlo. Los dos han construido armaduras impenetrables a su alrededor, forjadas con materiales diferentes: la de Fowler, de desilusiones; la de su nuevo amigo, de ingenuidad y buenas intenciones.

Fowler ve en Pyle todo lo que fue y ya no será. Son incompatibles y, para una cosa en la que coinciden, resulta ser su atracción por la misma mujer. Los dos desean a Phuong, una joven bailarina vietnamita que no «sabe que la estatua de la Libertad está en Nueva York», pero que prepara magníficas pipas de opio. Mujeres y opio, dos tentaciones que, si no han empujado a los hombres occidentales a Oriente, al menos los han retenido allí más tiempo del que tenían previsto.

El estigma de viajar a la otra cara del mundo para drogarse o acostarse con nativas es relativamente reciente. En la literatura del siglo XIX y de parte del XX se romantizó, quizá porque los propios autores, desde Kipling hasta Greene, cayeron en ello. Cuando Somerset Maugham visita un fumadero en China en 1920, en un viaje que relató en su libro *En un biombo chino*, describe un lugar «cómodo, hogareño y acogedor», en vez de deprimente y marginal. El ambiente, dice, es alegre y la clientela, carismática.

Mientras los occidentales disfrutan de sus perversiones, los orientales temen que estén destruyendo la fábrica social y se proponen erradicar los vicios. La relación traumática de los asiáticos con el opio, su temor a volver a épocas de dependencia pasadas explica que sus países sean hoy los que imponen las penas más duras no solo por tráfico, sino por consumo. Nada de ello ha detenido el flujo de viajeros que buscan la experiencia. Jóvenes mochileros llegan estos días a Muang Sing, en el corazón del Triángulo de Oro, para envolverse en la nube negra. La localidad de Laos, en la frontera con China y Birmania, me pareció lo más cercano al viejo Oeste americano, en versión oriental. Una avenida de arena cruzaba el pueblo, los vendedores comerciaban con todo en el Mercado de Día, que tenía una atmósfera más decadente de noche, y jóvenes europeos y estadounidenses merodeaban por el lugar en busca de su dosis. Los más aventureros hacían *trekking* hasta aldeas apartadas, donde compraban el opio y lo fumaban con las tribus locales, que desde hacía siglos lo empleaban para curar dolores, físicos y del alma. Lo que me deprimió fue descubrir que algunos de aquellos jóvenes habían enseñado a los locales a convertir el opio en heroína e inyectárselo, en una inversión de los papeles que estaba arruinando a los locales. Algunos indígenas vagaban ahora por sus aldeas como yonquis en los parques europeos de los años ochenta, y comunidades enteras se estaban desintegrando por la adicción. Me pregunté si también yo, como tantos turistas, escritores y aventureros, debía dejarme tentar. Una vez, nada más. Tenía una buena excusa en la máxima de los reporteros: cuanto más cerca de la noticia, mejor. Le tenía respeto a la adormidera. Dos de mis tíos murieron en la epidemia de heroína que asoló España en los años ochenta. Mi mejor amigo de la universidad amaneció muerto tras una noche de cocaína y alcohol. Aunque las drogas habían estado a mi alrededor desde muy joven, y yo no sentía un rechazo moralista hacia su consumo, me pasaba con ellas lo mismo que con el juego: chocaban con mi carácter ferozmente independiente y con mi decisión de no depender de nada o de nadie. La mera posibilidad de una atadura, más aún una que quizá no podría controlar, me llevaba a resistirme a ese viaje.

Mi experiencia relacionada con las drogas más intensa en Asia había sido accidental, durante un encuentro cultural organizado por el escritor Fernando Sánchez Dragó en Kampot, Camboya. Yo andaba por allí de corresponsal y Sánchez Dragó se trajo a un grupo variopinto de aventureros dispuestos a asistir a una serie de charlas literarias organizadas en Les Manguiers, un *resort* junto al río Kampot. Por la noche fuimos a cenar al Happy Kampot Pizza, donde servían las *pizzas* felices camboyanas con marihuana. La cosa es que llegué con hambre y la *pizza* estaba realmente buena. Me zampé los primeros tres trozos y no noté nada especial. Aunque me advirtieron de que el efecto vendría más tarde, seguí comiendo *pizza* feliz como si no hubiera un mañana. Volvimos al hotel y, en las copas, empecé a sentir los efectos. Primero una risa floja y la sensación de estar flotando, poco después un estado de somnolienta exaltación, mezclado con una desinhibición que debió de resultar evidente para los demás. Uno de los asistentes, propietario de un club de intercambio de parejas, viajaba con una novia de Europa del Este y en un momento de la noche me ofreció un trío. Para entonces, mi estado se había deteriorado y apenas me sostenía en pie. Me retiré a mi habitación, me tumbé en la cama y todo empezó a dar vueltas. De repente me sentí paralizado. Tenía que ir al baño, pero no podía moverme. Logré caer de la cama y arrastrarme a medio camino del baño, sin llegar a la meta. Me desperté en el mismo sitio, horas después, y conseguí regresar a la cama. Cuando llegó la hora del desayuno, seguía colocado. Dragó me recibió sonriente:

—¡Qué poco aguante! Adivina quién ocupó tu puesto en el trío.

Si la marihuana tenía ese efecto en mí, qué no haría el opio. Ni siquiera podía aspirar a que, como en el caso de Kipling o Greene, me sirviera de inspiración literaria. Bajo los efectos de la marihuana no era capaz de llegar al baño, así que difícilmente me ayudaría a escribir un párrafo memorable.

Greene no tenía ese problema: se convirtió en una de las grandes figuras literarias del siglo XX a pesar de caer en todas las adicciones posibles y de llevar una vida más cercana a la de una estrella de *rock* que a la de un escritor superventas. Nacido en el condado de Hertfordshire (Inglaterra), el cuarto de seis hermanos, su padre era director del colegio donde estudió. En lugar de beneficios, esa vinculación le trajo acoso escolar y burlas. En la adolescencia intentó suicidarse en varias ocasiones, aunque los métodos fueron tan burdos —jugaba a la ruleta rusa con una pistola sin balas— que probablemente solo estaba tratando de llamar la atención. Se confiesa, como Somerset Maugham, crónicamente aburrido y sucumbe al tedio hasta que encuentra algunas motivaciones durante sus estudios en Oxford. La principal será su futura mujer, Vivien Dayrell-Browning, una devota católica que entonces tiene diecinueve años y que le dará la pretensión de una vida convencional, con dos hijos y un entorno conservador. Para conquistarla, le escribió más de dos mil cartas de amor.

Greene vive sus comienzos en la literatura con ansiedad. Los editores rechazan sus dos primeros manuscritos, mientras en casa apenas hay dinero para llegar a fin de mes. Promete abandonar la «estúpida idea» de convertirse en escritor si fracasa una tercera vez. En 1929, mientras el mundo sucumbe a una crisis global, consigue publicar su primer libro. *El otro hombre* es un éxito de ventas y lanza una carrera que lo llevará a escribir veinticuatro novelas, más de un millar de reseñas literarias y cinematográficas, infinidad de crónicas periodísticas... Solo era disciplinado escribiendo. Quinientas palabras al día, ni una más ni una menos, incluso si tenía que detenerse en medio de una frase y retomarla a la mañana siguiente. Es su medicina: «¿Cómo hacen —se pregunta— quienes no escriben, pintan o componen para escapar de la locura, la melancolía, el miedo... inherentes a la condición humana?».

El autor de *El americano impasible* es bipolar y maniaco depresivo. Se sabe tóxico para quienes lo rodean e incapaz de soportar la vida doméstica, las convenciones, las normas o a sí mismo. Busca una vía de escape en los burdeles de Londres —mantenía una lista con sus cuarenta y siete prostitutas favoritas y fue un pionero en el turismo sexual, en África y Asia—, el alcohol, las drogas y las constantes infidelidades. Richard Greene, uno de sus biógrafos, cuenta que en una ocasión los viajeros que esperaban en un andén vieron llegar el tren en el que venía Greene, que seguía follando con la diseñadora Jocelyn Rickards, por supuesto en un vagón de primera clase. En otra ocasión mantuvo relaciones con Catherine Walston, una católica devota y seductora en serie de curas, detrás del altar de una iglesia. Una vez que se convirtió en una estrella, y Hollywood empezó a adaptar sus novelas bajo suculentos contratos, recibió a amantes en sus apartamentos de París, Londres o Anacapri. Prefería mujeres casadas: una manera de evitar el compromiso. El sexo, al igual que los viajes arriesgados y la búsqueda constante de experiencias intensas, cumplía una utilidad más allá del placer: inspiraba su escritura. Lejos de ocultar sus infidelidades, Greene escribe a su mujer una carta donde admite que no tiene remedio:

> El hecho que hay que enfrentar, querida, es que por mi naturaleza, mi egoísmo, incluso en cierto grado mi profesión, siempre, y con cualquiera, he de ser un mal marido. Pienso, ya ves, que mi inquietud, estados de ánimo, melancolía, incluso mis relaciones, son síntomas de una enfermedad y no la enfermedad en sí misma, y la enfermedad, que he padecido desde la infancia y solo fue aliviada temporalmente por el psicoanálisis, radica en un carácter profundamente antagónico a la vida doméstica ordinaria.

Lo que Greene viene a decir es que, para un escritor, no puede haber límites en su experiencia vital, porque es la fuente principal de su trabajo. La melancolía, la tristeza, la desesperación, la infidelidad o la traición, los demonios de la autodestrucción y los traumas, la transgresión o el atrevimiento sexual son herramientas indispensables para recrear el comportamiento humano en sus libros. Una vida plácida y tediosa rara vez produce literatura interesante, original o profunda. Incluso el amor debe ser salvaje. Si Greene pudo escribir *El final del affaire*, la mejor y más autobiográfica sus novelas, con la que desnudó el poder embelesador y destructor del amor, fue porque vivió esa montaña rusa de sentimientos con Catherine Walston, la amante que lo marcó y a la que dedicó el libro con la inicial C. Y de la misma forma, los viajes que lo llevaron a África, Asia y Latinoamérica, unas veces como periodista y otras como espía del MI6, tenían como objeto alimentar su escritura. Y, sin embargo, ni el sexo ni los viajes le proporcionaban riesgo y adrenalina suficientes.

En Saigón, a principios de los años cincuenta, fuma ocho pipas de opio al día mientras trabaja como corresponsal para *The Times* y *Le Figaro*. Queda atrapado, como otros grandes escritores que lo precedieron en el viaje, por la sensualidad y los misterios del sureste asiático. El Fowler de *El americano impasible* lo explica así en una voz en *off* al principio de la versión cinematográfica interpretada por Michael Caine:

> No sé qué me hizo enamorarme de Vietnam. Que la voz de una mujer puede ser como una droga, que todo es tan intenso. Los colores, los sabores, incluso la lluvia. No se parece nada a la sucia lluvia de Londres. Dicen que sea lo que estés buscando, lo encontrarás aquí. Dicen que vienes a Vietnam y entiendes muchas cosas en pocos minutos; pero

lo demás hay que vivirlo. El olor: es lo primero que te golpea, prometiéndolo todo a cambio de tu alma. Y el calor. La camisa es como un trapo mojado. Apenas puedes recordar tu nombre, o de qué viniste escapando. Pero en la noche, hay brisa. El río es hermoso. Podrías ser perdonado por pensar que no hay guerra; que los disparos eran fuegos artificiales; que lo único importante es el placer. Una pipa de opio, o el contacto con una muchacha que quizá le diga a uno que lo quiere. Y entonces, algo ocurre, como sabías que ocurriría. Y nada puede volver a ser lo mismo.

Greene ambientó su triángulo de espionaje en el país menos conquistable del mundo, con permiso de Rusia y China. Ni los chinos ni los mongoles pudieron someter a Vietnam. Tampoco los franceses o los americanos, que recibieron en sus junglas una de las grandes lecciones de la historia: incluso los imperios que se creen invencibles pueden ser doblegados por la determinación de pueblos orgullosos. Por qué extraña razón las potencias no terminan de aprender esa lección daría para otro libro. Estados Unidos repetiría en Afganistán los errores de Vietnam, atrapado esta vez en montañas rocosas en lugar de junglas, hasta la retirada de Kabul en verano de 2021, tras dos décadas de guerra. Rusia, al año siguiente, invadió Ucrania en otra guerra de dominación imposible.

Greene conocía el país lo suficiente para predecir que los franceses terminarían marchándose. Muchos de los escenarios que menciona en la novela permanecen, más o menos desfigurados por el paso del tiempo. La terraza del Majestic sigue siendo el sitio perfecto para aislarse del caos, martini en mano, mientras se admiran en la distancia los contrastes del Vietnam de la posguerra. Los edificios coloniales conviven ahora con nuevos rascacielos, los puestos de comida callejera vietnamita con los restaurantes de comida rápida occidental, los campesinos en bicicleta con los funcionarios corruptos que atraviesan las avenidas en BMW, todo mezclado en un desorden que el visitante tarda en entender que es, en realidad, parte de un orden perfecto. La primera vez que recorrí Saigón, hoy Ciudad Ho Chi Minh, fue a lomos de una vieja motocicleta BMW de la II Guerra Mundial conducida por Jordi, un diplomático catalán que trabajaba para la Unión Europea. Mi anfitrión se movía con total seguridad en aquel caos de motos, peatones y obstáculos impredecibles. Me explicó que, a pesar de las apariencias, los elementos de la ciudad formaban parte de una engrasada correa de transmisión.

—Todo fluye y tú eres parte de ello —me dijo—. Solo tienes que dejarte llevar. Si te paras, caes.

Si algo transformó Vietnam desde los tiempos de Greene fue la motocicleta, cuya irrupción revolucionó el transporte en Asia a partir de los años ochenta. En un país donde todavía la mayor parte de la población no podía costearse un coche, la moto se convirtió en la furgoneta de reparto, el descapotable para pasearse los sábados por la noche y el utilitario de la familia. Podías ver a tres generaciones, hasta seis personas, subidas a una sola motocicleta. El parte de bajas de la guerra había sido sustituido por el de fallecidos en accidente de tráfico, con una de las mayores siniestralidades del mundo. Quizá no todo fluía con la suavidad que decía Jordi: todos los días morían en el asfalto entre cuatro y seis personas, solo en Saigón. Y eso sin contar los peatones que perecían atropellados intentando cruzar la calle en medio de ese enjambre de monturas metálicas que se negaban a detenerse ante nada. Las víctimas de la aventura de cruzar una calle de Saigón incluían a un buen puñado de extranjeros, porque a estos les costaba entender que en el tráfico de Vietnam la prioridad siempre la tiene el más grande. La moto sobre la bicicleta, el auto sobre la moto, la furgoneta sobre el auto, este sobre el peatón... Rompe la ley del asfalto vietnamita por tu cuenta y riesgo. En realidad, el peatón en Oriente no es nada. Nadie lo respeta y las señales que obligan a hacerlo son ignoradas. Las ciudades se han construido para las motos y los coches, cada vez más grandes. Las aceras, descuidadas y llenas de trampas, no invitan a pasear. Además, el calor puede ser insoportable en los meses previos a la llegada del monzón. Todo está pensado para que salgas con el coche de tu casa y entres directamente en el ambiente refrigerado de un centro comercial, un restaurante o una casa.

Al anochecer, Jordi cambió la BMW por un *rickshaw*, que me parecía un medio de transporte mucho más seguro y evocador. Lo llenamos de cervezas e íbamos parando en los puestos de comida callejera cuando recibí la llamada de un jefe del periódico. Hablamos de la crónica que debía enviar al día siguiente y después, antes de despedirse, me dio el pésame:

—Pobre, estar ahí en un país tan lejano y tercermundista. A ver si puedes venir pronto a tomarte una paella y unas croquetas.

Había gente así en la redacción. Yo no entendía nada, porque sentía que el trabajo de corresponsal era el mejor del mundo y cada vez que pasaba por la redacción veía a mis jefes envejecidos y quemados: pasaban doce horas al día alumbrados por el flexo, entre riñas e intrigas. Sentía, como Fowler, que Oriente me lo prometía todo a cambio de mi alma y despertaba cada día con la insuperable sensación de que algo imprevisto y apasionante me esperaba.

—Ya ves —dije a mi jefe, mientras Jordi y yo nos dirigíamos en *rickshaw* al Majestic, a comprobar si las recomendaciones de Graham Greene eran de fiar—. Es un trabajo duro, pero alguien tiene que hacerlo.

El americano impasible sigue siendo el libro más vendido de Vietnam, aunque los herederos del autor británico no verán un dólar en derechos. La mayoría son copias piratas que se venden en puestos callejeros o simples fotocopias que se pasan los estudiantes. Un vendedor ambulante de una bocacalle de la antigua rue Catinat, hoy Dong Khoi, las vende junto a los mecheros que supuestamente se dejaron olvidados los marines americanos, también falsos, las gorras del Vietcong, aún más falsas, y las rematadamente falsas medallas de combate, rayadas contra la pared para darles un toque de autenticidad. Hay quienes ven mal que los vietnamitas hagan *merchandising* de la guerra. Tampoco vamos a culparlos por sacar algo de provecho. Las estimaciones más conservadoras indican que, en lo que los locales llaman la guerra de América, murieron un millón de civiles. Al régimen comunista vietnamita, que es una imitación del chino y solo conserva de comunista el aparato de control político, le gusta *El americano impasible* por la misma razón que a los generales de Myanmar les gusta *Los días de Birmania* de Orwell: ven entre líneas un alegato antioccidental y, dándole la vuelta al sentido con el que se escribieron, una reivindicación de sus dictaduras.

La acción de *El americano impasible* se concentra en los alrededores de rue Catinat, donde se ubica el Continental. El libro cumple funciones de pretérita guía de viaje para quienes quieran visitar lo que una vez fue conocido como el París de Oriente, uno de esos nombres que los occidentales ponen a las ciudades asiáticas, convencidos de que el resto del mundo aspira a tener ciudades como las suyas. El viajero puede imitar el paseo matutino que el protagonista de la novela, Fowler, daba todos los días hasta la catedral de Notre Dame. En el barrio siguen en pie el edificio del antiguo Banco de Indochina, la Oficina Postal Central, diseñada por Gustave Eiffel, o la espléndida ópera de Saigón, que se ve desde las habitaciones más caras del Continental. El café del hotel, donde se conocen los protagonistas de la novela, ha dejado de existir, reemplazado por otro con menos *charme* y bebidas a precio de aeropuerto.

La intriga amorosa se localiza en el piso de dos amigos con los que Greene compartió veladas durante su estancia en Saigón: el editor de *France-Asie* René de Berval y su novia vietnamita, Phuong. Aunque el lugar existió en realidad, el autor aclara en su introducción que los personajes son ficticios y que solo escogió el nombre de Phuong porque le resultaba bonito y fácil de pronunciar. Greene insiste en que no quería escribir un libro de historia, sino un relato de ficción, y casi pide disculpas por cambiar detalles que harían rigurosa cualquier crónica periodística de nuestros días: «La gran bomba cerca del Continental fue antes y no después de las bombas de las bicicletas —explica—. No he tenido escrúpulos en estos cambios tan menores».

El apartamento donde vivió la Phuong auténtica, y donde la ficticia prepara sus pipas de opio, no ha sobrevivido al desarrollo de la ciudad y fue derribado para hacer sitio al Sheraton. La Casa de las Quinientas Chicas, que concentraba la vida decadente de la época con sus salas de juego, sus fumadores de opio y aquellas jóvenes de las que nadie esperaba que supieran dónde estaba la estatua de la Libertad, acoge ahora negocios de buena reputación. Tiendas de lujo y cafés donde un capuchino vale el sueldo semanal de los obreros que siguen levantando edificios por toda la ciudad, muchos llegados del campo con el sueño de quedarse y prosperar.

Fowler se mueve por Saigón como el veterano corresponsal que es. Dice haber llegado a la edad en la que su problema no es el sexo, sino la vejez y el presentimiento de la muerte. Ambos, el poder colonial francés y él mismo, han entrado en decadencia. Quien mantiene vivo al veterano periodista es Phuong, la bella vietnamita, aunque Fowler es consciente de que quizá no esté enamorada de él, al menos no a la manera occidental.

«Pero ella le quiere, ¿verdad?», pregunta Pyle, que terminará quedándose con la chica y, sin embargo, no vivirá lo suficiente para llevar la relación muy lejos. «Pero no así —responde Fowler—. No va con su naturaleza. Ya se dará cuenta de ello. Es un cliché llamarlas niñas, pero hay algo infantil. Le quieren a uno a cambio de amabilidad, de seguridad, de los regalos que les demos [...]. Para un hombre de edad, Pyle, es muy seguro... No se escapará de casa mientras la casa sea feliz.»

Fowler está cómodo con su relación de la misma manera que lo están los miles de maridos extranjeros instalados con sus jóvenes esposas en el norte de Tailandia o los expatriados que entablan noviazgos de conveniencia mutua con mujeres chinas, indonesias o camboyanas. Cuando preguntas a esos hombres por las razones de su viaje sentimental al Este, muchos repiten la misma frase: «La mujer occidental ya no sabe cuidar del hombre». Al exotismo oriental se une la nostalgia de un tiempo en el que la mujer se entregaba en cuerpo y alma a su marido, sacrificaba su vida profesional y descendía un peldaño para hacerlo sentir más importante. A cambio de recuperar esa relación de desigualdad, el expatriado occidental se muestra dispuesto a sacrificar el romanticismo, con el pretexto de que este carece de importancia para sus parejas asiáticas.

Las relaciones interraciales de los personajes de Orwell, Kipling o Greene con las mujeres asiáticas están rodeadas de sensualidad —ni siquiera eso en el caso del Almayer de Conrad—, pero rara vez de romanticismo. Algunos académicos e intelectuales han llegado a la conclusión de que Fowler y su padre literario tienen parte de razón y que el amor no «va con la naturaleza» de la mujer oriental. La teoría se resume en que el romanticismo es una creación puramente occidental, por mucho que nos empeñemos en trasladársela a otras culturas. Otros estudios lo rebaten y aseguran que se trata de un sentimiento universal, independiente de la religión, la cultura o la etnia. El filósofo indio Vatsiaiana, autor del *Kama-sutra*, aconsejaba las uniones románticas ya por el siglo III. Y textos antiguos en China ensalzaban la pasión sentimental, antes de que el confucionismo impusiera una visión más calculadamente conservadora de las relaciones de pareja. Lo cierto es que enamorarse comenzó a ser visto como un incordio en Asia en algún momento de su historia, y sus sociedades evolucionaron a formas más pragmáticas de entender las relaciones sentimentales. El flechazo podía ser una falta de respeto e incluso declarado un acto subversivo frente a la autoridad de padres y tutores. En culturas como la India, donde todavía muchos matrimonios se acuerdan entre familias y la dote supone una gran carga en el lado de la novia, se espera que los hijos sacrifiquen sus sentimientos a la hora de escoger. El objetivo es encontrar a la persona que refuerce el estatus social y ofrezca seguridad financiera.

En Hong Kong un amigo español me contó su decepción cuando una joven local a la que llevaba tiempo cortejando aceptó finalmente salir con él y lo citó frente a una de las joyerías de Queen's Road:

—En nuestra cultura es importante que el hombre compre algo valioso a la mujer la primera vez —le dijo—. Eso demuestra que vas en serio.

En Oriente tu deseo por la otra persona se demuestra con acciones concretas, a poder ser materiales. Pragmatismo frente a poesía. Un regalo antes que un «te quiero». Una asociación más que un matrimonio. Cuando la empresa de encuestas YouGov preguntó hace algunos años qué era lo que más anhelaban los jóvenes de diecisiete países, el amor ocupó el primer puesto en seis de los nueve países occidentales donde se preguntó y un lejano sexto puesto para los asiáticos. Mientras la literatura, el cine y el arte han estado siempre impregnados de romanticismo en Europa o América, con Hollywood a la cabeza, en Oriente tienen más presencia conceptos como la amistad, la rivalidad, la resiliencia, el bien colectivo o el sacrificio. Los niños occidentales crecen escuchando cuentos como *La Cenicienta, Blancanieves* o *La bella y la bestia.* Hasta los perros se enamoran en nuestra cultura en cuentos como *La dama y el vagabundo.* El personaje infantil más popular de Japón, en cambio, ha sido durante décadas Astro Boy, un androide con superpoderes creado por un científico para reemplazar la pérdida de su hijo. En la historia, que podría considerarse un Pinocho japonés, también el amor es reemplazado por el pragmatismo: el doctor Tenma vende su creación al dueño de un circo cuando su robot no crece ni interactúa como él espera.

Pero también en cuanto al amor las cosas están cambiando en Asia, gracias o por culpa de la influencia cultural extranjera. Las muestras de afecto público entre enamorados, antes impensables, empiezan a ser comunes en algunos países. «El amor pertenece a quienes creen en él», dice el lema publicitario de la floristería Roseonly de China, que ha creado un negocio millonario importando la tradición de regalar a la amada ramos de flores en vez de un sobre rojo con unos billetes dentro. Si hemos convertido los mercados orientales en centros comerciales y Spiderman en uno de los héroes infantiles para los asiáticos, a pesar de ser completamente ajeno a su cultura, si hemos logrado transformar la frugalidad oriental en consumismo y exportar nuestros valores individualistas pasando por encima de los colectivos que siempre guiaron a los asiáticos, ¿no íbamos a poder cambiar su concepción del amor? La prueba de que hemos hecho grandes avances es que en ninguna parte del mundo se celebra San Valentín con más intensidad y cursilería que en el Este. Intenta presentarte sin reserva en un restaurante el 14 de febrero en Hong Kong, Singapur o Bangkok. Imposible. Hollywood diría que Asia vive un final feliz y que el amor ha ganado.

Las nuevas generaciones de vietnamitas, distanciadas de la guerra que definió a sus padres, pasean su amor en público, queman energías bailando en las discotecas de la ciudad, pasan la resaca en los cafés y estudian inglés en academias con nombres como Wall Street o New Life, deseosos de trabajar para alguna de las multinacionales que han desembarcado en el país. El acuerdo no escrito es similar al que rige en Brunéi o China: mientras no desafíen al Partido, el Partido no se entrometerá en sus sueños de riqueza ni les dirá, como antaño, con quién deben casarse. Lograr un puesto de funcionario ha dejado de ser la aspiración para las nuevas generaciones. Quieren dinero. Mucho dinero. Uno de los amigos de Jordi, mi guía en BMW *vintage*, abrió una agencia de modelos, «el mejor trabajo del mundo»; Hoa, que me hizo de traductora en algunos viajes, una tienda de teléfonos móviles: con lo ahorrado estudia francés, porque su ilusión es irse a París, el Saigón de Occidente. Hoa solía recibirme en el aeropuerto con el elegante *áo dài*, la túnica de seda sobre unos pantalones ajustados que forma el traje tradicional vietnamita. Añádele el sombrero cónico que llevan los campesinos para protegerse del sol y ahí lo tienes: la imagen sensual y exótica que ha fascinado a Occidente, repetida en fotografías turísticas, carteles de bienvenida y películas. Mi guía se presentó la última vez con minifalda y a la mañana siguiente con vaqueros. Un tatuaje de una mariposa adornaba su nuca. Al revés que su madre, su aspiración no era casarse joven y entregar su vida al cuidado de una familia.

—No sé lo que quiero —me dijo—. Solo sé que no quiero la vida de mi madre.

Los herederos capitalistas de Ho Chi Minh pueden dormir tranquilos mientras cumplan su parte del trato. Pero solo hay que mirar atrás a la historia para saber que un día no podrán hacerlo y las expectativas de sus gentes quedarán rotas por una crisis, por la inestabilidad o el conflicto. Y, como ha ocurrido en tantos otros sitios, los jóvenes que ahora se emborrachaban con whisky El Fin del Mundo improvisarán cócteles molotov con esas mismas botellas, para reclamar su parte del trato. Ninguna dictadura permanece por siempre. La legitimidad de haber ganado la guerra de Vietnam —o de América, que por algo fueron ellos los invadidos— está siendo estirada más allá de lo posible.

Y así, mientras el país ha pasado página, los funcionarios del Partido se aferran a glorias pretéritas. El objetivo es que ningún compatriota, ningún turista tampoco, deje de visitar las atracciones que recuerdan la «victoria» sobre el imperio. De ahí que *El americano impasible* esté en todos los puestos callejeros y su autor, que mostró simpatías por dictaduras comunistas, aunque terminó denunciando el totalitarismo soviético, tenga estatus de héroe local. El régimen fomenta la visita a los túneles de Cu Chi, donde los guerrilleros se escondían para preparar sus emboscadas; al «Hanói Hilton», la cárcel donde se encerraba a los prisioneros estadounidenses; o al Museo de los Vestigios de la Guerra, donde se recuerda la matanza de My Lai o los efectos del agente naranja con el que los aviones estadounidenses arrasaron las junglas donde se ocultaba el Vietcong. Y ¡ay de ti!, si se te ocurre decir que no tienes interés en ver el cadáver embalsamado de Ho Chi Minh, el líder de la resistencia con cuyo nombre se rebautizó la capital económica. Mi amigo el profesor Kung, un mercader de arte japonés y antropólogo al que conocí en un vuelo Bali-Bangkok, lo trató en vida y siempre me dijo que había sido el único revolucionario auténtico del siglo XX. Se enfadaba conmigo si lo rebajaba a la condición de dictador.

—Mao, Lenin, Castro... Todos se emborracharon de poder —me dijo el profesor Kung—. El tío Ho murió con lo mismo con lo que llegó. Dejó como herencia una muda de ropa. Ni una sola propiedad. Nada.

—Muy bien —le dije—. Aunque con tu permiso voy a seguir llamando a la ciudad Saigón.

—Llámala como quieras —insistió Kung—. Pero cuando vayas no dejes de visitar el mausoleo de Ho Chi Minh.

El día que fui a cumplir mi promesa había demasiada gente. Además, ya había visto los cuerpos embalsamados de Kim Jong-il en Pyongyang y Mao en Pekín. Pregunté a los jóvenes universitarios que esperaban a la entrada y todos me hablaron con admiración del padre de la nación. Sostenían que Vietnam del Norte no habría ganado la guerra sin el empeño de Ho Chi Minh, de la misma forma que sería difícil imaginar la resistencia británica frente a Hitler sin Churchill. ¿Qué otro líder podría haber soportado una destrucción igual de su pueblo sin rendirse? La estrategia del líder vietnamita estaba basada en ese concepto de sacrificio colectivo que en nuestro lado del mundo solo hemos acariciado en ocasiones especiales como la II Guerra Mundial. En Asia, esa resiliencia tiene milenios de historia y ha hecho que sus pueblos tengan una capacidad de sacrificio difícil de igualar. La idea la resumió

Ho Chi Minh con brutal sencillez cuando le preguntaron por qué estaba convencido de que derrotaría a los estadounidenses: «Por cada diez de los nuestros que matéis, nosotros mataremos a uno de los vuestros. Y al final vosotros os cansaréis antes».

Así fue. Los expatriados y oficiales estadounidenses pasaron de tomar martinis en la terraza del Continental a la azotea de la embajada en Saigón, desde donde trataban de subirse a los últimos helicópteros que salían del país ante el avance de las tropas comunistas en 1975. Lo absurdo de la guerra quedó en evidencia poco después: los comunistas del norte ganaron a los capitalistas del sur, para imponer el capitalismo de sus enemigos en el norte y en el sur. En ningún sitio el bum que siguió se tornaría más salvajemente materialista que en la ciudad del líder frugal.

Greene llega a Vietnam, como a otros sitios, con la idea de reunir material para su nueva novela. Para entonces es un autor célebre y ya no tiene problemas económicos, aunque se cuida de que sus gastos sean pagados por las publicaciones para las que escribe. En Saigón encuentra un mundo de fumaderos de opio, bailarinas exóticas, conflictos geopolíticos y expatriados en busca de segundas oportunidades, un escenario de estereotipos orientales perfecto para *El americano impasible.* Aunque durante su carrera mezcló obras comerciales con literatura más profunda, no se siente parte de los extranjeros que padecen orientalismo crónico. Lejos de sentir nostalgia colonial, se queja de los lugares asiáticos que siguen anclados en un pasado «de clubes ingleses, de ginebras rosadas, y de pequeños escándalos a la espera de que un Maugham los registre», en un gancho directo al autor de *El caballero del salón.*

Es fácil imaginar que Greene habla de sí mismo cuando describe a Thomas Fowler, un corresponsal como él, de mediana edad, que ha dejado un matrimonio roto en Londres y encuentra en Saigón la huida perfecta, entregado a los placeres de una concubina y del opio. El autor llegó a la ciudad en 1951 y cuando publica el libro, cinco años después, es denunciado por antiamericano. Pyle, su protagonista estadounidense, es presentado como símbolo de una potencia que desconoce el mundo que domina y que en su ingenuidad piensa que puede, e incluso que debería, salvar a los vietnamitas de los comunistas. Los estadounidenses podrían haber leído la obra como una advertencia y habrían evitado meterse en el mismo laberinto que los franceses, pero ignoraron el aviso. En cuanto a Greene, no le importó ser el centro de las críticas. Famoso y rico, habiendo conocido el triunfo y el fracaso, esos dos impostores de los que hablaba Kipling, se sentía tan por encima de la opinión de los demás que, cuando le preguntaron por qué seguían sin darle el Nobel de Literatura, respondió que porque esperaba un premio más grande: «La muerte».

A menudo, pareció buscarla. En sus viajes y coberturas bélicas, en sus amores y amistades, en el ocio y el trabajo, intentó siempre escapar del aburrimiento, crónico e insoportable, tediosamente paralizante y deprimente, que le persiguió toda la vida. Necesitaba experiencias cada vez más intensas y arriesgadas, a veces traumáticas, para encontrar un propósito y no suicidarse. Cuando en 1923 juega a la ruleta rusa, esta vez con un arma cargada, su intención es volver a disfrutar del mundo «arriesgando su pérdida total». Se siente vivo al ver las balas pasar cerca de su cabeza, perdido durante semanas en Liberia o provocando una discusión que puede terminar a puñetazos con un desconocido. Incapaz de pasar demasiado tiempo en un mismo lugar, o con la misma gente, el viaje fue siempre una exploración de los límites de sí mismo y la única medicina con la que logró, temporalmente, calmar sus demonios internos.

De cada parada sacó un libro: *Nuestro hombre en La Habana,* después de vivir en Cuba; *Un caso acabado,* la historia de un hombre blanco que se refugia en un hospital de leprosos en el Congo; *Los comediantes,* sobre el Tahití de Duvalier; o *El cónsul honorario,* inspirado en sus viajes por América del Sur. Indochina fue uno de sus últimos y más sinceros amores. Quizá por eso tras abandonar el país en 1956 nunca regresó. En su vejez, todavía escribiendo sus quinientas palabras al día, ni una más ni una menos, marchitadas sus adicciones al sexo y las drogas, reconoció su nostalgia por ese lugar que lo prometía todo «a cambio de tu alma». La intervención estadounidense hizo «demasiado deprimente» volver a Saigón, la única amante que estuvo cerca de retenerlo.

La ciudad es hoy una versión moderna de la mezcla de Oriente y Occidente que Greene conoció como corresponsal en el ecuador del siglo XX. Pastelerías que ofrecen *baguettes* junto a puestos callejeros de tallarines; mercados y centros comerciales con tiendas de lujo; nuevos barrios de cristal y callejuelas por las que parece no haber pasado el tiempo. La urbe fue planeada por los franceses para una población de trescientos mil habitantes, creció hasta los tres millones tras la guerra y hoy supera los diez, expandiéndose imparable hacia el delta del Mekong. La actividad incesante en las calles, el regateo de mercancías en los mercados, el rugido incesante de las motocicletas, que te envuelven en una nube de gases... Todo fluye con el desorden caótico del que me habló Jordi en mi primer viaje a Vietnam. En plena vorágine, uno anhela un buen hotel de guerra donde ponerse a salvo. El Continental o el Majestic, da lo mismo. Lo importante es que al llegar al vestíbulo la vida de la calle se apague, el aire acondicionado convierta el calor tropical en brisa de otoño y un martini te quite el sabor a polución de los labios, mientras te imaginas sentado junto al Thomas Fowler de Greene en la última escena de *El americano impasible*: «Pensé en el primer día y en Pyle sentado a mi lado en el Continental [...]. Todo me había ido bien desde que había muerto, pero cómo deseaba que existiera alguien a quien pudiera decirle que lo sentía».

8

Manu Leguineche / Filipinas

Hay hoteles míticos, señoriales, de guerra... Y después está el Manila, que es todo eso y un poco más: guarida del poder, fortaleza del dinero y símbolo de esplendores pasados. Inaugurado el 4 de julio de 1912, día de la independencia de Estados Unidos, incorporó los primeros ascensores de Asia. El general MacArthur inspeccionó desde su ático el frente del Pacífico durante la II Guerra Mundial, antes de que la invasión japonesa lo forzara a abandonar su habitación y se despidiera con su famoso «volveré». Lo hizo, pero el enemigo, antes de huir, incendió su querido espacio y amargó el regreso victorioso del césar yanqui. «Con pena indescriptible tuve que contemplar la destrucción de mis libros militares únicos, de mis recuerdos, de mis objetos personales de toda una vida», escribió MacArthur en sus memorias.

Filipinas es mi jardín, el libro en el que Manuel Leguineche retrata un país atrapado en el absurdo, está lleno de anécdotas sobre lo que durante décadas fue conocido simplemente como el Hotel de Oriente. Todo, desde los golpes de Estado hasta los negocios más turbios, desde las bodas de la elite hasta la proclamación de dictaduras, se cocinaba bajo sus lámparas en forma de «arañas resplandecientes». Leguineche, el más célebre entre los reporteros que ha tenido España, recuerda que el Manila fue a la tiranía conyugal de los Marcos, que gobernó el país con mano de hierro entre 1965 y 1986, lo que el Raffles de Singapur o el Taj Mahal indio al Imperio británico. Era su jardín privado y la propiedad que les otorgaba el estatus que les faltaba por pedigrí, una carencia que siempre los acomplejó. El poder emanaba oficialmente del palacio de Malacañán, la residencia de catorce gobernadores generales de España, trece norteamericanos y todos los presidentes de Filipinas desde la independencia. El poder verdadero, inamovible y eterno, el de las grandes dinastías, residía en ese edificio ilustre a medio camino entre el bulevar Roxas y el barrio colonial de Intramuros, donde los huéspedes recibían tratamiento de emperadores y los amigos de los Marcos podían beber hasta caer rendidos.

Tuve que comprar los libros de Leguineche sobre Filipinas —*Yo te diré...* y *Filipinas es mi jardín*— en el mercado de segunda mano porque estaban descatalogados. El periodista vasco fue uno de los pocos que quiso contar un país que no despierta ningún interés en España a pesar de que lo colonizamos durante trescientos treinta y tres años (1565-1898) y de que siempre fue un festín de historias para cualquier reportero. El porqué de ese desprecio español por su antiguo bastión del Pacífico es un misterio con teorías diversas. ¿Se debe a los doce mil kilómetros de distancia entre Manila y Madrid, una lejanía insalvable para el sentimentalismo geopolítico? ¿Al mal recuerdo que nos quedó del lugar donde España perdió definitivamente su imperio? ¿A la ineptitud de los políticos de uno y otro país para estrechar lazos? Mi hipótesis es que la verdadera razón del desapego está en el idioma. Al contrario que en las Américas, los españoles no fuimos capaces de consolidar el español en las islas, condenando la lengua a una lenta agonía y, finalmente, a su casi total desaparición. «Tras la derrota de la Armada Invencible y la muerte de Felipe II, a España le faltaron los recursos humanos y materiales para desarrollar una política activa en Asia», escribe Leguineche sin hacer demasiada sangre de la negligencia.

Aunque el español se hablaba mayoritariamente en las ciudades, en el campo filipino nunca desplazó a las lenguas nativas. Los estadounidenses, al tomar el relevo colonial, fueron mucho más agresivos en la promoción de su inglés. Llevaron a miles de profesores para que lo enseñaran, promulgaron políticas en contra del español para minar la competencia y aprovecharon el poder de seducción de Hollywood y su maquinaria cultural, que empezaba a imponerse en el mundo. El español fue eliminado como lengua oficial de Filipinas en 1973 y Corazón Aquino le dio la puntilla al suprimirlo de las universidades catorce años después. Hoy es una lengua marginal que apenas habla el uno por cierto de la población, a pesar de que en los últimos años se ha intentado revivirla y vuelve a interesar a la juventud más cosmopolita, atraída por el reguetón y por series populares de Netflix. Uno de los pocos lugares donde el castellano resiste es el hotel Manila, porque la elite de más edad siempre lo vio como una forma de diferenciarse del populacho. Hoy, incluso en ese ambiente, el inglés ha ganado la partida.

Aparte del hotel Manila, durante décadas el otro lugar que reunía a la *crème de la crème* de la sociedad manileña fue el frontón Jai Alai. Los mejores jugadores de pelota vasca venían de España en busca de carrera y fortuna, recibían trato de estrellas y eran paseados como trofeos por las familias del *establishment*. Uno de los que hicieron las Filipinas fue Manuel Larrañaga, que en 1966 dejó la carnicería en la que trabajaba en Guipúzcoa y se fue a jugar a la pelota a la isla de Cebú. Al terminar los partidos, los pelotaris se iban de cañas a El Ranchito, un bar del centro, y fue en una de aquellas noches cuando el emigrante español conoció a la que habría de convertirse en su mujer, Margarita Osmeña. La nieta del histórico presidente de Filipinas Sergio Osmeña y el pelotari vasco se enamoraron, tuvieron tres hijos y vivieron el cuento de la elite poscolonial. Él se hizo cargo de las plantaciones de azúcar y otros negocios familiares. Ella, de la casa y de la vida social en torno al Casino Español, un vestigio de otros tiempos cuyos salones llevan el nombre de personajes del *Quijote* y donde todavía se exhibe con orgullo el pasado imperial. También los españoles supimos levantar nuestros clubes, aunque nunca tuvieron la distinción de los *British.*

Cuando conocí a los Larrañaga, en marzo de 2004, todo aquel mundo idílico se había derrumbado para ellos. Su hijo Paco estaba en el corredor de la muerte de una cárcel de Manila, acusado de la violación y el asesinato de Marijoy y Jacqueline, dos hermanas de Cebú.

—Es inocente —me repetía desolado Manuel Larrañaga, un hombre tímido y superado por la situación—. Mi hijo no ha podido matar a esas chicas.

La familia me reunió con quince amigos de Paco que aseguraban que la noche del crimen estaban con él en Manila. Parecía la historia de un error judicial, hasta que empecé a investigarla por mi cuenta y todo se nubló. Traté de entrevistar al juez que firmó su sentencia. Vaya, había muerto en un aparente suicidio tras denunciar que la coartada de Paco era una burda manipulación. Un «testigo protegido» que iba a testificar contra el condenado llevaba semanas desaparecido, según la investigación tras haber recibido sobornos. Un expolicía de la isla me contó que los acusados, Paco y su pandilla, habían tratado de raptar a otra chica meses antes y que tenían entre sus diversiones abusar de prostitutas que escogían en los barrios marginales de Cebú. Su error, dejó caer el exagente, fue escoger a dos chicas de otra familia influyente. Si perteneces a la elite en Filipinas puedes hacer lo que quieras, sin preocuparte por las consecuencias, salvo que perjudiques a otros miembros del club.

Fui a ver a Paco Larrañaga a la cárcel sin tener claro si era culpable o inocente, porque había información que apuntaba en ambas direcciones. Su estatus como hijo de alta alcurnia resultaba más evidente dentro de prisión que fuera. Había logrado el traslado a una penitenciaría más cómoda y, tras una segunda visita en la que se negó a recibirme, con mi primer reportaje ya publicado, supe por otro colega que vivía en una amplia celda con todo tipo de privilegios, visitas ilimitadas que le permitían organizar fiestas y servicio de habitaciones que incluía desde alcohol hasta el menú de los mejores restaurantes de la capital.

Mi reportaje, que parecía sacado de una telenovela, causó un gran escándalo en España, que de repente redescubrió la existencia de un lugar llamado Filipinas. Políticos, autoridades y medios de comunicación saltaron sobre la historia, por la única razón de que Paco tenía doble nacionalidad y un padre pelotari vasco. «Español condenado a la pena de muerte en Filipinas», decían los titulares. Ninguna de las dudas que exponía en mi investigación ni las pruebas que contradecían la versión de la familia fueron mencionadas. Nadie se molestó en leer la sentencia de cientos de páginas firmada por ese juez muerto en extrañas circunstancias. El Gobierno español solicitó el indulto y puso todo su músculo diplomático en lograr el traslado del joven Larrañaga a una prisión española, que debió de parecerle extremadamente dura, en comparación con los privilegios de su condena en Manila. En España podía respirar tranquilo: sin pena de muerte, no lo colgarían por lo que había hecho. O sí.

Todo lo que estaba mal en la relación entre España y su excolonia quedaba reflejado en la condescendencia hacia la sentencia de la justicia filipina, la chauvinista exoneración concedida al acusado por la prensa simplemente porque era español, aunque solo lo fuera un poco, y la manera en la que el poder político, desde el rey hasta el Parlamento, venía a decirle a Manila: «¿Cómo se atreven estos salvajes a tocar a un hijo del imperio?». Mientras la justicia filipina no tenía dudas de su culpabilidad, España lo declaraba inocente por la gracia de la superioridad blanca y pedía su libertad inmediata. Las instituciones filipinas empezaron a sentirse incómodas. El colonialismo tiene esa extraña capacidad: sobrevive en la mente no solo de los colonizadores, sino de los colonizados, incluso mucho después de que los últimos barcos hayan zarpado de regreso a casa.

Al poco de su traslado a España, Paco Larrañaga recibió el tercer grado que le permitía pasar solo las noches en la prisión donostiarra de Martutene, encontró trabajo en un restaurante de Orio y rehízo su vida.

Mis editores no se estrujaron la cabeza para titular el reportaje de Larrañaga: «El último de Filipinas», evocando una vez más la resistencia heroica de cincuenta soldados españoles durante trescientos treinta y siete días en una iglesia en Baler en 1898, donde defendieron el imperio hasta el final, sin saber que se había desmoronado. La historia cuenta que solo se rindieron cuando un emisario, enviado a explicarles lo precario de su situación, dejó varios ejemplares del diario *El Imparcial* con noticias del final de la guerra. Eran tiempos en los que la gente creía lo que publicaban los periódicos. Aquella hazaña es todo lo que queda, en la memoria popular, del colonialismo español en Filipinas. Leguineche la relató en *Yo te diré...*, los diarios la rememoran cada poco tiempo, los políticos la recuperan en momentos de exaltación patriótica y el cine se la presenta cada poco tiempo a las nuevas generaciones. Es como si no quisiéramos saber más.

Después de la pérdida de Filipinas y Cuba, España se encerró en sí misma. El mundo nos dejó de interesar, quizá porque ya no mandábamos en él. Mientras en el resto de Occidente emergía una nueva era del periodismo internacional, y ganaba fuerza la figura del corresponsal, los diarios españoles tardarían décadas en volver a tener enviados especiales. Uno de los pioneros fue Manu Leguineche (1941-2014), el jefe de la *tribu* de reporteros españoles que empezó a viajar poco antes de la muerte del dictador Francisco Franco, abriendo el camino a mi generación. El periodismo internacional le permitía ejercer la profesión con una libertad imposible en las coberturas nacionales. Trabajó como corresponsal de *El Norte de Castilla* cuando lo dirigía Miguel Delibes y con veinte años se fue de enviado especial a la revolución de Argelia. A partir de ahí, todo fueron viajes y aventuras, crónicas escritas con detalles que a otros se les escapaban y miradas sabias a conflictos irresolubles. Los jóvenes que veníamos por detrás anhelábamos seguir sus pasos y hacernos un Leguineche: mochila, cámara y carretera. En el avión que me llevaba a Hong Kong para inaugurar la primera corresponsalía de *El Mundo* en Asia, en septiembre de 1998, leí de una tacada *Adiós, Hong Kong*, su libro sobre los últimos días de la colonia británica antes de ser entregada a China. Lo llevaba bajo el brazo cuando visité la oficina comercial de España y uno de los becarios me dijo que el afamado reportero lo había entrevistado para escribirlo:

—Estuvo una semana en Hong Kong y escribió un libro —me dijo en un tono despectivo, ofendiendo la imagen que yo tenía del mito—. Estos periodistas...

La rendición de «los últimos de Filipinas» que Leguineche narra en *Yo te diré...* dio fin a los tres siglos que los filipinos pasaron en el convento español e iniciaron la inmersión del país en una película de Hollywood, según les gusta destacar. Los filipinos quedaron tan confundidos al final de ambas experiencias que nadie puede culparlos por sentirse «turistas en su propio país». Lo que emerge tras la dominación extranjera es un país controlado por caciques locales, cardenales todopoderosos y un centenar de familias que se reparten la tierra, el capital y el poder político. Unas dinastías descienden directamente de las colonias, premiadas por sus servicios a Madrid, con apellidos como Ayala, Gorricho o Bormaheco. Otras surgieron al abrigo de los monopolios económicos y las relaciones con el poder poscolonial. Y, por supuesto, están las familias chinas, que amasaron poder en todos los países asiáticos tras huir de las penurias maoístas. Si no perteneces a ninguno de esos clanes, la única forma de ingresar en el club es a través de lo que Mao llamó el «poder que emana del cañón de un fusil».

Leguineche retrata esa Filipinas de desigualdades, terratenientes y mayorías oprimidas mediante la dictadura conyugal que irrumpió a mediados de los sesenta con la promesa de crear una «nueva sociedad», que es como los Marcos bautizaron a la cleptocracia de toda la vida. En lugar de convertir en protagonista de su relato a Ferdinand, la opción más obvia por el ser dictador, el reportero español se centra en su mujer, Imelda. *Filipinas es mi jardín*, el título de su libro, está sacado de una cita textual de una de las más fascinantes primeras damas que haya conocido el mundo. Filipinas, declara la Mariposa de Hierro, es suya. Ni siquiera de su marido. Por la Manila de entonces corría una broma: un ciudadano pregunta qué pasaría si el infortunio hiciera que la persona al frente del país muriera repentinamente. «Que el presidente Marcos tendrá que hacerse cargo», le responden.

Estamos en plena Guerra Fría y Estados Unidos defiende por entonces cualquier dictadura que convenga a sus intereses en una política que Roosevelt definió con su frase sobre Somoza: «Puede que sea un hijo de puta, pero es nuestro hijo de puta». Además, ¿qué hacer cuando detrás del hijo de puta hay una mujer con la belleza de una diosa, el carisma de una actriz de Hollywood y la capacidad de conspiración de un cardenal? Una anécdota describe su poder de encantamiento. El secretario de Estado Henry Kissinger visita el país en 1976, aunque detesta la idea de encontrarse con Imelda. Sus diplomáticos la describen como «una mujer hermosa cuyas sonrisas seductoras cautivan el ceño fruncido de los líderes más cascarrabias del mundo». Se autoinvita a eventos donde no pinta nada, se indigna cuando los regalos diplomáticos que recibe no son lo suficientemente lujosos y se muestra superficial hasta el absurdo. La inteligencia estadounidense cree que la Gran Dama de Filipinas suspira por la muerte del dictador español Francisco Franco. ¿Para ver la democracia triunfar en la antigua potencia colonizadora? ¿Por falta de sintonía con el general? No, el motivo es más liviano: el funeral sería una estupenda excusa para viajar a Madrid.

Cuando Kissinger aterriza en Manila, no esconde su disgusto: «No soporto a esa mujer». La señora Marcos invita entonces al secretario de Estado a una comida privada en el camarote del yate presidencial, donde departen en privado durante dos horas. Al salir de la reunión, Kissinger se baja del barco y se dirige al embajador estadounidense, Bill Sullivan, que tampoco sentía grandes simpatías por Imelda. «Bill, es encantadora —le dice—. ¿Cómo es posible que no te lleves bien con ella?»

Los líderes del mundo caían rendidos a los pies de Imelda, desde Castro hasta Brézhnev, y desde Reagan hasta Gadafi. En su juventud había ganado un concurso de belleza y, aunque dicen que fue amañado, no lo necesitaba: era, junto con la reina Sirikit de Tailandia, la primera dama más deslumbrante de Oriente. También la más corrupta, capaz de pagar limosnas a miles de pobres para que la aclamaran en las calles y de reunir la mayor y más cara colección de complementos del mundo: más de tres mil pares de zapatos y ochocientos ochenta y ocho bolsos. Cuando se iba de viaje oficial, a Londres, París o Nueva York, se compraba edificios, mansiones o cuadros como *Le bassin aux nymphéas*, de Monet. Le gustaban los animales y ofreció una fortuna a un intermediario para llevar decenas de ellos, desde jirafas hasta tigres, al safari que ordenó construir en la isla de Palawan. El saqueo se extendió a toda la familia porque, como decía la propia Imelda, no todos los miembros del clan tenían la inteligencia para ganarse la vida por sí mismos.

Cuando entrevisté a la señora Marcos en su apartamento de Makati, en 2004, era una sombra de lo que fue. Nada quedaba de su belleza, no paraba de protestar por la falta de reconocimiento a su labor y repetía sin cesar anécdotas de los días en los que deslumbraba al mundo con sus encantos, ofreciéndome una imagen de abuelita afable y nostálgica poco convincente para quienes conocían su pasado. Todo lo que había ido mal lo atribuía al pasado colonial, esa carta que los sátrapas siempre tienen a mano incluso cuando llevan siglos gobernando: «La pobreza en Filipinas es parte del sistema feudal impuesto por las potencias colonizadoras, España y Estados Unidos».

La matriarca gobernaba la dinastía Marcos desde Makati, el distrito con el que la elite quería borrar la imagen pobre de «la capital de las fachadas desconchadas, la contaminación y los colores brillantes, deslavada por los monzones», según la descripción de Leguineche. Las familias ricas repudiaban Manila, demasiado sucia y caótica, y se refugiaban en barrios amurallados para no tener que soportarla. Para los asiáticos, tan acostumbrados a sus sociedades sin crimen, era una ciudad peligrosa e impredecible, aunque yo la encontraba divertida e insurrecta. Sospecho que soy la única persona que conozco a quien le gusta la capital filipina. Me atraen los lugares desarreglados, canallas y con algo de misterio, donde no sabes qué vas a encontrar a la vuelta de la esquina y la vida continúa al caer la noche e incluso de madrugada. Me aburren las urbes asépticas, cómodas y previsibles, donde todo funciona y un cartel te recuerda en cada esquina lo que se puede y no se puede hacer. Prefiero Bangkok a Singapur; Manila a Dubái.

La elite filipina quería un Singapur o Dubái en el corazón de la ciudad, así que construyó Makati. El nombre de la antigua ciudad colonial, San Pedro Macati, se acortó y el nuevo distrito fue incorporado a la gran metrópoli. La familia Ayala, dueña de la mayor y más antigua corporación del país, que empezó a operar bajo el Imperio español, se hizo con los terrenos y empezó a desarrollarlos a partir de los años sesenta. En 1969 se inauguró el Intercontinental, el primer hotel que compitió con el lujo del Manila. En los años en los que yo viajaba a Manila tres o cuatro veces al año, el hotel tenía un bar muy animado que casi me cuesta el despido como corresponsal. Era la época en la que el diario daba beneficios y no se miraban los gastos con lupa, como ahora. Me pedí algo e invité a otros colegas. Cuando fui a pagar, el camarero me preguntó si quería dejar la cuenta abierta, quedándose con la Amex de la empresa. La noche se alargó, los reporteros cumplimos el estereotipo de trasnochadores y mi cuenta se convirtió en una barra libre a la que se fue sumando gente y que duró hasta que nos echaron. Me marché borracho y, por supuesto, olvidé la tarjeta. Cuando volví a por ella al día siguiente, el camarero me presentó la cuenta y, aunque no recuerdo a cuánto ascendía, supe que en cuanto llegara a contabilidad yo sería hombre muerto. Durante días esperé la llamada del único departamento eficiente que existe en un diario para que justificara el exceso, pero nunca la recibí. Todavía hoy tengo duda de si me salvó un contable comprensivo o la confusión que les hizo creer que la factura correspondía a mi estancia en el hotel, donde no me hospedaba, y no al vaciado de la bodega del bar del sótano.

Makati tenía las aceras mejor pavimentadas de Filipinas y un servicio de recogida de basura impensable en el resto de la ciudad. Que todo estaba perdido para la otra Manila, la desordenada, lo entendí el día que el Havana Café de Malate, uno de esos bares donde pasaban cosas, también se trasladó a la impoluta y superficial Makati, donde se llenó de prostitutas de lujo y guardaespaldas armados.

Imelda vivía en un ático en uno de los nuevos edificios de apartamentos construidos por la elite para la elite. Yo no veía el momento de escapar de allí, porque la dueña del jardín filipino no paraba de hablar y empezaba a repetirse. Salí de la entrevista sin descifrar si estaba ante la mujer más lista del mundo o ante la más tonta. Y, aunque más adelante descubriría que ese era uno de los secretos de su éxito, equivocadamente concluí que su decadencia no solo era merecida, sino irreversible. Su marido murió en 1989 en su exilio de Hawái, tras la Revolución del Pueblo que destronó al matrimonio, y ella mantuvo durante algún tiempo un perfil bajo. La brutal represión del régimen estaba reciente y el Estado todavía reclamaba la devolución de lo robado, algo que ninguno de los casos abiertos por la justicia iba a lograr. Al contrario, lo que sucedió después fue una restitución social del clan, incluido su poder, impensable incluso en una telenovela filipina.

Imelda volvió a las galas del hotel Manila, las visitas a las barriadas pobres y a la política, ganando un asiento en el Congreso. Su hija, Imee Marcos, entró en el Senado, mientras para su hijo *Bongbong* Marcos Jr. reservó planes más ambiciosos. Todavía envueltos en un extraño encantamiento, los filipinos fueron conducidos hacia el precipicio del olvido. Un museo y un mausoleo en honor de Ferdinand exponían la vida y obra del dictador en Batac, en su provincia natal de Ilocos Norte. Para que nadie olvidara su aspecto, Imelda encargó construir una réplica de cera del tirano y la guardó en un féretro de cristal. Los fines de semana se formaban largas colas de peregrinos dispuestos a honrarlo, algunos con lágrimas en los ojos ante aquel falso embalsamamiento. En entrevistas y actos, Imelda reescribió meticulosamente la historia, hasta el punto de que hablaba de su marido como si estuviera vivo.

Todas aquellas atenciones de la viuda chocaban con el matrimonio tormentoso que Leguineche describe en *Filipinas es mi jardín*. Las infidelidades de Ferdinand eran tan constantes que sus agentes de seguridad no solo lo protegían de un magnicidio, sino de las iras de una esposa que lo buscaba por los hoteles de Manila. Entre los *affaires* más sonados del dictador, Leguineche recuerda con sorna el que mantuvo con Dovie Beams, una actriz estadounidense. La mujer, consciente del valor de aquella relación, escondió un magnetófono bajo la cama mientras hacían el amor y grabó los gemidos del presidente. «La cinta de los orgasmos fue a parar a manos de los estudiantes de la Universidad de Filipinas, que los emitieron durante tres días por los altavoces del campus —cuenta Leguineche—. Al final pasó a una emisora de radio. Marcos envió a las tropas para ocupar la emisora y rescatar las cintas.»

Después de aquello, y temiendo una guerra matrimonial que tumbara la dictadura, agentes de la embajada de

Estados Unidos acompañaron a la amante indiscreta hasta el aeropuerto y la pusieron rumbo a casa. Era demasiado tarde: el pueblo les había perdido el respeto a los Marcos, una Iglesia tolerante con los abusos que atentan contra los derechos humanos y con la corrupción se indignó ante los escándalos sexuales y la oposición encontró al fin una figura unificadora en un reportero metido a político, Benigno *Ninoy* Aquino. Cuando la gran esperanza del pueblo fue asesinado nada más regresar del exilio, los filipinos dijeron basta: tomaron la avenida Epifanio de los Santos, donde se concentran cuando quieren pegarle una patada en el culo al poder, y lanzaron la Revolución del Pueblo que tumbó aquella tiranía grotesca y cursi. «La primera retransmitida por televisión», recuerda Leguineche.

La pareja se atrincheró brevemente en Malacañán y prometió resistir hasta el último suspiro. Pero los dictadores son de naturaleza cobarde y poco dados al sacrificio. Ferdinand e Imelda llenaron el avión que dispuso Washington con joyas y maletas cargadas de dinero y se largaron a Hawái. Prometieron volver a Filipinas, como MacArthur. Solo ella pudo cumplir la promesa, demostrando una vez más quién de los dos mandaba. Tres décadas después de su regreso, la Mariposa de Hierro consumó su triunfo final y demostró lo equivocado que yo estaba cuando la di por acabada tras nuestro encuentro en Makati. El 30 de junio de 2022, su hijo Bongbong juró su cargo como el decimoséptimo presidente de la República de Filipinas.

Las ciudades filipinas son, en general, un desastre de ineficiencia, falta de transporte público, caminos con baches que parecen cráteres lunares, nulo servicio de limpieza y una oferta cultural inexistente. Al contrario que Tailandia o Vietnam, ni siquiera hay una cocina que merezca la pena. Los filipinos, más cerca del carácter latino que del oriental, son demasiado abiertos para ocultar el secreto del Este. Transmiten un optimismo a prueba de realidades y una falta de autoestima con respecto a su bello país que resulta incomprensible cuando se sale de las ciudades. Filipinas tiene 7.641 islas, aunque el recuento varía, y una de ellas, Boracay, acoge la mejor playa del mundo, según una de esas listas absurdas que los diarios publican cada cierto tiempo. Cuando la visité por primera vez en 1999, apenas tenía turismo y la infraestructura se limitaba a unas cuantas cabañas, algún hotel y un par de bares con *hippies*. Me advirtieron que la principal causa de mortalidad era el impacto de cocos y que me cuidara de dormir la siesta a la sombra de una palmera. La estadística resultaba creíble porque al caminar por sus playas oyes el sonido seco de un coco al golpear el suelo —¡bum!— y el corazón te daba un vuelco. Una de aquellas frutas podía pesar kilo y medio, desprenderse de una rama desde una altura de veinte metros y desplomarse a más de cuarenta kilómetros por hora. Si te caía en la cabeza, te asegurabas la muerte más ridícula en «la mejor isla del mundo». Podía imaginarme los titulares: «Intrépido reportero muere en Boracay golpeado por un coco».

El turismo masivo llevaba algún tiempo arrasando Bali, Goa y Phuket, lugares que una vez fueron especiales y que habían sido deslucidos por los atascos, las tiendas para japoneses y los hoteles mastodónticos con bufé para llenar el estómago de un ejército de bárbaros. Filipinas seguía siendo un destino marginal: los turistas no tenían el país en el radar y los locales tampoco se afanaban por promocionar esas islas que deslumbraron a los primeros conquistadores españoles. Daban ganas de dejarlo todo e instalarse allí. Y, de hecho, algunos lo hacían. En Boracay vivía por entonces Carlos, un español que había dejado su puesto de ejecutivo de la banca y un sueldo de vértigo en Hong Kong para instalarse en una choza junto a la playa. Montó un pequeño negocio de buceo y se entregó a una vida sin zapatos. Nos ofreció a mi amigo Javier Falcón y a mí un curso rápido, titulación exprés y una excursión para conocer los misterios de las profundidades. Por el horizonte asomaban nubes negras y algunos empezamos a dudar:

—¿No sería mejor...?

—Nada, nada —dijo Carlos, oteando el cielo y midiendo a ojo los vientos para predecir cuándo llegaría la tormenta—. Hum... Esto aguanta.

Partimos en canoa de motor, en cuando llegamos al *perfect spot* nos deslizamos por la borda y empezamos a bucear rodeados de peces multicolores, sin saber que encima de nosotros empezaba a caer el diluvio universal y que el mar se había encabronado. El cursillo rápido no sirvió de mucho, me sentía tan cómodo como pez en el desierto y pensé que era mejor ponerse a salvo. Pero cuando emergí del abismo, que a mí me lo parecía aunque es posible que un jugador de la NBA hubiera hecho pie, me encontré en mitad de una escena de *La tormenta perfecta*. Todo estaba nublado bajo un torrente de agua y no podía localizar ni nuestra barca ni a mis compañeros. Los filipinos aprenden desde niños a tomarse en serio el clima porque saben que es impredecible: su costa es golpeada por una media de veinte tifones al año y el país tiene el título de más azotado por desastres naturales en el mundo. Carlos no parecía saberlo. Era banquero, no meteorólogo. Miré hacia la costa y, aunque creí divisarla, me pareció que no la alcanzaría. Nuestro monitor surgió de la nada, tal vez arrepentido de habernos metido en aquel lío, nos llevó hasta la barca y una vez a bordo hicimos recuento. Nos faltaban dos personas, un par de vascos que se habían unido a la aventura. El monzón enfureció aún más y pensé que no saldríamos nunca de allí. Nuestro guía dijo con buen juicio que no podíamos dejar tirados a sus dos clientes, aunque habían pagado el curso por adelantado. Hubo minutos de angustia, llamadas inútiles que se perdían en la inmensidad del océano y, finalmente, alivio cuando vimos sus cabezas asomar entre las olas. Aquella fue mi primera y última experiencia con el buceo, gracias a un instructor que nunca debió dejar la banca.

Por la noche se me había pasado el disgusto. La luna dibujaba un camino plateado sobre el mar, alguien había iluminado la arena de la playa con antorchas y un filipino con la melena de Pocahontas servía cócteles con nombres exóticos detrás de una barra de bambú. El ambiente estaba cargado de la camaradería que se genera entre personas que se sienten parte de un secreto que el resto del mundo desconoce. A la segunda copa, te habías hecho amigo de todo el mundo; a la tercera, envidiabas a quienes habían convertido el lugar en su residencia permanente; y si te descuidabas, al despertar a la mañana siguiente frente al mar turquesa de Boracay, tan benévolo que perdonaba la vida incluso a los buceadores más ineptos, enterrabas tu pasaporte bajo una palmera, todavía lo bastante resacoso como para olvidar cuál.

El secreto de Boracay no tardó en extenderse, el Gobierno dio nuevas licencias de hoteles, por supuesto a los amigotes, y los visitantes ocasionales se convirtieron en seis millones de turistas al año, más de lo que podía absorber una isla de apenas veinticinco kilómetros cuadrados. Con los años, pilas de basura se acumularon en las playas y avispados tiburones inmobiliarios levantaron nuevas construcciones a placer, sin permisos ni planes medioambientales. Cuando las autoridades enviaron finalmente a los inspectores, en 2018, encontraron más de ochocientas violaciones de normas urbanísticas. Se decidió cerrar Boracay durante seis meses «por reparaciones», demasiado tarde. Una vez destruida Boracay, me quedaban 7.640 islas para escoger si algún día me decidía a seguir los pasos de Carlos y dejarlo todo por el paraíso. A pesar de su belleza, sin embargo, difícilmente podría ninguna de ellas ser el final de mi viaje. La posibilidad de encontrar el secreto de Oriente en la excolonia española era remota y, por mucho que la visitaba, no lograba dar con el halo de misterio del que hablaban Somerset Maugham, Conrad o Kipling. Tampoco tenía la espiritualidad que buscaba Néel. Y aunque en cada esquina te pedía que entregaras tu alma, el trato se antojaba insuficiente. Los filipinos siguen siendo de mis pueblos favoritos. Afrontan las adversidades con un espíritu admirable y se ríen de sí mismos, conscientes de que solo en su disparate de país podría un clan como el de los Marcos volver al poder. Mi pensamiento, una vez que dejaba las islas, siempre era el mismo y contenía fuertes dosis de un orientalismo fatalista que detestaba en mí mismo: «Un lugar sin remedio».

Filipinas es uno de esos lugares donde los héroes nunca ganan. El sistema está tan amañado, forjado de tal manera para perdurar, que podías tener la seguridad de que los hijos de puta seguirían saliéndose con la suya y los demás pagarían, una y otra vez, el precio. Quienes trataban de cambiarlo se estrellaban contra la realidad. Fui a ver al redactor jefe de *The Manila Times*, Joel Sy Egco, deseoso de que compartiera alguna esperanza que me desmintiera. Sobre su escritorio descansaba un revólver del 45: Filipinas era por entonces el país con más reporteros asesinados fuera de las guerras, un puesto que después se llevó México.

—Los días en que levantábamos las manos y pedíamos clemencia a nuestros asesinos han terminado —me dijo para justificar que fuera armado—. Ha llegado la hora de contraatacar.

Joel había creado junto a otros periodistas ARMED, una asociación que financiaba instrucción militar, prácticas de tiro y estrategias para asistir a compañeros amenazados mediante geolocalización. En una sociedad donde la ciudadanía no podía confiar en sus políticos, jueces o policías, muchos de ellos corrompidos, el periodismo se convirtió en la última bala frente a la injusticia. La gente se presentaba en las redacciones para contar sus problemas o denunciar los abusos del poder. Los periodistas que se ponían a favor del débil se jugaban la vida. El país había sufrido en 2009 la mayor masacre de informadores de la historia en un solo incidente, cuando un grupo de reporteros seguía la caravana de campaña del político Esmael Mangudadatu, de la provincia de Maguindánao. Fueron emboscados por mercenarios del clan rival de Ampatuan: de las cincuenta y ocho personas asesinadas, treinta y seis eran periodistas.

El semanario local *Mindanao Focus* perdió a toda su plantilla.

Los reporteros se enfrentaban indefensos a una nueva generación de oligarcas, latifundistas y gánsteres que ya no tenían vínculos con los españoles que dominaron las islas y que reclamaban su derecho a ser recibidos en los salones del hotel Manila. Y, sin embargo, era inevitable preguntarse cuánto de lo que iba mal en el país era responsabilidad de aquel legado histórico, como denunciaba Imelda Marcos. Los generales birmanos o los nacionalistas indios hacían lo mismo. El discurso se repite en América o África. Pero ¿no han pasado cien, doscientos o quinientos años de la dominación extranjera? ¿Hasta cuándo se pueden justificar los problemas de un Estado fallido argumentando lo sufrido en el pasado? Había llegado la hora de que aquellos países se hicieran responsables, sin olvidar las heridas provocadas por el colonialismo. En Filipinas, los españoles dejamos una semiteocracia, olvidamos organizar instituciones capaces de gestionar un país, creamos dinastías privilegiadas que han explotado a la población, nos limitamos a educar a las elites y tampoco supimos o quisimos enseñar el idioma español, que nos habría permitido mantener un vínculo. Manu Leguineche prefiere ser benévolo con sus compatriotas, a pesar de todo: «La colonización española de Filipinas no fue un éxito, aunque tampoco cruel o inhumana».

Leguineche nació en 1941 cerca de Guernica, la ciudad vasca bombardeada cuatro años antes por Hitler y Mussolini, que combatieron del lado del general Franco para derrocar la República española. «La II Guerra Mundial comenzó en mi pueblo, Guernica», decía Leguineche sobre la masacre. Estaba convencido, como muchos historiadores, de que si se hubiera detenido el fascismo en España el continente europeo se habría ahorrado las decenas de millones de muertes que siguieron. Fue hijo de la posguerra y de una España miserablemente pobre y traumatizada donde incluso familias acomodadas como la suya —su padre era un industrial vasco— pasaron dificultades. La guerra no lo abandonaría nunca; tampoco su incomprensión de la maldad que la hacía posible. Quizá por ello se fue a contarla a Vietnam, Yugoslavia o Afganistán. Estudió Filosofía y Letras en Valladolid antes de marcharse a Madrid, donde inició su carrera como periodista en *El Norte de Castilla*, entonces bajo la dirección de Miguel Delibes. España no es, en aquel momento, país para periodistas. La censura le impide ejercer el oficio con libertad, una razón para marcharse lejos. En una taberna de la capital conoce al periodista estadounidense Harold Stephens, que le habla de su intención de batir la marca de treinta y tres mil setecientos noventa kilómetros establecida por el británico Peter Townsend en su vuelta al mundo. La idea es completar el recorrido en un Totoya Land Cruiser, una empresa en la que Leguineche tiene, en principio, poco que aportar. Nunca ha manejado un coche.

—¿Cómo pretendes dar la vuelta al mundo en una expedición como esta si no sabes conducir? —le preguntan.

—Tengo otras condiciones. No sé conducir ni nada de mecánica, pero sé cantar, jugar al mus, tengo muy buen humor, sé algo de geografía y he leído a Conrad, Stevenson y Verne.

Entre vinos y tapas, Leguineche consigue que lo inviten a formar parte de la expedición, que incluye a otros tres periodistas además de Stephens: Albert Podell, Woodrow Stans y el fotógrafo suizo Willy Mettler. Es 1965 y tiene veintitrés años.

El viaje, que durará dos años, empieza cruzando a Marruecos por el Estrecho antes de recorrer por tierra Argelia, Túnez, Egipto y el Líbano; sigue en el Hindu Kush y los lleva a atravesar el paso de Jáiber; luego a la India, donde Leguineche toma el té con Indira Gandhi; y rumbo al este. Manu se gana la vida trabajando en lo que puede —«He sido de todo menos proxeneta»—, vende píldoras de supuesta fabricación alemana en los mercados de Tailandia, no puede evitar que un mono se coma su pasaporte en Bangkok, juega un partido de fútbol con el rey Sihanouk de Camboya y entrevista al dalái lama, que le manda recuerdos para Franco. Durante una parada en Paksan, en el oeste de Laos, es recibido por el jefe de la aldea, que le presenta a sus tres mujeres y lo invita a fumar opio de la tribu de los meos: «La segunda pipa es para mí —escribe de la experiencia—. La boquilla está sucia y chupada, pero no puedo defraudar a mi anfitrión. Aspiro con demasiado énfasis y el humo del opio me golpea los pulmones. Otra chupada más y me pongo a la altura de Peng Siew, ingrávido, siento que la cabeza se me llena de humo y me tumbo en el diván, como los clásicos. Siento una sed repentina y la esposa tailandesa de Peng acude con una jarra de agua fría. Bebo varios vasos y, poco a poco, salgo de la modorra».

La última parte del viaje es a las antípodas, un capítulo que empieza con una viva descripción de una fallida caza de canguros, seguido de travesías por el desierto australiano, visita a las ciudades de Sídney, Adelaida o Melbourne; y noches de charla y vino en una parte más lúdica de un viaje que adquiere aires de despedida, porque toca a su fin. Sus compañeros preparan su regreso a Estados Unidos y él recibe una respuesta positiva del verpertino *Madrid* para irse a cubrir la guerra de Vietnam. Cuatro meses después está en la terraza del hotel de Graham Greene, el Continental de Saigón, bajo un ventilador de aspas, rodeado de limpiabotas, lisiados, peripatéticas, quiromantes y espías, frente a una cerveza Larue, cuando el botones del hotel, Nguyen Ti, le entrega un telegrama en una bandeja de plata. Eran sus compañeros de expedición, que desde casa lo informan: «Batido récord mundial Trans World. Stop. Llegamos Quinta Avenida Nueva York. Stop. No encontramos sitio aparcar. Stop. Abrazos. Steve. Al».

El camino más corto se convertirá en un clásico de la literatura de viajes en España, consagrará a Leguineche y lo elevará a la categoría de leyenda. Yo había devorado el libro en la facultad, convencido de que en sus páginas estaba plasmada la vida a la que todo periodista debía aspirar. Todavía no sabía que, al igual que Leguineche, también partiría a Oriente y que, durante dos décadas, recorrería los mismos lugares; cubriría guerras diferentes, aunque parecidas; escribiría libros que emularían su reporterismo literario; y mantendría al periodista vasco, como tantos compañeros de mi generación, en un pedestal.

No fue hasta que regresé de mi etapa asiática, ya viviendo en Madrid, cuando ocurrió algo inesperado. Estaba repasando las noticias del día cuando di con una información que ponía en duda parte del relato que Leguineche hacía de su viaje en *El camino más corto*. La nota la escribía Gaspar Ruiz-Canela, corresponsal de EFE en Bangkok, y desmentía que el periodista español hubiera estado en Australia. Harold Stephens, el líder de la expedición, le había contado a Gaspar que Leguineche se había bajado de la expedición antes para trabajar en el sureste asiático en varios encargos de la prensa española. Un tiempo después le pidió a Stephens su diario de viaje para copiar las partes que no había hecho. «Me preguntó cómo era [Australia] y le di mi manuscrito», contó Stephens.

Volví al libro y repasé las descripciones de Leguineche, tan reales que me parecía imposible que se las hubiera inventado: «En ocasiones perdíamos la carretera, convertida en pista arenosa, el consumo de agua era alto y los víveres escaseaban». *El Confidencial* hizo más adelante una comparativa entre los libros de Leguineche y Stephens y encontró más fabulaciones, por ejemplo los pasajes donde describe un trayecto en elefante por el parque nacional de Kaziranga, en el estado indio de Assam. Me vino a la mente aquel becario de la Cámara de Comercio de Hong Kong que había desestimado su libro sobre el regreso de la colonia a China como un corta y pega, juntado en un viaje rápido de una semana.

Las sospechas sobre Leguineche me contrariaron. No sabía si me molestaba más que desmontaran el rigor de mi referente de juventud o que se hiciera cuando ya estaba muerto y no podía defenderse. Unos años antes se habían propagado dudas similares sobre los relatos africanos de otro de los autores que más me habían inspirado, Ryszard Kapuściński. Su antiguo discípulo, Artur Domosławski, publicó una biografía en la que acusaba al autor polaco de falsificar algunos hechos y exagerar otros. Tampoco Kapuściński podía rebatir las acusaciones desde la tumba. ¿No era aquello injusto, esperar a que uno se muriera para poner en duda su trabajo? ¿Era posible que Stephens, que tenía noventa y un años cuando Gaspar lo entrevistó, estuviera senil y sufriera de amnesia? El problema era que el estadounidense ya había contado en *Who needs a road?* (1968), sus memorias sobre el viaje, que Leguineche nunca completó el viaje. La razón de que esa información no llegara a España fue que el libro nunca se tradujo en nuestro país.

Gaspar, al contrario que el secretario de Kapuściński, nunca tuvo intención de desprestigiar al autor español. Todo surgió casualmente mientras tomaba una paella con Stephens en Bangkok. Tras la charla, leyó el libro de Leguineche y se dio cuenta de que no encajaba con el relato de su compañero de aventura. Después se vio sorprendido por la reacción, sin sospechar el alcance del sacrilegio cometido. Su artículo, escrito con el tacto que merecía el mito, fue recibido con silencio o insultos entre los colegas de profesión.

Leguineche publicó cuarenta y tres libros, una producción difícilmente compatible con el rigor de los editores de *The New Yorker*, pero uno esperaba que al menos hubiera estado en los lugares donde situaba sus aventuras. En mis años de corresponsal escuché muchas historias sobre *la tribu*, esa generación liderada por Manu que fue pionera en salir del país para contarnos el mundo, concediéndose licencias que hoy te costarían el despido. Crónicas de batallas que nunca sucedieron, despachos desde el frente que en realidad se elaboraban desde hoteles e incluso acuerdos entre compañeros para enviar falsedades idénticamente jugosas, para que los editores en España no sospecharan. Al analizarlo con más detenimiento, todo aquello cobró sentido. Trabajaban para medios sin una larga tradición de libertad de prensa o cultura de la verificación. Se habían formado en un país sometido a la censura y la manipulación. Ejercían en una época en la que no existían internet o los programas que localizan el plagio con un clic.

Cuando me decidí a escribir *Los diarios del opio* pensé que, si existía algo parecido a la coherencia patriótica, debía al menos incluir a un escritor español. No había muchos que hubieran hecho carrera en Asia. La mayoría miraron hacia Latinoamérica por afinidad colonial o a Europa, el continente del que por fin nos sentíamos parte tras décadas de hermetismo. Incluso África despertaba más interés. Manu Leguineche, mi opción obvia, casi la única, presentaba de repente una duda: ¿dedicar un capítulo a alguien la veracidad de cuyo material no podía garantizar? Busqué maneras de justificarme y justificarlo. Leguineche era muy joven cuando «no termina» la vuelta al mundo con Stephens y quizá la ambición del principiante lo supera. Una vez consagrado, con los galones del veterano, ¿qué razón tenía para arriesgar su reputación con un reporterismo deshonesto? Era perfectamente posible que todo lo que escribió después de *El camino más corto* fuera cierto y ocurriera tal como lo contó. Y lo que era aún más importante: no estaba en condición de defender la parte más cuestionada de su trabajo.

En cuanto a mí, había dejado atrás la edad en la que esperas purezas absolutas de las personas, ni siquiera de las leyendas. Los textos de Leguineche estaban muy bien escritos: eran divertidos, empáticos y estaban llenos de personajes con una gran humanidad. Tenían la justa medida de contexto histórico, anécdotas, vivencias y reflexión. Los amigos que trataron a Manu me aseguraban que fue un tipo entrañable. Lo defendían de las acusaciones y resultaba violento confrontar su fe, porque nacía de la completa admiración no solo por el periodista, sino por la persona. Y ambos, en el caso de Leguineche, eran indistinguibles.

Además, por lo que respecta a Filipinas había un elemento adicional que me hacía confiar en sus libros: nadie puede exagerar la realidad del país más disparatado del mundo, seguramente el que menos en serio se toma a sí mismo. Sabía por mis viajes al país y los relatos de quienes habían vivido la época de los Marcos que lo que escribió Leguineche en *Filipinas es mi jardín*, incluso lo más absurdo, podía considerarse ordinario. La Imelda que yo conocí era la misma que protagoniza su libro, con su elegante superficialidad y esa nobleza de barrio que hizo que engañara por igual a la elite y a los pobres. Podías imaginarla persiguiendo a su marido por los pasillos del hotel Manila, engalanada con un collar de perlas y pendientes de diamantes, mientras el servicio secreto trataba de salvar al dictador de su furia.

Me decidí por conceder a Manu el beneficio de la duda, aunque mientras leía sobre sus viajes asiáticos no podía dejar de pensar, en cada línea, si lo que contaba nacía de su experiencia o de su imaginación. Después, al recorrer Filipinas por mi cuenta, y comprobar lo poco que había cambiado todo, sus historias se me fueron haciendo más creíbles. La pobreza desesperante. Sus líderes populistas y sus ciudadanos crédulos. Las desigualdades indignas. Y los Marcos, una vez más, en el poder. El saqueo, la represión, el asesinato y la corrupción habían sido perdonados. Somerset Maugham habría encontrado en las islas de Felipe II la prueba definitiva de su teoría de que el hombre no puede elevarse sobre las bajezas de su naturaleza más allá de un tiempo. Pero, aun admitiendo que era así, ¿no podríamos al menos quedarnos a medio camino? ¿Era necesario descender una y otra vez, hasta darnos de bruces con el suelo? ¿No queda, en algún lugar, una sociedad que muestre otro camino? ¿Un pueblo que, decidido a mantenerse en las alturas, oculte sus virtudes detrás de un misterio indescifrable? Mi amigo el profesor Kung, admirador de Ho Chi Minh, me dijo que debía girar la vista hacia un país vecino de Filipinas, con historia y fortunas muy diferentes. Próspero. Cívico. Espiritual. Moderno. Y a la vez, orgullosamente tradicional. Japón, la versión más extrema de Asia. «Un lugar diferente a todos.»

9

Nicolas Bouvier / Japón

Mucho antes de que Conrad llegara a las costas de Borneo a bordo del vapor Vidar; antes de que Orwell descubriera la discreta sensualidad de los birmanos y de que Somerset Maugham quedara deslumbrado por los templos de Angkor; antes de que Kipling se perdiera, literalmente, entre el submundo de Lahore; un veneciano con espíritu aventurero regresó de un viaje a Oriente contando increíbles historias de tierras donde existían inventos jamás vistos, tesoros fascinantes y formas de entender la vida que desafiaban todo lo conocido. El relato de Marco Polo, dictado a un escribiente desde su celda de Génova, fue ridiculizado como fábula, aunque el tiempo demostraría que estaba lleno de reporterismo bueno y riguroso. Su *Libro de las maravillas,* pionero entre los que despertaron el interés occidental por el Extremo Oriente, incluye la primera mención en Europa de la isla de Cipango: «Su soberano no es fiel de nadie», cuenta Marco Polo.

Japón vive ya entonces una feroz batalla por defenderse de influencias extranjeras, parte de un espíritu retraído que mantiene. Repele dos intentos de invasión del emperador Kublai, que en 1274 envía una primera flota con veinte mil arqueros mongoles y, siete años más tarde, lanza un segundo intento con cien mil guerreros. Los japoneses, aunque inferiores en muchas de las artes de la guerra, tienen a sus bravos samuráis y las espadas más mortíferas del mundo. «De un temple que ni las de Damasco o Toledo», nos cuenta Nicolas Bouvier en su *Crónica japonesa*, quizá el mejor relato escrito por un occidental sobre el alma de Japón. La resistencia nipona, ayudada por tifones y tormentas que golpean la flota enemiga justo cuando más se necesita, logra repeler los ataques y mantener su virtud intacta frente a esos extranjeros empeñados en contaminarlos.

Más suerte tiene un grupo de portugueses que, embarcados en un corsario chino a principios del siglo XVI, son desviados de su ruta por un tifón y terminan en las playas de la isla de Tanegashima. Se trata del primer contacto entre europeos y japoneses, que describen a sus visitantes fortuitos como bárbaros del sur. Les sorprende que coman con las manos, en vez de utilizar palillos, que no sepan leer sus caracteres, que beban sin verter el líquido en copas y que se comporten con desorden. Occidente acababa de entrar en contacto con las buenas maneras y el civismo de una tierra donde no molestar al vecino es una religión, la buena educación, un deber, y la armonía, un derecho colectivo. Si los foráneos son aceptados, aparte de que por su número y aspecto no representan una amenaza, a pesar de su falta de etiqueta, es porque llevan consigo algo que llama la atención de los locales: armas de fuego, que los japoneses describen con asombro: «Cuando se realiza el disparo, se produce una luz parecida al rayo y el ruido es como el de un trueno [...]. Con este artefacto es posible vengarse de los enemigos, pues cualquiera que sea alcanzado pierde el alma».

¿Puede haber algo más útil para un país que aspira a no ser molestado por los demás?

Los primeros misioneros que llegaron poco después, con Francisco Javier a la cabeza, describieron la sobriedad de espíritu, el civismo y la corrección obsesiva de gentes que, gracias a su insularidad y su empeño en mantenerse al margen del resto del mundo, viven «extraviados en la gentilidad». Y, sin embargo, los extranjeros que a partir de ese momento se interesan por Japón cometen el error de confundir su carácter armonioso con debilidad. La realidad es que están dispuestos a pelear hasta el sacrificio final por mantenerse puros de influencias foráneas o por defender su tierra. No solo frente a los guerreros de Kublai, sino ante los intentos de imponerles un cristianismo que Japón borraría del mapa en quince años de persecuciones masivas. La suya es la historia de una misión divina e incansable para vivir a su manera. «Un país de acceso difícil y que él mismo se pone en cuarentena», escribe Bouvier. El interés de los japoneses por lo que ocurre más allá de sus islas es escaso, mientras el mundo se empeña en descubrir sus secretos. Entender su sociedad ha sido un jeroglífico imposible de descifrar para conquistadores, viajeros, misioneros o corresponsales como este que escribe. Quizá nadie se haya acercado tanto como el intrépido viajero suizo.

Nicolas Bouvier (1929-1998) partió hacia el Este en 1953 en un viaje que duraría tres años y que comienza al volante de un Fiat Topolino junto al pintor Thierry Vernet, amigo de Bouvier. No han cumplido los veinte cuando deciden lanzarse a la aventura. Antes visitan a Ella Maillart, la mítica fotógrafa suiza, que les aconseja marchar sin miedo: «Dondequiera que vivan los hombres, también puede vivir un viajero». De Yugoslavia a la India, pasando por Turquía, Irán y Pakistán, viajan sin prisa. Pasan un invierno en Tabriz. Conviven con las comunidades que encuentran a su paso. Conversan con campesinos y milicianos, conductores de camiones y panaderos. Dan clases de francés a los niños. En carreteras desiertas, manejan el volante de su Topolino con los pies. Salieron con dinero para nueve semanas y se les agota. Viven al día, negándose todos los caprichos salvo uno.

«Ir despacio.»

Bouvier nació en 1929 en el tedio de la comuna de Grand Lancy, en el cantón suizo de Ginebra, uno de esos lugares donde te aguarda una vida ordenada y previsible. Hijo del bibliotecario Auguste Bouvier y de Antoinette Maurice, el pequeño Nicolas curiosea los atlas de geografía de su padre. Lee libros de aventuras. Y sueña con conocer lugares. A los diecisiete años hace su primer viaje en solitario, a Noruega. Encuentra el placer de viajar, descubriéndose a sí mismo como un viajero pausado. Quiere vivir cada lugar: olerlo, saborearlo, empaparse de su cultura y entenderlo. En Vernet encuentra el compañero de viaje ideal. Tampoco él tiene prisa. Uno ilustra la belleza del mundo que encuentran a su paso; el otro la describe con palabras. El resultado será *Los caminos del mundo*, un libro de viajes legendario y el relato de una amistad que, cuando tomaron caminos separados, se mantuvo a través de cientos de cartas. En una de las más tempranas, el pintor muestra su admiración por el escritor:

> Me temo que en quinientos años diremos: Thierry Vernet, pero sí, ya sabes, el que conoció a Nicolas Bouvier. Sí, sí, tal vez mi único derecho a la fama sea haberte conocido. Porque siento que estás en camino de convertirte en lo que mejor sabemos hacer y eso me hace muy feliz.

Tras un año y medio de travesía, los amigos se separaron en Kabul. Bouvier quería seguir hacia el Extremo Oriente:

hace una parada en Ceilán, donde agotado, enfermo y sin dinero, entra en una gran depresión que detiene su viaje durante siete meses. No contará la experiencia en detalle hasta casi tres décadas después, en *El pez escorpión*, donde dejó una de las frases más manidas y ciertas del viaje como experiencia vital: «Crees que vas a hacer un viaje, pero enseguida el viaje es el que te hace, o te deshace». Sin apenas fuerzas, escribe. Necesita ganar algo de dinero para seguir el viaje y pagar la pensión donde vive atrapado entre tinieblas. No tiene muchos encargos y debe aprovechar. Es un escritor atormentado y obsesivo, que relee y corrige sus textos sin parar, hasta afinar cada párrafo con «la sensación de ser un asesino que afila un cuchillo».

Una vez recuperado, zarpa rumbo a Japón en un barco de la compañía Messageries Maritimes. A bordo, paga su manutención fregando platos. Nada más llegar se instala en la humilde vivienda de un sereno del suburbio de Arakicho, en un Tokio que empieza a levantarse de la guerra. Muchos japoneses todavía viven en la miseria, pero apenas hay crimen y las casas no tienen cerradura. Los policías de la comisaría, aburridos, pasan las horas jugando al go, el ajedrez local. El barrio tiene un «alboroto tremendo y omnipresente maridado con la escritura más bella del mundo», *geishas* que han sido reducidas a la condición de prostitutas por la crisis, un cine que pone películas de samuráis y ningún extranjero a la vista. Si los hay, los japoneses lo sabrían porque creen poder identificarlos por el olor. Aunque la zona tiene problemas de salubridad, todo el mundo guarda una obsesiva limpieza personal. Los extranjeros, nos recuerda Bouvier, tienen fama de mugrientos desde aquellos primeros portugueses llegados por accidente a las costas de la isla de Tanegashima, desaliñados y con su ego europeo intacto: «Portugal es más grande que China», aseguraban a sus anfitriones.

Bouvier vive de pequeños trabajos para revistas japonesas y algunas publicaciones extranjeras. Tiene dificultades para llegar a fin de mes. Compagina la escritura con empleos locales y adquiere la capacidad japonesa de saltarse las comidas. Decidido a integrarse, aprende el idioma. Si quiere comprender a los japoneses, debe hablar con ellos. Se sumerge en los barrios rojos, los bares y cafés, cualquier lugar donde pueda entablar conversación. Tanto quiere mezclarse con la comunidad, y aprender de ella, que incluso encuentra trabajo como guarda de un templo zen. Un día sus vecinos empiezan a aceptarlo, hablan con él e incluso le cuentan los chismes del barrio. Hoy sería un gran logro; en aquella época un milagro de sociabilidad.

El muro que ha franqueado el escritor suizo no está al alcance ni siquiera de quienes llevan décadas viviendo en el país, estrellados una y otra vez contra el recelo japonés al extranjero. El país tiene hoy uno de los índices de natalidad más bajos del mundo y una población envejecida que amenaza su economía, realidades que no han cambiado la negativa de gobernantes y ciudadanos a aceptar a los inmigrantes que podrían rejuvenecer el país. Las acusaciones de xenofobia les resbalan: para ellos es simplemente su derecho a preservar su cultura milenaria lo más pura posible.

En un viaje a Tokio coincidí con un amigo y su esposa, japonesa. Buscábamos un bar donde tomar algo en una zona alejada del turismo, pero nos denegaron la entrada en media docena de establecimientos. Solo cuando ella entró en primer lugar, mientras nosotros permanecíamos fuera de la vista, conseguimos despistar a los camareros y hacernos fuertes en el interior de un local hasta que nos sirvieron algo de sake, entre las miradas incómodas de camareros y clientes. Los japoneses han logrado incluso exportar su aversión a mezclarse a otros países. En Bangkok cuentan con sus propios burdeles, anunciados con caracteres japoneses, decorados al estilo japonés y con prostitutas tailandesas disfrazadas de japonesas, que los reciben en kimono. Los extranjeros no son bienvenidos; los locales tampoco.

Shinjuku, que está cerca del lugar donde se instala Bouvier, ya es por entonces un barullo de luces de neón, casas del placer, tiendas de electrónica, tabernas de sake y librerías que abren hasta tarde y colman la insaciable sed de lectura de «jóvenes que leen de pie». Otra de las obsesiones de los japoneses es la fotografía y la idea de capturar la memoria. Sabemos que luego dominarán el mundo de las cámaras y la tecnología, pero sorprende que, ya en aquellos años cincuenta de posguerra y escasez, sientan la necesidad de fotografiarlo todo. «En mi calle todas las familias, hasta las más pobres, tenían su cámara de fotos», escribe Bouvier.

Mientras descubre la vida típica de un barrio nipón, el expatriado suizo nos acerca a una ciudad que en espíritu es básicamente la misma de hoy: un lugar donde nadie acepta un favor sin devolverlo, donde resulta descortés compartir tus problemas con los demás, que bastante tienen con los suyos, y donde un suicidio es mejor que el deshonor de un despido, una traición o la sensación de no haber dado la talla. Ante la familia. La comunidad. O la sociedad, que todo lo juzga en silencio.

Los cuerpos de los que se suicidaban empezaron a aparecer en el bosque de Aokigahara, en las faldas del monte Fuji, poco después del final de la II Guerra Mundial y el paraje se convirtió pronto en uno de los lugares favoritos para marcharse sin molestar. Las autoridades nunca han sabido cómo frenar la epidemia de suicidios, que cada año mata a unos treinta mil japoneses, casi un centenar al día. Es la primera causa de muerte entre los escolares. Policías y voluntarios patrullan los acantilados más populares desde los que arrojarse, los ayuntamientos instalan vallas protectoras en los puentes más altos y las cabinas telefónicas, cuando todavía se usaban, tenían letreros con el número de centros de prevención. Quizá algunas de las personas que entraban para despedirse de un familiar marcarían en cambio aquel número en busca de ayuda. La soledad, el estrés, los problemas económicos o personales están entre las causas que en Japón llevan a muchas personas a quitarse la vida. Pero hay otra más difícil de identificar, oculta en algún rincón de la memoria histórica de la sociedad japonesa y de difícil comprensión para el extranjero. Una mezcla de orgullo mal entendido, alto concepto del (des)honor y romantización de la inmolación que perdura desde los tiempos de los samuráis. Los guerreros del antiguo Japón nunca desaparecieron, simplemente se enfundaron un traje y cambiaron la espada por el maletín negro. Si por ejemplo tus acciones como ejecutivo de una empresa han provocado grandes pérdidas, el suicidio será visto como una manera honrada de admitir la culpabilidad y asumir la responsabilidad. En Occidente, ese acto iría acompañado del estigma del perdedor; en Japón puede ser visto como un glorioso final, si se hace *bien*.

En uno de mis viajes a Tokio me dirigía en metro a una entrevista cuando el maquinista accionó los frenos de emergencia y el convoy se detuvo entre dos estaciones. Por los altavoces se anunció que se había producido «un incidente», la frase con la que solía informarse de otro suicidio. La frecuencia de aquellos «incidentes», y el hecho de que el vagón fuera atestado de gente, no ayudaba a crear un ambiente de empatía por lo ocurrido. Todo el mundo permaneció impasible, a la espera de que los operarios despejaran el camino.

Para los japoneses aquella era la manera irritante y poco solidaria de quitarse de en medio.

Nicolas Bouvier describe en *Crónica japonesa* un país que ha dejado atrás lo peor de la posguerra y ha empezado una reconstrucción milagrosa que lo llevará de la ruina de las bombas nucleares de Hiroshima y Nagasaki a la creación de la sociedad tecnológicamente más avanzada del mundo. El escritor suizo cuenta el país sin juzgarlo y quizá por ello lo comprende mejor que quienes no pueden resistir la tentación de compararlo con su mundo. ¿Por qué no podemos asumir, como dijo Kipling, que esos dos mundos, Occidente y Oriente, están destinados al desencuentro? Japón es, precisamente por su empeño en mantenerse al margen, por su historia de feroz independencia, el único lugar realmente diferente que queda en el mundo, el motivo por el que el profesor Kung me lo aconsejó para buscar respuestas a los misterios del Este.

A primera vista, no parece tan diferente. También sus calles están llenas de McDonald's, sus jóvenes visten las mismas marcas de ropa y sus fans abarrotan cines para pedir autógrafos a las estrellas de Hollywood. A sus adolescentes les apasionan el fútbol, la música y los videojuegos, como a los españoles o a los canadienses. Los rascacielos de Nueva York y Tokio son similares. Y, sin embargo, descontada la conquista oriental del capitalismo, las ciudades homogeneizadas y las costumbres importadas, desde el árbol de Navidad hasta Halloween, Japón es el único sitio en el que, al poco de llegar, me digo: «Vaya, el avión se desvió y aterrizamos en otro planeta».

Prefectura de Tokio. Treinta y siete millones de habitantes: es la mayor aglomeración urbana del mundo. Las calles están impolutas. Todo funciona. El transporte público siempre llega a la hora. Hay más posibilidad de quedar chamuscado por un rayo que de que te roben. Si te olvidas el móvil en el metro, sabes que lo encontrarás en la oficina de objetos perdidos. Estuve una vez: decenas de miles de aparatos entonando una caótica sonata y unos tipos muy diligentes que se encargaban de buscar el tuyo. Te lo entregaban unas manos enfundadas en guantes blancos, con la delicadeza con la que la enfermera ofrece el bebé recién nacido a sus padres. No dudan de que el teléfono es tuyo, porque a nadie en Japón se le ocurriría presentarse para reclamar uno ajeno. La sociedad japonesa se sustenta en la confianza de que el honor es tan importante, para ti y los que te rodean, que nadie lo arriesgaría por llevarse algo que no le pertenece. Todo muy extraño para alguien que viene de una cultura donde domina la desconfianza y la trampa es a menudo preventiva. Si no engaño, me engañarán.

Sigo caminando por las calles de Tokio. Obreros que cumplen a rajatabla los horarios y límites del ruido. Coches que no tocan el claxon si el conductor de delante se despista y no arranca en un semáforo en verde. Entras en un restaurante y no oyes la conversación de la mesa de al lado, a veces porque no hay conversación, otras porque respetan tu espacio. Una vez, perdido en la gran ciudad, le pregunté a un *salary man*, uno de esos empleados japoneses que entregan sus vidas a empresas por las que trabajan hasta la extenuación, por una dirección. Estuvo dos horas guiándome por la ciudad hasta que dimos con el lugar. La idea de no cumplir con el favor solicitado le pareció insoportable. Iba de un lado a otro, se paraba, rectificaba, volvía sobre sus pasos. Sudaba, algo extraño en un japonés. Cuando me dejó en el sitio que buscaba, inclinó la cabeza reverencialmente y se marchó. ¿Puede haber mayor prueba de urbanidad que vivir rodeado de treinta y siete millones de personas en un espacio reducido y sentir que nadie te molesta, nunca? Cuando digo que prefiero las ciudades caóticas y sucias a las asépticas o modernas, tengo que dejar fuera Tokio. Ni siquiera puedo incluirla en la comparativa, porque juega en otra liga.

Todo en Japón está pensado para no molestar, ni siquiera a la vista. Es un país que entra por los ojos. Los edificios minimalistas, los jardines perfectamente alineados e incluso la comida: está bien colocada, ocupa el espacio justo y llena sin saturar. La mejor del mundo, debemos admitir, aunque de calidad difícilmente exportable. El barrio de Ginza deslumbra por su modernidad y lujo, sin la ostentación occidental y con un toque de frugalidad, ese concepto que los asiáticos han ido perdiendo. La belleza debe pasar por el filtro de la sencillez. Hasta los borrachos de Japón resultan simpáticos y presentables. No se te acercan o te saludan a suficiente distancia para no echarte el aliento.

«El pueblo más estetizante del mundo», nos dice Nicolas Bouvier.

La obsesiva búsqueda de la armonía ha logrado el imposible, al menos para otras civilizaciones, de que incluso sus dos principales religiones, el budismo y el sintoísmo, vivan en paz y sin haber entrado nunca en conflicto. En las calles no hay discusiones de tráfico, es casi imposible ver a dos personas gritarse y mucho menos pelearse por una plaza de parquin. Y todo esto, que podría parecer mero teatro, una función de Kabuki donde las verdaderas intenciones se esconden detrás de una máscara, se muestra real cuando se presenta una crisis.

Vine a cubrir el tsunami del Pacífico que provocó el accidente nuclear de Fukushima y arrasó ciudades enteras de la costa este japonesa. Una fila interminable de personas esperaba el reparto de agua por parte de un destacamento militar. Lo hacían en silencio, sin protestar y manteniendo una distancia que evitara importunar a la persona que tenían delante. Los supervivientes que encontré no tenían nada de comer ni beber. Solo yo, el occidental individualista, trató de llevarse todas las botellas de agua que pudo de un supermercado donde acababan de llegar víveres. No había nadie para imponer la ley y el orden: también las comisarías yacían reducidas a escombros. Nadie sacó provecho de la situación. No se hicieron trampas entre ellos. Ni se dejaron vencer por el egoísmo. Tampoco los tentó lo ajeno, aunque en sus circunstancias habría sido de gran ayuda, y ¿quién podría echárselo en cara?

En Natori, entre las ruinas de lo que fue una ciudad de setenta mil habitantes, los vecinos recogían las pertenencias que encontraban y las llevaban a oficinas de objetos perdidos. Las familias se esforzaban por contener su dolor y apenas se veían escenas dramáticas: no querían importunar a otros que pudieran haber perdido más que ellos. En condiciones extremas, golpeados por la necesidad y el miedo, cuando la naturaleza humana se muestra tal como es, los japoneses confirmaban haber construido la sociedad más civilizada, organizada, armoniosa y equilibrada.

«De todos los pueblos hasta ahora descubiertos, este es sin duda el mejor», dice el misionero jesuita Francisco Javier tras llegar a Japón en 1549, en un viaje donde descubrirá lo difícil que es convertir a un japonés en otra cosa que no sea un japonés.

¿Y si realmente lo fuera, un país no solo diferente, sino mejor? ¿Una luz al final del túnel de la condición humana, prueba de que podemos desprendernos de nuestros defectos y evolucionar hasta alcanzar la virtud? Los japoneses parecen convencidos de ser los elegidos y, ay, es ahí donde empieza lo interesante, que siempre es el lado oscuro de las cosas. La tolerancia japonesa termina con los extranjeros, que amenazan la pureza de su espíritu y deben ser expulsados, invadidos o conquistados. Los emperadores pasan de repeler invasiones y alejar influencias foráneas a lanzarse a la dominación de los seres inferiores. Emerge el racismo. «Apoyados en su origen divino, todo el universo está llamado a someterse a la virtud imperial», escribe Bouvier de la mentalidad japonesa que llevará a la conquista de otros pueblos, y a su propio desastre.

A mediados del siglo XIX Estados Unidos obliga a Japón a abrirse al comercio, mostrándole el poder de sus destructores. Luego vendrán los holandeses, ingleses y franceses. La xenofobia aumenta entre los japoneses, que con paciencia construyen el poder militar y económico que los convertirá en una gran potencia. Revolucionan su educación, conscientes de que es la única herramienta que transforma naciones, aprovechan su talento tecnológico para modernizar su ejército, copian lo que no tienen y, cuando finalmente dejan atrás su fragilidad, fuerzan la revisión de acuerdos económicos que nunca quisieron firmar con los extranjeros. Y se lanzan a la conquista: China primero, un enemigo fácil porque está en decadencia, y después la gran victoria sobre Rusia. Ya no hay quien los pare. Bouvier recuerda una cita del periódico *Nichi Nichi* que inspirará el avance del Imperio del sol naciente: «Mientras haya nuevos mundos por conquistar, el samurái japonés se apoderará de ellos».

Cómo terminará la aventura, incluida la invasión de gran parte de Asia y la posterior aniquilación de Japón en la II Guerra Mundial, es de sobra conocido. La gran civilización japonesa, ese país mejor del que hablaba Francisco Javier, termina siendo víctima de sus propias supersticiones y de su arrogancia, derrotado y humillado por los aliados tras haberse comportado de igual forma que los nazis, según Martha Gellhorn. El centésimo vigesimocuarto emperador de Japón, Hirohito, admite que todo está perdido solo cuando todo está perdido, tras los ataques nucleares en Hiroshima y Nagasaki: «De acuerdo con los designios de la suerte y del presente, hemos decidido allanar el camino que conducirá a una gran paz por el bien de las generaciones venideras, aceptando lo inaceptable y soportando lo insoportable».

¿Cómo es posible que el Imperio celestial, cuyos súbditos miraban con condescendencia el incivismo de sus primeros visitantes europeos, creara sus propios campos de concentración, organizara la violación masiva de mujeres y destruyera pueblos bajo la única justificación de una supuesta superioridad racial? Si los japoneses han encontrado el camino, ¿por qué se suicidan más que los demás? Si mi admirada Tokio es el culmen de la amabilidad y el civismo urbano, ¿qué lleva a decenas de miles de sus jóvenes, los *hikikomori*, a vivir encerrados en sus cuartos sin querer poner un pie en sus calles? Si su sociedad no tolera el crimen y promulga la honestidad, ¿por qué los Yakuza, una de las mafias más secretas, efectivas y corruptas del mundo, siguen penetrando la sociedad nipona? Cada vez que viajo a Japón me encuentro haciéndome las mismas preguntas, incluida la de por qué no soy capaz, como sí lo era Bouvier, de contemplar sus contradicciones sin juzgar. Quizá el escritor suizo tenía razón: a la mayoría de los occidentales nunca nos será posible entender a los japoneses.

Nicolas Bouvier regresó a Francia tras su primera estancia en Japón, incapaz de ganarse la vida en la sociedad en la que había logrado integrarse como pocos occidentales hasta ese momento. Se casó con Eliane Petitpierre y una década después volvió a Tokio, convertido ya en un célebre fotógrafo, escritor y padre de un hijo. No sabe quién ha cambiado más, si él o el país. Japón ha dejado atrás lo peor de la posguerra. Es 1964 y Tokio se dispone a albergar los Juegos Olímpicos. Las casas del placer de Shinjuku han cerrado y las campesinas que se ganaban la vida en ellas han vuelto a sus aldeas. Japón está transformándose y enriqueciéndose a toda prisa: cuando los japoneses deciden hacer algo, lo hacen más rápido y con más determinación que nadie. «Del Tokio inquieto, desordenado y caluroso que me había seducido no queda ni rastro», dice el autor.

Así que Bouvier se marcha con la familia a Kioto, con la esperanza de que su mujer encuentre su misma pasión. «Cómo deseo que se habitúe a este país que amé tanto», escribe, mientras la contempla pintando en el hogar prestado que han creado lejos de casa. A Eliane las rarezas japonesas no le gustan tanto como a él. Cuando estaba en Francia las echaba de menos; en Japón de más.

Bouvier, en cambio, se mimetiza con los japoneses y cuanto más tiempo pasa con ellos, más le cuesta imaginarse en otro lugar. Una fuerza irrefrenable lo retiene. Quiere seguir buscando el secreto. Desvelar el misterio. Lo siente cada vez más cercano. Busca, sobre todo, en la vida ordinaria de los japoneses. Un día se emborracha con los bomberos de su distrito, al siguiente se adentra en «barrios del placer como solamente poseen las grandes ciudades del Extremo Oriente» y al otro desafía el derecho de admisión de los baños donde los extranjeros no son bienvenidos. En ningún momento pierde la paciencia, o no lo transmite en sus relatos, ante las rigideces culturales de los japoneses. Asume con la humildad indispensable del buen viajero que él es el invitado y debe adaptarse, no al contrario.

Si me admira la capacidad de integración de Bouvier es porque en ninguno de los lugares de Asia donde viví más tiempo, Hong Kong y Bangkok, logré algo parecido. Cubría la información de más de treinta países, viajando a dos o tres de ellos cada mes, y esa dispersión no ayudaba. Algunos de mis jefes en el diario pensaban que Asia era un país, no un continente inabarcable. Uno de ellos me llamó una vez para anunciarme que el Real Madrid había fichado a Zidane como nuevo centrocampista. Le habían soplado que estaba de vacaciones en Bora Bora y me dijo que sería estupendo que fuera para allá a entrevistarlo y mandara una pieza al día siguiente. La idea de pasar unos días en un *resort* del Pacífico me agradaba, y el fútbol era claramente algo en lo que estaban dispuestos a gastarse el dinero, pero cuando le dije que Bora Bora estaba a doce mil kilómetros de Bangkok y que tardaría tres días en llegar, rebajó sus ambiciones: «Mejor llámalo por teléfono».

Mi inutilidad para los idiomas tampoco ayudaba en la inmersión y limitaba la naturalidad con la que podía relacionarme con mis anfitriones. Siempre había un traductor entrometiéndose. Después de unos años en Asia, sabía suficiente bahasa, chino o tagalo para que, tras una noche de copas, el taxista me devolviera al hotel. Me dejé llevar por la inercia y frecuenté más a los expatriados, que tenían perfiles variopintos. Aunque busqué amistades entre los locales, y conseguí forjar algunas, en general encontré reticencias por su parte a cruzar la brecha que permitía pasar de la cordialidad a ser invitado a las bodas de sus hijos. Sabía que no era cosa mía porque incluso los extranjeros más veteranos en la región compartían esa sensación. Miguel Rovira, un reportero de EFE que contó desde las junglas de Camboya la ejecución de Pol Pot, llevaba más de una década en Tailandia cuando lo conocí, se había casado con una tailandesa, con la que tenía una hija, y hablaba el idioma. Nada de eso importaba:

—A sus ojos, siempre seré un *farang*.

El Kioto al que llegaron los Bouvier tiene una extraña habilidad para no dejarse rozar por el paso del tiempo. La antigua capital mantiene no solo a sus *geishas* y sus calles adornadas por farolillos, sino toda la esencia de la ciudad imperial. Los estadounidenses preservaron su casco antiguo de los bombardeos por su importancia cultural y Bouvier dice que es una de las diez ciudades del mundo donde merece la pena vivir una temporada. Solo el turismo, que sus ciudadanos aceptaban a regañadientes, logra perturbar el espíritu de Heian-kyō: «Paz y tranquilidad». ¿Puede haber una ciudad que desde su mismo nombre original muestre de forma más clara qué espera de sus residentes y visitantes?

La estoica paciencia zen de los japoneses tiene sus límites. Los guerreros del emperador Kublai han sido sustituidos por turistas llegados en hordas y, aunque dejan buen dinero, no mantienen ni la paz ni la tranquilidad. El transporte público se colapsa en temporada alta, los alquileres suben porque muchas viviendas son ahora alquileres turísticos y los nuevos bárbaros no atienden a las normas de cortesía, discreción y respeto por el silencio que tanto gustan a los japoneses. Guías traducidas a varios idiomas recuerdan reglas básicas de educación, como quitarse los zapatos antes de acceder a los templos y enjabonarse antes de entrar en los *onsen* o baños termales. Los mayores se lamentan: un milenio de resistencia a la influencia foránea para terminar dejando que los extranjeros conviertan su capital imperial en un parque temático. Para *empeorar* las cosas, la mayoría de esos visitantes son chinos, los vecinos y rivales que después de vivir décadas de progreso ya no salen de su país para buscar trabajo, sino con intención de pasarlo bien. La historia tiene una divertida forma de darles la vuelta a las cosas: de repente los japoneses se sienten invadidos por sus vecinos y, además, deben agradecérselo con una sonrisa.

El año anterior a la pandemia de covid, más de cincuenta millones de turistas visitaron Kioto. Cuando las fronteras del país cerraron para protegerse del virus, las calles quedaron vacías y la ciudad recuperó su silencio ceremonial. Sus habitantes no echaban de menos a los turistas ni sus divisas. Sí, las agencias de viajes, los hoteles y negocios relacionados con el turismo estaban arruinados, pero para los demás la pandemia fue la señal de que los dioses habían satisfecho sus deseos al fin. Las campañas de las autoridades promoviendo el regreso, cuando la situación mejoró, fueron recibidas con aflicción en los foros de internet. «¿Están de broma? Ahora que Kioto volvía a recuperar su belleza.» «Me deprimo solo con pensar en el regreso de las muchedumbres.» «Si no hacemos algo, volverán a invadirnos como antes.»

Nicolas Bouvier se siente algo decepcionado con su segundo viaje a Japón, dando la razón a quienes creen que es mejor no regresar allí donde se fue feliz. Pero coincide con Francisco Javier y mi querido profesor Kung: entre todos los pueblos del mundo, Japón es el mejor. Aun demostrada su capacidad de caer también en el adoctrinamiento totalitario. A pesar de su pasado de tinieblas y atrocidades. O quizá gracias a él: los japoneses muestran una gran capacidad para reconstruirse, física y moralmente. Al regresar a Fukushima, en los aniversarios del tsunami que asoló la costa y provocó el desastre nuclear, siempre me admiró su capacidad para volverse a poner de pie. «Aceptar lo inaceptable y soportar lo insoportable», pedía el emperador Hirohito. En Tokio apenas hay edificios antiguos. Primero fue destruida por el terremoto de 1923 y después por los bombardeos de la II Guerra Mundial. Todo tuvo que ser levantado de cero. A Hiroshima y Nagasaki les ocurre lo mismo, pero sus autoridades han tenido el acierto de dejar semiderruidas algunas partes como la Cúpula de la Bomba Atómica, recordatorio de lo ocurrido. En Hiroshima ocurre algo extraño: es la ciudad que mejor simboliza el horror de la guerra, pero en ningún otro lugar te embarga una mayor sensación de paz. La gente habla de forma pausada y sin ira. No hay resentimiento. La ciudad fue reconstruida como monumento a la reconciliación. Hay un Parque de la Paz. Un Museo de la Paz. Un Monumento a la Paz de los Niños. La Llama de la Paz, que se construyó con la promesa de mantenerla encendida mientras existan las armas nucleares.

—Los japoneses han aprendido la lección —me dijo el profesor Kung, mi amigo y defensor de la frugalidad revolucionaria de Ho Chi Minh.

—No estoy tan seguro —le respondí—. Los libros de texto de sus escuelas no explican la historia con contrición y eso es un camino hacia la repetición del pasado.

—Pero no lo hacen por un sentimiento de vergüenza —añadió Kung—, no porque no exista el arrepentimiento. Los japoneses no saben vivir con la culpa. Por eso intentan olvidar.

Llevaba más de una década viajando por Asia y cumpliendo mi pequeña manía de no entablar conversaciones en los aviones, cuando conocí al profesor en un vuelo Bali-Bangkok. Lo había visto en la cola del mostrador de facturación: habría sido imposible no fijarse en aquel hombre ya anciano, que caminaba con un bastón, vestía una larga túnica de seda y parecía una versión moderna y elegante de un asceta tibetano. Nos sentaron juntos, me puse los cascos para enviar mi señal de poca disposición a la conversación y, a los cinco minutos del despegue, mi compañero de viaje me hizo una señal para que me los quitara:

—¿De dónde eres?

No recuerdo cómo, pero consiguió que hablara con él. Nunca un vuelo se me hizo más corto. Cada frase que salía de su boca era más sabia que la anterior. Citaba a escritores y filósofos de memoria. Recuperaba anécdotas y vivencias que te mantenían en tensión hasta conocer su final. Y conseguía que, a pesar de ser un completo extraño, le contaras las tuyas, abriéndote de una manera que iba contra la naturaleza de los hombres en general y de la mía propia. Aquel día, al llegar a casa, le dije a Carmen que teníamos una cena con el tipo que se había sentado a mi lado en el avión. Como mi mujer conocía mi aversión al diálogo en las alturas, no preguntó más:

—Debe de ser alguien muy especial ese profesor Kung.

Fue el comienzo de una extraña e intensa amistad.

El profesor me llamaba cuando pasaba por Bangkok y conversábamos durante horas. Había nacido en Manchuria, durante la ocupación japonesa, en una familia de funcionarios japoneses. Cuando Japón perdió la guerra, los manchúes fueron represaliados y ejecutados. Kung quedó huérfano y se convirtió en parte del éxodo que trataba de abandonar China para salvar la vida. Logró subirse a un bote que, tras pasar varios días a la deriva, llegó a la costa coreana. Fue acogido por las tropas estadounidenses como limpiabotas y chico de los recados. A cambio, recibía lecciones de inglés, comida y un lugar donde dormir en los barracones. Los japoneses se entregaron a la paz con la misma determinación con la que antes habían hecho la guerra. No era fácil para ellos: por primera vez la tierra de los samuráis pasaba a estar gobernada por extranjeros.

Los oficiales de la base coreana donde trabajaba Kung hicieron una colecta y le pagaron el viaje y la matrícula para que estudiara en Texas, donde se graduó en Antropología antes de quedarse un tiempo dando clases en la universidad. Kung volvió a Japón, se instaló en Kioto, escribió doce libros y se enamoró, pero era «joven y estúpido». No supo retener a su mujer. Le perdieron el dinero, el vicio y los excesos. Se entregó al juego y la bebida. Vivió entre gánsteres y artistas. Su matrimonio se desmoronó. Nunca supe bien cómo hizo fortuna, aunque me habló de algunos de sus negocios. Llevó marcas de lujo como Cartier a Japón, compró obras de arte a sus amigos artistas, que luego revendió por mucho más, y trabajó como un Marco Polo de su época, haciendo de intermediario entre Occidente y Oriente. Llevaba a Occidente lo que necesitaba de Oriente y viceversa. Había conocido a Picasso, tomaba el té con Chillida cuando pasaba por España, lo recibían las estrellas de Hollywood y los políticos de los países que visitaba. En una de sus estancias en Bangkok fuimos a almorzar al hotel Oriental. Al llegar, el director vino a recibirlo en persona —el mítico Kurt Wachtveitl se acababa de jubilar—, los camareros le hicieron un pasillo reverencial y otros clientes se acercaron a saludarlo. Solo el rey Bhumibol habría recibido mejor trato a la vera del Chao Phraya.

El profesor me contó que no tenía hogar: viajaba sin detenerse nunca y vivía en los mejores hoteles del mundo. Nunca pasaba más de unos días en la misma ciudad, antes de poner rumbo a la siguiente. Repartía tarjetas de visita con la dirección de los hoteles y el número de habitación que ocupaba, siempre la misma, para que sus amigos pudieran enviarle cartas y dejarle mensajes.

—Doy tres vueltas al mundo al año —me contó—. Nadie tiene más puntos de vuelo que yo. Casi siempre en primera clase, porque ya me conocen y me hacen *upgrades.*

Un día recibí una llamada suya. Me preguntaba si quería quedar para tomar algo al día siguiente.

—Estoy en Brasil, ¿y tú?

—En Madrid.

—Bien, bien. No te muevas de ahí. Mañana voy para allá.

Y se presentaba a la hora acordada, para charlar una tarde, antes de marcharse a otro lugar. Era de ningún sitio y de todos. «Un vagabundo con medios», según decía. Cuando hablamos por primera vez en aquel vuelo a Bangkok, sin embargo, me dijo que acababa de encontrar un sitio donde detenerse al fin. Había comprado una casa en la aldea balinesa de Jukut Paku, junto al río Wos.

—Yo, que nunca he tenido hogar, lo he encontrado —me dijo—. Tienes que venir a verlo.

Decidió que aquel lugar no podía disfrutarlo él solo. Construyó más casas, cada una con el estilo que representaba una etapa de su vida —balinés, hotaru, *feng shui...*—, añadió una piscina, un restaurante y todos los servicios de un hotel. Y, cuando hubo terminado, le puso como nombre Michi Retreat y se lo cedió a los habitantes de la aldea. Envió a las jóvenes del pueblo a Tailandia para que recibieran cursos de masaje, a campesinos a aprender cocina a las mejores escuelas culinarias de Europa y a los futuros camareros a academias de hostelería. Se quedó una de las casas, con vistas a las terrazas de arroz al otro lado del río, y la llenó con sus libros, mientras escribía su última y definitiva obra.

Fui a verlo tres veces y en todas le tuve que dar la razón: había encontrado un lugar único. Desde la ventana de mi villa veía a los campesinos subirse a las palmeras en busca de cocos, a las mujeres recoger el arroz y el sol ocultarse tras las montañas balinesas. Solo se oía el sonido del río y de los pájaros. Por la noche, bebíamos vino y charlábamos hasta bien entrada la madrugada.

—Este lugar, David... Temo que un día, cuando yo no esté, se eche a perder. Por eso tengo una propuesta que hacerte.

—Tú dirás.

—Quiero que te hagas cargo de Michi. Aquí serás feliz, podrás escribir tus libros, tu familia se sentirá como en ningún sitio.

—Profesor...

—No digas nada aún. Piénsatelo. No tiene que ser este año. No pienso morirme todavía. Solo quiero que lo tengas en la cabeza.

La última vez que lo visité, el profesor estaba preocupado y su oferta adquirió un tono de urgencia. Había pasado un año y su nirvana espiritual empezaba a desmoronarse. Los empleados se peleaban y a veces le robaban, prueba de que hay el mismo porcentaje de miserables en una aldea balinesa que en un pueblo de Texas. Una vez despojados del envoltorio de las apariencias, los seres humanos nos parecemos más de lo que pensamos. El personal desatendía a los clientes. La humedad y las lluvias obligaban a invertir mucho dinero en reparaciones, pero el profesor había perdido gran parte de su fortuna en la crisis del 2008. Un asesor le aconsejó invertir su dinero en Lehman Brothers, cuya bancarrota aceleró el *crash* financiero. Inversores aprovechados y grandes cadenas hoteleras, al conocer que estaba en dificultades, se cernían sobre su retiro con propuestas para quedárselo. Pero ¿cómo podía convertir su gran obra en un hotel más? Estaba cansado y ya no tenía fuerzas para buscarse otro sitio o seguir dando vueltas por el mundo. Solo cuando ya se había bebido una botella de vino, me habló de sus días más tristes, la ejecución de sus padres en Manchuria, un par de divorcios que lo marcaron o la ruina final. Mientras me contaba cada detalle de su viaje infinito, trágico y fascinante, de sus éxitos y fracasos, las oportunidades perdidas y el desmoronamiento del hogar que al fin creyó haber construido, me pareció que nunca había estado frente a un hombre más solo en mi vida. Siempre lamenté no haber tomado notas durante nuestras charlas, empezando por aquella en el vuelo de Bali a Bangkok donde lo conocí. Estábamos solos cenando en el restaurante, con el sonido del río de fondo en una noche oscura. La llama de una vela iluminaba su rostro, redondo y preocupado.

—¿Lo harás? ¿Continuarás mi legado en Michi?

—No puedo, profesor.

Lanzó una mirada triste y comprensiva.

—Pero un día escribiré un libro sobre ti.

No hubo tiempo de más. Unos meses después recibí la noticia de su muerte. No tenía familia. Dejó la herencia de su retiro espiritual a los habitantes de la aldea y un libro por terminar.

El profesor había dado cien vueltas al mundo y conocía sus defectos, había huido de la guerra y hecho fortuna con la codicia de los hombres; compartido mesa con piratas modernos y grandes artistas; conocido el placer de la generosidad y el sinsabor de la traición; vivido el mismo día en continentes diferentes, a veces solo para visitar a un amigo; viajado como un nómada, quedándose en los lugares solo el tiempo suficiente para desear volver; y echado raíces en el paraíso, para descubrir que no lo era. Y, después de haber vivido ese mundo como nadie que haya conocido antes o después que él, seguía creyendo que Japón era la esperanza.

Superadas sus locuras totalitarias, aniquilados en la II Guerra Mundial sus sueños de dominación divina, ¿eran los japoneses los elegidos? ¿El país que podría enseñar un nuevo camino al resto de las naciones? Unos días lo creía; otros no. El país con menos homicidios y más civismo del mundo, honesto y con la esperanza de vida más longeva, una política ordenada y una de las poblaciones con mayor porcentaje de clase media, capaz de renacer de sus cenizas y situarse al frente de las naciones modernas sin molestar a las demás. También incapacitado para renovarse, atrapado en el letargo que siguió a su *crash* de 1991, sumido en un nacionalismo rancio y a veces xenófobo, insoportablemente burocrático y tan apegado a las tradiciones que no siempre era capaz de distinguir las respetables de las que no lo eran.

Japón no es mejor que ningún otro país, ni está exento de las fealdades del resto, pero es difícil imaginar una sociedad con mayor capacidad para, una vez que tocaba fondo, ascender de nuevo a las alturas y mantenerse allí el tiempo suficiente para hacerte creer que otro mundo es posible. Eso me basta para concederle a mi querido profesor Kung —y a Japón— el beneficio de la duda.

10

Tiziano Terzani / Tailandia

En una bocacalle de la avenida de Sukhumvit, muy cerca del lugar donde viví diez años, un cartel anuncia la construcción de un nuevo bloque de apartamentos. «Redefine tu vida de lujo», dice el lema publicitario. Nada extraño: hay cientos de proyectos similares por toda la ciudad, parte del inexorable avance del hormigón que ha transformado Bangkok en los últimos años. Lo particular de este solar es que hasta hace poco albergaba la Casa de la Tortuga, la residencia de Tiziano Terzani (1938-2004) entre 1990 y 1995. El autor italiano escribió aquí *Un adivino me dijo,* uno de los mejores libros de viaje publicados sobre el sureste asiático.

Architectural Digest describió la casa como «un oasis de esplendor tropical en la jungla de cemento». Con su estructura de teca y su estilo tradicional tailandés, envuelta entre un jardín tropical y un estanque cubierto por flores de loto, decorada con antigüedades que el reportero traía de sus viajes, Terzani dijo que fue el hogar más hermoso y encantador que tuvo jamás. Cierto que tenía sus inconvenientes. Enjambres de mosquitos se colaban en las habitaciones y las ratas campaban a sus anchas, con un instinto depredador que las llevó a zamparse parte de la colección de aves exóticas de Terzani. Entre las bajas lamentó especialmente la de Callas, un ruiseñor «que respondía a los silbidos con las arias más gloriosas que nunca escuché».

La Casa de la Tortuga —un ejemplar centenario vivía en el estanque— fue convertida en el restaurante Lai Thai cuando su ilustre inquilino dejó Bangkok, harto de un progreso que detestaba y que ya en los años noventa cercaba su oasis. Era cuestión de tiempo que los dueños vendieran el terreno, situado en una de las zonas más demandadas de la ciudad, y los tiburones inmobiliarios levantaran otro bloque de apartamentos. Hubo una petición en internet para preservar el lugar y convertirlo en un centro cultural, pero la nostalgia nunca le ha ganado un pulso al negocio en una ciudad asiática.

Terzani describió con desolación la transformación de Bangkok, donde el plan de urbanismo de las últimas décadas se podría resumir en una frase: se aprueban todos los proyectos que supongan un beneficio para la elite del país, incluida la Oficina de Propiedad de la Corona, el entramado a través del cual la familia real tailandesa acumula su fortuna. El escritor italiano desespera al ver cómo los canales de la Venecia de Asia —esas comparaciones, otra vez— son asfaltados e interminables atascos sustituyen a los trayectos en barca; los templos quedan arrinconados por los rascacielos, cada vez más altos; los mercados se desmantelan para hacer sitio a centros comerciales; y los puestos de comida callejera, que ofrecen una cocina inalcanzable para los restaurantes de los hoteles de lujo a un precio irrisorio, son desplazados para hacer sitio a cadenas de cafeterías y hamburgueserías. «Nunca fue bella, pero tenía su encanto», dice Terzani de la ciudad donde fue feliz, en compañía de su mujer y sus dos hijos.

Hasta que dejó de serlo y se marchó.

Cuando me mudé a Bangkok en 2004, sin saber que también yo encontraría esa felicidad que luego te persigue el resto de tu vida, disfrazada de nostalgia, Terzani acababa de morir. Era parte de una generación de reporteros que quedaron marcados por su cobertura de las guerras de Indochina, muchos de ellos réplicas reales del Thomas Fowler de *El americano impasible* de Greene, con vidas personales complejas y tendencia a dejarse arrastrar por las pasiones ocultas de Oriente. Jim Pringle, otra leyenda de la época con quien entablé amistad al llegar a Tailandia, contaba que en la Camboya de los setenta los reporteros terminaban la jornada en Madame Chantal's, el fumadero de opio más infame del sureste asiático: «Nos quitábamos la ropa y nos poníamos un pareo, y simplemente nos recostábamos y charlábamos. Después de tomar un pipa, la tensión disminuía y el sonido de los bombardeos de los B-52 que oías era más y más débil».

Un buen consejo que me habría gustado recibir en mis primeros años de corresponsal sería este: no intentes emular a los mayores porque el riesgo de caer en la parodia es demasiado alto. Mejor aceptar que tu máxima aspiración, en la parte lúdica, será una noche de juerga tradicional, rodeado de turistas y niños bien locales, y poner las energías en imitar el trabajo de aquellos veteranos que, entre pipas de opio y burdeles, produjeron el mejor periodismo que nunca se haya publicado.

Los viajes y hazañas de Terzani se contaban debidamente exagerados en el Club de Corresponsales —las verdaderas leyendas dejan que otros agranden su nombre— y quienes trataron al reportero italiano hablaban de él con aprecio y admiración. El desarrollo de Bangkok que terminó por expulsarlo se aceleró tras mi llegada, pero, mediante algún tipo de embrujo, mi mente me predispuso para no ver las fealdades del bum de la ciudad. Me mostraba más comprensivo que Terzani con los excesos del progreso asiático porque entendía que formaba parte de un intento legítimo de recuperar el tiempo perdido tras décadas de colonialismo, guerras, genocidios y miseria. Asia se levantó a partir de los años ochenta y lo hizo con venganza. Lo que a los occidentales nos costó levantar doscientos años, ellos se propusieron hacerlo en veinte. Millones de personas dejaban de ser pobres cada año. Los daños colaterales, la polución, el ruido, la pérdida de tradiciones milenarias, todo se dio por bueno en un viaje en el que tomaron una decisión consciente de no mirar atrás. Terzani lamenta que los asiáticos se dejen conquistar de nuevo, esta vez sin armas, y desespera: ¿no se dan cuenta de que, en su entrega al modelo económico occidental, con su capitalismo individualista y su codicia rapaz, están vendiendo su alma al diablo?

Oriente y Terzani viajan en direcciones opuestas: cuanto más se occidentaliza la región, más se orientaliza el escritor; cuanto más materialista se vuelve Asia, más se abraza él al espiritualismo que siente desvanecerse ante sus ojos; y cuanto más caen las gentes del Este en el encantamiento de Hollywood, más da él la espalda al que se supone que es su mundo, el occidental. Empieza a meditar. Se desprende de lo material. Indaga en las supersticiones orientales, enfrentándolas a la razón de su cultura europea. Y mientras todos a su alrededor aceleran, en busca de más, más y más, él frena. Cuando se acerca el año 1993, recuerda lo que un adivino le dijo quince años antes en Hong Kong: «¡Cuidado! Corres un gran peligro de morir en 1993. No puedes volar ese año. No vueles, ni siquiera una vez».

La predicción del gurú se convierte en la excusa perfecta para tomarse un respiro, pero Terzani tiene un problema: es periodista y se supone que cubre noticias. Y que debe hacerlo antes que la competencia. Aunque faltan algunos años para que internet acelere los tiempos del periodismo, hasta el punto de llevarlo a la chifladura, sus jefes de *Der Spiegel* esperan que envíe sus crónicas asiáticas en un tiempo razonable. ¿Cómo hacerlo si presta atención al adivino y no se desplaza en avión? Si un reportero propusiera algo así a un editor de hoy, le pondrían en manos de Recursos Humanos. Los jefes de Terzani entienden las ventajas de un periodismo cocinado a fuego lento y dan luz verde a su locura de cubrir la inmensidad de Asia solo por tierra y mar.

El avión, con todo su pragmatismo, fiabilidad y rapidez, es el *antiviaje*: una manera de trasladarse de un lugar a otro sin conocer nada de lo que hay entre medias. Te obliga a pasar por alto gentes, ciudades, aldeas y experiencias. Desde las nubes contemplas el mundo sin olerlo, oírlo o tocarlo, mientras te sirven un pollo plastificado y vino tóxico. ¿Quién quiere tener una charla a diez mil kilómetros de distancia mientras el comandante anuncia turbulencias? «Después de treinta años volando, no recuerdo a nadie que conociera en un avión», dice Terzani. Yo solo recuerdo a una persona: el profesor Kung, en aquel trayecto entre Bali y Bangkok.

Los aeropuertos, transformados en centros comerciales de los que despegan aviones, tampoco invitan a socializar. En romanticismo nunca pudieron competir con el andén de una estación de tren, pero hubo un tiempo en el que eran parte de la aventura. La gente tenía tiempo de comprar el *Times*, tomar un café y curiosear libros en las tiendas. Ahora los ves correr desesperados, porque hay terminales donde se tarda más en llegar a la puerta de embarque que en volar a tu destino. Una vez que superas las aglomeraciones antipáticas y a los guardias de seguridad, que te cachean como si fueras un carterista, comienza un tortuoso recorrido por tiendas que ofertan naderías sin impuestos, librerías con mala literatura, restaurantes que cobran la Coca-Cola a precio de champaña y turistas que se hacen fotos frente a algún monumento decorativo, sin advertir que se trata de la máquina de encerado. Habrá quien vea ventajas en las muestras gratuitas de colonia, pero son tantas, y a la gente le cuesta tanto pasarlas por alto, que cuando entras en el avión has sido intoxicado de Chanel número 5. Ahora que los aeropuertos ofrecen de todo, no sirven ni para despedirse.

Terzani viene de una familia pobre de Florencia. A los quince años se marcha de casa y trabaja fregando platos en ciudades europeas. De regreso en Italia encuentra un trabajo en Olivetti, el legendario fabricante de máquinas de escribir. Recuerda aquellos años en la oficina como los peores de su vida. En 1971 se fuga a Asia con su mujer, Angela, y los bebés de la pareja, Folco y Saskia. Logra su sueño de convertirse en periodista y encuentra mucho que contar en Asia, pero en sus primeras paradas se siente defraudado. Reside en Japón cinco años y descubre una sociedad atrapada en una camisa de fuerza, donde nadie se comporta con naturalidad y el materialismo más estéril está usurpando la cultura milenaria del país, despojándola de sus mejores virtudes. No, él no cree que el secreto de Oriente, o de la vida, lo tengan los japoneses. Terzani no tira la toalla: como tantos escritores que hicieron el viaje antes que él, está decidido a descubrir «qué queda del misterioso Oriente que durante siglos ha atraído a tantos occidentales».

Con el OK de los editores de *Der Spiegel*, prepara viajes para todo un año, que lo llevarán por Laos, Birmania, Tailandia, Malasia, Singapur, Indonesia, Camboya, Vietnam,

China, Mongolia y Japón. Se desplaza en barco, tren, coche, motocicleta, bici e incluso elefante, cualquier medio de transporte menos el avión. En el camino hace paradas para consultar a videntes y chamanes, introduciéndose cada vez más en el mundo de las supersticiones que marca la vida cotidiana de los asiáticos. Recuperar a la amada que te dejó por tu mejor amigo, escoger el sexo de un hijo a punto de nacer, dar la vuelta a un negocio en pérdidas... En Oriente todo es susceptible de ser alterado mediante la magia y sus gentes no conocen el desaliento por las predicciones fallidas. En Hong Kong nadie levanta un rascacielos sin consultar antes a un experto en *feng shui*; los chamanes indonesios son consultados sobre las posibilidades de lluvia antes de los grandes eventos; y los reyes birmanos gobernaron mil años bajo los consejos de sus videntes personales, una tradición que continúa con los dictadores contemporáneos. El continente que logró, con trabajo y por méritos, el mayor desarrollo en menos tiempo cree que el destino depende de la alineación de las estrellas.

El escritor italiano agradece al adivino de Hong Kong que vaticinara su muerte en un accidente aéreo. No solo porque ese año se estrella en Camboya un helicóptero de la ONU con periodistas, en un viaje en el que sin duda habría estado, sino porque gracias a su advertencia se reconcilia con su querida Asia. Redescubre su inmensidad inabarcable; vuelve a conectar con su calidez; encuentra personas y conversaciones fascinantes que nunca habría tenido en los aviones; y recobra la pasión por descubrir. Contempla las estrellas mientras surca los mares en barcos de madera, se empapa de humanidad en las estaciones de trenes y en los puertos, deja atrás la ansiedad de llegar cuanto antes y se siente dueño del tiempo y el silencio, esos grandes compañeros del viajero. «Durante años había vivido en Asia sin poner demasiada atención en el lado oculto de las cosas», escribe en *Un adivino me dijo.* ¿Y si el secreto no está en ningún lugar o pueblo, sino en el viaje?

El reportero cruza la frontera a Laos, el rincón más olvidado del sureste asiático. El país ha pasado tan desapercibido, durante tanto tiempo, que el mundo no le prestó la más mínima atención ni cuando se convirtió en el más bombardeado de la historia. Durante la guerra de Vietnam, en un intento de interrumpir la logística y distribución de armas a los comunistas, Estados Unidos arrojó sobre su territorio más de doscientos cincuenta millones de bombas. Las ya de por sí permisivas reglas de combate aéreo impuestas en Vietnam —altura, selección de objetivos, respeto de templos religiosos...— fueron ignoradas en misiones que, según confesarían los pilotos que operaron en Laos, tenían como objetivo bombardear cualquier cosa que se moviera, incluidos los perros. «Aniquilamos a toda una civilización. La borramos del mapa. Incineramos a todo un pueblo», describió Fred Branfman, el primer estadounidense que denunció la Guerra Secreta al encontrarse con miles de refugiados laosianos huyendo de los bombardeos en 1969.

Terzani viaja a la llanura de las Jarras, en la cordillera Annamita, donde localidades como Phonsavan no tienen un solo edificio en pie anterior a la intervención estadounidense. Las montañas de la zona perdieron una media de siete metros de altura por las dentelladas de los bombardeos. La historia de Laos, y el hecho de que uno de los grandes crímenes de guerra de la historia siga siendo completamente desconocido, me intrigó durante años. Los bombarderos estadounidenses despegaron de una base secreta en Long Cheng, un pueblo que con la llegada de los estadounidenses se transformó en una gran ciudad militar. Le pedí a mi amigo Rafa, que se fue de vacaciones a Laos en los noventa y terminó quedándose, que me ayudara a encontrar el lugar. Intentó disuadirme:

—Eso está en la zona militar restringida de Xaisomboun. No creo que lleguemos y, si lo hacemos, no podremos entrar. Está prohibido.

¿Alguien dijo prohibido?

Nos subimos a su todoterreno, cargamos algunos víveres y enfilamos las autopistas laosianas, que al salir de Vientián presentaban un único carril asfaltado, al rato se tornaron en carreteras de arena y, una vez en la jungla, en caminos intransitables. Rafa conducía con una mano al volante y se llevaba un porro a la boca con la otra, despreocupado y paciente ante las adversidades. Había más posibilidades de estrellarse con un elefante al salir de una curva que de encontrarse un control de policía. Nos adentramos en selvas donde nuestra velocidad punta no llegaba a los cinco kilómetros por hora. Negociamos permisos con funcionarios descamisados en puestos olvidados. Esperamos un par de horas a que un tractor nos ayudara a cruzar un río. Anochecía cuando llegamos a una carretera cortada por obras. Una gran montaña de arena nos impedía continuar. El capataz, un vietnamita de malas pulgas, me dijo que su jornada había terminado y que despejarían el camino por la mañana. Adopté la postura del extranjero amable, después el antipático y finalmente el corrupto, presentándome en su tienda cada poco tiempo para subir la oferta de la mordida que obtendría si ordenaba a sus peones que despejaran el camino.

Rafa, recostado en el asiento, me aconsejó que aceptara la situación:

—Si algo no tiene remedio, mejor no preocuparse —dijo, repitiendo la frase que guía a los laosianos.

—Llevas demasiado tiempo en este país.

El vietnamita rechazó mis acercamientos y solo despejó la carretera a la mañana siguiente. A los pocos kilómetros de reanudar la marcha, encontramos un grupo de hmong, la etnia local entrenada por la CIA para luchar contra los comunistas en la guerra de Vietnam. Algunos llevaban viejos fusiles de la época. Como los karen en Birmania, fueron traicionados: les prometieron una patria propia en Indochina a cambio de sus servicios, pero cuando Estados Unidos dejó Saigón, en 1975, los abandonó a su suerte. Miles fueron masacrados por las tropas vietnamitas y laosianas cuando trataban de huir cruzando el Mekong hacia Tailandia. Otros se ocultaron en la jungla y vagaron durante años con sus familias, sin saber que la guerra había terminado. Cuando el fotógrafo australiano Philip Blenkinsop se encontró a uno de esos grupos rezagados en 2003, se arrodillaron frente a él. Llevaban veintisiete años sin ver a un occidental.

Kham, un soldado que se nos ofreció como guía, nos dijo que milicianos hmong se rendían cada poco tiempo, hambrientos y enfermos. Algunos de sus hijos habían nacido en la jungla y no conocían otra vida.

—Hace poco se nos entregaron treinta de ellos —dijo Kham, como si aquellas victorias tuvieran todavía algún mérito.

Llegamos a Long Cheng, nuestro ansiado destino, y un guardia nos detuvo en un control en la entrada. Frente a nosotros, la nada: un paraje abandonado y unas pocas aldeas. El resultado difícilmente compensaba las penurias pasadas, los riñones deslomados por el traqueteo del 4×4, las desesperantes horas perdidas convenciendo a funcionarios de que sellaran los permisos, la noche en la carretera frente a la tienda de un terco capataz vietnamita... ¿O sí? Si Long Chen hubiera mantenido operativa su pista de aterrizaje y hubiéramos hecho el trayecto en avión, habríamos llegado en menos de una hora. Sin dificultades ni aventura. Sin hablar ni conocer a nadie. Ni entender que, como decía Terzani, el viaje es el propósito y cada lugar, una mina de oro: «Solo tienes que darte tiempo, sentarte en una casa de té mirando a los transeúntes, pararte en un rincón del mercado, ir a cortarte el pelo. Recoges un hilo —una palabra, un encuentro, un amigo de un amigo de alguien a quien acabas de conocer— y pronto el lugar más insípido, más insignificante, se convierte en un espejo del mundo, una ventana a la vida, un teatro de la humanidad».

Después de Laos, Terzani continúa su periplo por el sureste asiático y hace una parada en Singapur, donde su fobia al progreso se reafirma. Había vivido un tiempo en la isla-Estado en sus primeros años en Asia y le horroriza su transformación en un centro comercial en la jungla, donde la libertad consiste en comprar cosas y los ciudadanos han sido programados para aceptar las órdenes del líder supremo, Lee Kuan Yew. El fundador del diminuto país del estrecho de Malaca avanza en su creación de la más pulcra, robótica y eficiente dictadura del mundo. Ha conseguido, en apenas unas décadas, que una aldea de pescadores se convierta en un lugar inmensamente próspero y moderno. Pero Terzani se deprime cada vez que alguien le dice que Singapur es *el futuro*. Un lugar donde a los niños se les enseña a programar pero no a pensar. Con un solo partido eternizándose en el poder. Y una población disciplinada como niños pequeños, a la que se le prohíbe mascar chicle y se le dice cómo debe comportarse, qué puede o no decir, cómo debe vivir. Aunque Terzani enumera los éxitos del país, incluida una educación excepcional en ciencias o matemáticas, la honestidad de su administración o la eficiencia económica, lamenta el precio pagado: un lugar aséptico y sin corazón, despojado de humanidad. Desespera ante la insistencia del mundo en desaprender a vivir. Le preocupaba que el modo occidental se imponga, con nuestras prisas, nuestro materialismo sin límites y nuestro desarrollo sin fin. No tiene tiempo para detenerse en sus ventajas: la prosperidad o el aumento de la esperanza de vida. El gran éxito de Occidente, dice, es haberse proyectado como la única forma de progreso verdadera, hasta el punto de hacer sentir un complejo de inferioridad a quienes no la alcanzan. Y así, japoneses, tailandeses o singapurenses abandonan lo que los hace auténticos y abrazan entusiastas lo que viene del Oeste. Es una contradicción enrevesada: mientras nosotros buscamos el secreto de Oriente; Oriente busca el de Occidente. El resultado es que se han contagiado de lo peor de cada uno.

Las dictaduras asiáticas han perfeccionado el autoritarismo y, apoyadas en nuevas tecnologías que permiten un control orwelliano de sus pueblos, exportan por el mundo su visión iliberal reivindicando el *éxito* de Vietnam, Singapur o China, la nueva potencia que emerge como única alternativa al poder hegemónico de Estados Unidos y Europa. Occidente, por su parte, presenta su modelo económico al servicio de las elites, uno que genera grandes desigualdades, sume a sus países en crisis constantes e impulsa a populismos que buscan falsos culpables, propagan el odio y fracturan nuestras sociedades. ¿Estamos a tiempo de revertir el orden? Un Oriente que abrace las grandes ideas de la dignidad individual, el Estado de derecho y la democracia participativa. Un Occidente que abandone su visión extractiva y dominadora de las relaciones internacionales, con modelos económicos que busquen beneficiar a la mayoría, y promocione sin hipocresía la libertad que fue el motor de su despegue. Imaginen ese mundo, ¿no sería mucho mejor?

En su año sin vuelos, Terzani busca regresar a Italia en el que será su viaje más largo, con paradas en Vietnam, China, Mongolia, Siberia y más allá. Siente la anticipación del viajero necesitado de su droga. Solo de imaginarse en la carretera, libre de compromisos, sin que nadie lo espere en ninguna parte, citado solo con la incertidumbre, un hormigueo recorre su estómago. ¿No es eso el viaje, una huida de todos y de uno mismo?

Arranca su periplo de veinte mil kilómetros en un atasco en Sukhumvit —he aquí una de las ventajas del avión—, se sube a un tren que lo deja en Aranyaprathet y cruza la frontera con Camboya, un país donde siempre duerme mal. Por todos lados ve el «invisible peso del dolor» causado por el genocidio del Pol Pot. En coche, tren y moto llega a Vietnam, donde se confiesa abrumado por la actividad frenética de sus ciudades. En Saigón reniega de los dos hoteles donde solía hospedarse, el Continental y el Majestic de Graham Greene, y se instala en una pensión de mochileros. Saigón le parece un infierno: en cada esquina le ofrecen algo: un gorro, una mujer, un *tour* en *rickshaw*... Recuerda sus lágrimas de alegría cuando fue testigo de la caída de la ciudad, el 30 de abril de 1975, y la derrota estadounidense. Y llora de nuevo, esta vez al comprobar que sus ilusiones eran pura fantasía y que los comunistas han malogrado su oportunidad de hacer de Vietnam un país libre. «El fracaso estaba por todos lados —escribe de una sociedad donde todo está en venta—. Los vencedores creen que no tienen nada que aprender.»

Con la melancolía y el pesimismo como inseparables compañeros de viaje, sigue camino a Europa, previo paso por China y Mongolia, sube al transiberiano para llegar a Moscú en tren y de allí pone rumbo a Florencia. Pero antes de abandonar Vietnam, se adentra en la noche oriental de los mil secretos y, arrastrado por las tentaciones que pierden al hombre blanco en sus viajes por el Este, pide a un conductor de *rickshaw* de Hanói que lo lleve a un fumadero de opio. ¿También tú, Tiziano? Encuentra lo que busca entre una maraña de casas desconchadas del centro, entra en una habitación con las paredes revestidas de bambú y enseguida reconoce el aire con sabor dulce y embriagador de la adormidera. Esparcidos por el suelo, jóvenes recostados y apoyados en almohadas de madera aspiran el elixir de Oriente. Se hace un sitio entre ellos, a la espera de que llegue su turno y la *madame* le entregue la pipa que lo hace levitar sobre todas las decepciones, borrar las fealdades que ha ido encontrando en el camino e imaginar que las cosas son como él querría. «Cuando me marché me había reconciliado con el mundo —dice sobre la experiencia—. Y, cuando vi que el fumadero de opio estaba a pocos pasos de la oficina del *Diario del Partido*, tuve que sonreír.»

La Casa de la Tortuga todavía aparece en las búsquedas de Google y yo tenía alguna esperanza de que, en un último momento, se hubiera salvado. Pero cuando llegué las grúas ya habían hecho su trabajo y, tras el cartel que prometía una vida de lujo entre hormigón y cristal, no quedaba ni rastro del hogar de Terzani. Después de dos años sin viajar, mi periodo de sequía más largo en décadas, había regresado al lugar donde todo empezó. La pandemia de COVID logró lo que no consiguieron guerras, desastres naturales, la enfermedad o la familia: retenerme en casa. Antes de tomar el vuelo a Bangkok, me embargó la excitación del reportero novel que hace tiempo que no soy. Me planteé escoger otro lugar, una vez que empezaron a reabrirse las fronteras. Una buena oportunidad para conocer Cuba o Sudáfrica. Asia, además, no era el destino más cómodo. Los países de la región, cuya disciplina les había permitido controlar con efectividad la propagación del virus al principio, sufrían ahora más que los occidentales por su incapacidad para ajustar sus políticas o desafiar a dirigentes autoritarios incapaces de recular. El líder siempre tiene razón, incluso cuando no la tiene. Me disponía, pues, a cambiar de aires cuando Tailandia anunció que abría sus fronteras a los vacunados. La idea de regresar fue demasiado golosa. Dos décadas en Asia no habían sido suficientes para encontrar el secreto de Oriente. Creía haberlo tenido cerca, hasta casi tocarlo con las puntas de los dedos en lugares como Indonesia, Birmania o Camboya, y por supuesto Japón, pero se me había escapado como agua entre los dedos. Durante años, con la libertad que me daba el diario y un presupuesto ilimitado para viajar, agoté las páginas de una veintena de pasaportes y recorrí el continente desde Mongolia hasta Australia y desde Guam hasta Pakistán. Al volver de mis aventuras, me esperaban Carmen y los niños, entonces pequeños. Los viajes me dieron material para escribir cuatro mil artículos y cinco libros sobre Asia. Recuerdos para ocupar mi mente si tuviera que pasar en prisión el resto de mi vida. Si tuviera que volver atrás a un momento de mi vida, sería a aquellos años. Quizá regresando ahora, tras años de ausencia, instalado en el contraste de la cómoda Europa, encontraría cosas que en su momento pasaron desapercibidas. O podía ocurrir lo contrario: todo el misterio se desvanecería entre viejas rutinas, lugares comunes y memorias irrecuperables.

Rellené formularios que no tenían fin, recibí el aprobado oficial y volé por un tercio del precio normal a la capital tailandesa. Esta vez tampoco conocí a nadie en el avión, aunque, como siempre desde aquel vuelo Bali-Bangkok, me acordé del profesor Kung. Nada más aterrizar en el aeropuerto, vacío como un centro comercial cerrado en festivo, me llevaron a un hotel, me encerraron en la habitación y unas enfermeras sonrientes me hicieron una prueba COVID. Unas horas después alguien deslizó por debajo de la puerta un papel con el resultado negativo y listo: salí a la calle y me dejé embriagar por la humedad tropical, los olores a especias y el caos de la ciudad de los excesos. Fue como si nunca me hubiera marchado. Y exultante, me lancé a buscar los secretos que habían eludido a Somerset Maugham, Orwell o Kipling.

Bangkok siempre me pareció, a pesar de su dureza física, un lugar amable. Es cierto que, cuando llevas tiempo viviendo entre tailandeses, descubres que hay algo naturalmente mecánico en esa sonrisa permanente que dibujan sus rostros, pero la prefiero a los gruñidos del camarero francés, el malhumor del taxista neoyorquino o la gélida distancia del funcionario de inmigración chino. La afabilidad de Bangkok viene de que sigue siendo, a pesar de los cambios y del empeño de las autoridades locales en cargarse todo aquello que no dé dinero, la más rural de las grandes capitales del mundo. Quizá no en su aspecto, pero sí en su alma. Cuando no están en el campo, miles de sus campesinos buscan empleo en sus calles. Son los taxistas, los camareros, los obreros de la construcción, los guardias de seguridad, los vendedores ambulantes o las chicas que contonean sus cuerpos en los bares de alterne. Figurantes todos ellos de un escenario que carece de sentido urbanístico, donde el cableado cuelga de semáforos y farolas, las aceras están ocupadas por vendedores de casi todo y los edificios se amontonan sin ninguna armonía. Si fuera una actriz, Bangkok sería Rossy de

Palma: es el conjunto de sus fealdades lo que la hace tan atractiva.

Pero la ciudad a la que había regresado no sonreía y, si lo hacía, no podía saberlo. La gente llevaba mascarillas contra el virus. Además, ¿qué razón tendrían para alegrarse? El país llevaba meses cerrado, muchos negocios seguían sin abrir por falta de clientes y miles de personas habían muerto o enfermado. Los hoteles, vacíos, ofrecían gangas imposibles. Sin turistas, millones de tailandeses se encontraban en modo de subsistencia. Las chicas de los barrios rojos de Pat Pong y Nana habían regresado a sus pueblos, donde al menos las esperaban tres comidas al día. En Pattaya, la ciudad costera que desde la llegada de los primeros marines estadounidenses vivía del vicio, los burdeles permanecían cerrados y la economía, paralizada. La gente, por primera vez en décadas, pasaba hambre y esperaba su turno para recibir algo de arroz en una larga cola en avenidas antes iluminadas por luces de neón. Taxistas, camareros y guías, desempleados, vivían como vagabundos en las aceras o dormían en la playa. El país, en las ineptas manos de los militares y de un *establishment* insaciable, no estaba preparado para gestionar una crisis. Un nuevo rey, detestado por la mayoría, pasaba gran parte del tiempo en Alemania.

¿Cómo lograr el regreso de los turistas? En el Gobierno se empezó a discutir una idea que en otras circunstancias habría llevado a quien la propusiera al psiquiátrico. Tailandia, que como tantos países de Asia mantenía una política de tolerancia cero con las drogas, se disponía a descriminalizar la posesión de marihuana por motivos industriales o de salud. ¿En el país donde en una ocasión una patrulla de policía nos obligó a todos los clientes del Q Bar de Sukhumvit a presentar una prueba de orina para comprobar que estábamos limpios y dejarnos marchar? ¿El mismo en cuyas cárceles entrevisté durante años a extranjeros condenados a muerte por delitos menores de estupefacientes? Cuando la medida finalmente se aprobó, los puestos callejeros de comida tailandesa, al borde de la ruina, empezaron a ofrecer marihuana; abrieron cafés con nombres tan sugerentes como Highland o Happy Cannabis; y las urgencias de los hospitales empezaron a recibir pacientes por un consumo excesivo y a veces involuntario. El *Pattaya Mail* recogía las quejas de clientes de restaurantes donde se añadía el ingrediente mágico sin avisar, quizá para asegurarse su vuelta, siguiendo la receta de aquella pizzería de Kampot que me noqueó en un congreso esotérico-literario. Era difícil no ver la ironía de la historia: viajeros occidentales regresaban a Oriente para dejarse envolver por el humo embriagante del Este, animados por los herederos de quienes habían luchado por erradicarlo. Por supuesto que aquellos turistas podían fumar hasta perder el sentido en sus países de origen, pero ¿y el aliciente de hacerlo añadiéndole la fantasía de lo prohibido?

Durante los tiempos más duros del COVID, todo se detuvo menos las grúas. Nuevos centros comerciales fueron levantados por toda la ciudad durante mi ausencia y los obreros trabajaban en construir más. Desde mi habitación, contemplé el horizonte de bloques de apartamentos, todos impersonales e idénticos, de la misma manera que años atrás lo había hecho frente a los templos de Angkor o Bagan. Lo sublime. El descenso a lo vulgar. ¿Cuándo volveríamos a elevarnos?

Bangkok me recibió más estropeada, su alma más profundamente enterrada bajo el cemento, los centros comerciales y el ruido. Todavía encantadora en su fealdad. La ciudad nunca tuvo buenos museos o parques. Es difícil disfrutar de nada de lo que ofrece al aire libre, en mitad de su sopor tropical. El tráfico sigue siendo infernal, a pesar de la expansión del tren elevado y el metro. Carece de aceras o no están hechas para pasear. El escaso espacio que se concede al peatón es una trampa llena de agujeros, desniveles y grietas, solo apta para tobillos de goma. Hay zonas donde ratas y cucarachas se disputan el espacio porque el sistema de recogida de basuras es deficiente, cuando está operativo. Fuera de los centros comerciales, las tiendas de recuerdos y los 7-Eleven, de los que Tailandia tiene más de trece mil, la mayoría de los comercios consisten en casas de masajes que ofrecen algo más que masajes. Esta vez los encontré más sórdidos que de costumbre. Las chicas se sentaban aburridas en sillas de plástico a pie de calle y, desesperadas, se abalanzaban sobre los hombres solitarios que pasaban frente a ellas.

—*Mister, mister!* Masaje. De aceite. *Thai.* Tenemos habitación.

Me pareció que los defectos de Bangkok se habían acentuado en los siete años transcurridos desde que la abandoné y, sin embargo, sentí la emoción del reencuentro con un viejo amor de instituto. Aunque sabía que no me convenía, no podía evitar caer en sus brazos.

Para encontrar la autenticidad de antaño, me fui al río para dejarme acariciar por la brisa del monzón. Hice mi visita de rigor al Oriental, tomé algo en la veranda mientras veía los barcos cruzar el Chao Phraya, y crucé en una de sus barcas alargadas al otro lado. A medio camino, entre templos y barriadas de casas suspendidas sobre el agua, distinguí la silueta de un edificio que no me resultaba familiar. IconSiam, el último gran centro comercial de la ciudad: medio millón de metros cuadrados de tiendas, restaurantes y hoteles. Si habían llegado hasta aquí, nada estaba a salvo. Me alejé aún más, adentrándome en los barrios al oeste del Chao Phraya, llenos de puestos de comida, talleres artesanales, casuchas que se apilan en barriadas y calles diminutas que te invitan a adentrarte en ellas, ofreciéndote la promesa de algo inesperado. Junto a un canal, en el mercado de Wat Saphan, encontré el puesto de una adivinadora. Oh, me dije, esta es mi oportunidad. Casi podía oír sus palabras mágicas resonar en mis oídos como lo habían hecho en los de Terzani: «¡Cuidado! Corres un gran peligro de morir. No puedes volar en lo que queda de año. No vueles, ni siquiera una vez».

¿Tendría también yo que regresar a casa cruzando el mundo a pie, en bus, tren, *rickshaw*, sobre un elefante...? Imposible: me esperan en Madrid compromisos ineludibles, trabajos pendientes, personas que quieren verme, algunas a las que yo no tengo ningún interés en ver, la rutina y las convencionalidades. Mi vidente, Chinda, debió de leerlo en las cartas y quizá por ello no me desaconsejó volar. Se limitó a advertirme de problemas económicos en el horizonte. Con el mundo en recesión y sufriendo una pandemia, quién lo diría. Habría sido más barato comprarme el *Financial Times*. ¿El amor? Bien. Pagué religiosamente a pesar de la decepción y me marché con la sensación de que no había escapatoria, así que entré en el nuevo megacentro comercial de la ciudad. En la planta baja compartían espacio un 7-Eleven, tiendas de donuts, réplicas de mercados antiguos y señoritas vestidas con trajes tradicionales que ofrecían cremas, colonias y sillones de masajes. *Orienccidente*, un híbrido con lo peor de ambos mundos, en todo su esplendor. O quizá era que también yo, como Terzani, me había convertido en un viajero cascarrabias y melancólico. Cuánto me gustaría volver al momento en que observaba la vida al este de Suez con la mirada limpia del occidental recién llegado, ciego ante las bellezas marchitas e indiferente ante las nuevas fealdades, y enamorarme otra vez de Bangkok con la pasión pura del adolescente. Detestamos que los lugares cambien: nos recuerda que también nosotros lo hemos hecho.

Un buen amigo, el fotógrafo y diseñador Xavi Comas, huyó de la ciudad para no ver en qué se convertía. Hacía un tiempo que se había obsesionado con los medidores de polución: una aplicación en el móvil le decía cuánto veneno consumía al salir de casa. Cada vez se le hacía más insoportable el ruido, el barullo y el desorden de la gran ciudad. Decidió marcharse a vivir a una isla del sur, lejos de los turistas, las grúas y los centros comerciales. Probó varios destinos, en Vietnam, Camboya y Tailandia, pero a cada uno le encontró algún inconveniente. Demasiada gente. Mala comida. La falta de algo que no sabemos definir e impide que conectemos con un lugar. Un día lo llamé y me contó que la había encontrado. La isla. «Tienes que venir a verla. Es el lugar.» Me recordó al entusiasmo del profesor Kung cuando me habló por primera vez de la aldea balinesa donde construyó su último y único hogar. La promesa, una vez más. ¿Cómo no perseguirla?

Decidí ir a ver a Xavi y conocer su paraíso. Me dio las indicaciones, conduje cinco horas, llegué al embarcadero indicado y me subí al barco que me trasladó al nuevo hogar que compartía con su novia tailandesa, Ink. Doce kilómetros de superficie, ochocientos habitantes, tres aldeas de pescadores y una pequeña comunidad de expatriados. Hay un chef checo que trabajó en un hotel de lujo y ahora sirve la misma comida en una choza, por una décima parte del precio; un cantante pop británico de los ochenta que vive con su mujer; un alemán que se hizo millonario con criptomonedas; y una australiana que ha transformado un contenedor en su casa, situada entre la playa y la selva.

La isla es propiedad de cinco familias tailandesas que la compraron en tiempos del rey Rama V. Dos hermanos de la nueva generación gestionan una parte y, en cierto modo, deciden quién puede vivir en ella. Uno de los *príncipes* me recibió en su *resort* al oeste de la isla, abandonado desde que golpeó el COVID. Un tipo de mediana edad, amante del tenis y superviviente de un cáncer. Cuando jugamos un partido en Bangkok, se trajo a su entrenador y un recogepelotas. Le dije que era escritor y me propuso irme a vivir a su isla. «Lo pensaré», le respondí, orgulloso de haber pasado el corte. Sobre una plataforma de madera donde nos sentamos a contemplar la puesta de sol, me preguntó si había visto un lugar igual.

—No —le dije—. Es un sitio con una magia especial.

La isla, de la que temo haber dado ya demasiadas pistas, estuvo vetada a los turistas hasta 1985. Todavía hoy un pacto entre sus patronos y habitantes limita el desarrollo. No hay centros comerciales, puestos de sombrillas, motos de agua o bares de alterne. Los vecinos bloquearon el intento de abrir un 7-Eleven. En mi primera noche me contaron una historia deliciosa sobre un británico que llegó con intención de inaugurar el primer bar de gogós de la isla, repitiendo el proceso que terminó estropeando sin remedio Pattaya, Phuket, Koh Samui y otras aberraciones turísticas de Tailandia. La cosa es que el «empresario de la noche» pensó que había encontrado el local ideal, sin saber que la isla se había conjurado para sabotear su proyecto. Los materiales de construcción que encargaba nunca llegaban a su destino, los empleados no se presentaban a trabajar, no conseguía que la compañía de la electricidad conectara la luz y todos lo ignoraban, hasta que finalmente, tras meses sin lograr su objetivo, renunció al negocio.

Los príncipes de la isla no quieren muchos turistas, así que alquilan sus propiedades a aquellos que, como Xavi e Ink, tienen un proyecto de vida. Por el precio que pagan por su casa les darían un zulo en Barcelona o París. Aquí tienen una vivienda de tres plantas entre palmeras y a tiro de una mar azul turquesa. Por la noche escuchan el canto de los grillos. La cerradura está siempre abierta: no hay crimen. La gente de la aldea es amable y relajada. La comida, sublime. Su día comienza sumergiéndose en el agua con mantas raya, barracudas y peces, hacen yoga, cocinan con los ingredientes del campo y preparan el pescado recién traído a la costa. Y trabajan sin distracciones: operan su compañía de diseño de cubiertas de libros gestionando desde el paraíso a clientes, editoriales y autores repartidos por todo el mundo.

Los pocos locales dirigidos a turistas habían cerrado con el COVID: solo sobrevivían los auténticos. No circulaban coches, salvo pequeños carritos de golf eléctricos que se vendían en el mercado de segunda mano y motocicletas que se alquilaban por un par de euros al día. El desarrollo y el turismo, las dos cosas que más detestaba Terzani, se mantenían en números razonables. Me hospedé en una cabaña junto a una playa de postal y puestas de sol absurdamente bellas. Al poner el pie en el agua, peces de colores se arremolinaron a mi alrededor. El agua era transparente y limpia. Por la noche, en el restaurante del chef checo, Xavi me contó que días atrás había regresado a Bangkok para unos encargos y que, al poco de llegar, había tenido que volverse. Al mirar atrás, se le hacía imposible pensar que hubiera vivido en la ciudad tanto tiempo.

—Cuando me voy, solo quiero volver a mi isla.

Ink sonrió, cómplice. También era feliz. Xavi llevaba veinte años detrás del misterio de Asia y había intentado el más difícil todavía: fotografiarlo. Había dejado una empresa, una relación y una vida estable en Barcelona para captar la esencia del continente. Fue una llamada, sutil y abstracta, algo dentro de él que le hizo cambiar lo conocido por la incertidumbre de lo nuevo. La búsqueda también se convirtió en una obsesión para él y ahora, en nuestro reencuentro, al rememorar nuestros viajes por el continente, nos dimos cuenta de que habíamos estado persiguiendo lo mismo. Mi amigo pensaba que el error era indagar en lo tangible cuando el misterio estaba en lo invisible. En Asia lo que no ves es más importante que lo que ves; lo que no se dice, más importante que lo que se dice; los sentimientos ocultos, más importantes que los que se muestran. El misterio era el misterio. Los orientales lo defendían con discreta determinación. Rara vez te mostraban su pasión o energía, aunque las presentías. El mundo explícito y sentimentalmente exhibicionista de los occidentales contrastaba con el hermetismo de su alma. «Existe entre ellos una conexión emocional invisible», me dijo Xavi. Para los occidentales, era un mundo impenetrable. Quienes trataban de llegar a él se estrellaban en un muro. A veces, la separación se presentaba ante ti nada más bajarte del avión, como en Japón; otras llegabas a creer que la puerta estaba abierta, como en Tailandia, con sus gentes siempre afables y sonrientes, y se cerraba delante de tus narices en el último momento. Al tocarlo, se desvanecía entre tus dedos.

A la mañana siguiente, Xavi e Ink me llevaron a conocer los lugares donde se pierden cuando quieren estar solos y nos adentramos en un paraje que llevaba a un risco, desde donde se podía divisar el horizonte infinito. Me sentí como la primera vez que olí el trópico, la primera vez que admiré los colores de Asia, la primera vez que me empapé del monzón. En la distancia, vi a mis amigos abrazados al borde del precipicio, con el mar y el cielo fundiéndose en un mismo azul de fondo.

Y, contemplando la escena, me dije que Xavi lo había encontrado.

El secreto de Oriente.

Por mi parte, la búsqueda debía continuar. Tenía la sensación extraña de estar cerca y, a la vez, no querer descubrirlo nunca: el misterio que me hace volver una y otra vez. Si diera con él, ¿acaso no me estaría robando a mí mismo el deseo de continuar el viaje?